Volker Bialas

Die Heiligen von Irland

Zu den Anfängen der irischen Kirche

AF721673

Volker Bialas

Die Heiligen von Irland

Zu den Anfängen der irischen Kirche

eos

Umschlagsbild:
Sarkophag mit Darstellung von Heiligen.
Jerpoint Abbey/ Kilkenny (12. Jh.).
(Foto vom Autor)

Deutsche Ausgabe:
© 2017 by EOS – Editions Sankt Ottilien
mail@eos-verlag.de
www.eos-books.com

ISBN 978-3-8306-7844-1

Bibliografische Information der Deutschen Bibliothek.
Die Deutsche Bibliothek verzeichnet diese Publikation
in der Deutschen Nationalbibliografie;
detaillierte bibliografische Angaben
sind im Internet unter http://dnb.ddb.de abrufbar.

Umschlagsgestaltung: Martina Heuer, Basel
Printed in Germany

Inhaltsverzeichnis

Vorwort 7

I. Der Übergang vom Keltentum zum Christentum und das Werk Patricks 13

1. Einführung 13
2. Leben und Missionstätigkeit von Patrick 28

II. Das Mönchtum in der ausgehenden Antike außerhalb Irlands 75

1. Das religiöse Leben der ägyptischen Wüstenväter 76
2. Die Anfänge des monastischen Lebens in Gallien 89

III. Katalog der Heiligen und die Nationalheiligen Brigid und Columba (Columcille) 99

1. Der Katalog der Heiligen 99
2. Die Nationalheilige St. Brigid 108
3. Der Nationalheilige St. Columba (Columcille) . . 124

   Anhang: Amra Choluimb Chille – Lobhymne auf Columcille 157

IV. Die irische Mönchskirche des 6. Jahrhunderts 169

1. Heilige Frauen und Nonnenklöster 169
2. Irische Mönchsklöster vor 500 182
3. Bedeutende Klostergründungen des 6. Jahrhunderts 196
4. Klöster der beginnenden *peregrinatio* und der Mission 232
5. Das Netzwerk der monastischen Kirche 246

V. Das Ende der altirischen Kirche im 7. Jahrhundert 251

1. Irische *peregrinatio*: Columban von Luxueil 253
2. Der Osterstreit und das Ende der keltisch-irischen Kirche................. 264

Nachwort 291

Anmerkungen 295

Literatur 305

Register 313

Bildnachweise 321

Vorwort

Alle Enden der Erde
sahen das Heil unseres Gottes.
Psalm 98,3

Ein Buch über die irische Kirche – und sei es in historischer Absicht geschrieben – kann nicht umhin, zu immer noch aktuellen unliebsamen Vorkommnissen kurz Stellung zu beziehen. Dieses Buch erscheint zu einem Zeitpunkt, da Irland seinen über Jahrhunderte bewahrten Ruf, eine „Insel der Heiligen" zu sein, offenbar verloren hat. Nachdem gegen Ende des vorigen Jahrhunderts bekannt geworden war, in welchem Umfang in katholischen Einrichtungen Kinder missbraucht worden sind und dieser Missbrauch systematisch vertuscht wurde, stürzte die irische Kirche in eine tiefe Krise. Es setzte in der Bevölkerung ein erheblicher Vertrauensverlust ein, der auch durch großzügige Entschädigungszahlungen seit 2002 vonseiten der Kirche und des Staates nur teilweise zu kompensieren war. Eine der tragenden Säulen des sittlichen Lebens schien geborsten zu sein.

Zahlreiche Gläubige, in ihrem Herzen zutiefst enttäuscht, wandten sich von der Institution Kirche ab und gerieten in den Strudel einer um sich greifenden Säkularisierung in Verbindung mit dem vorübergehenden gewaltigen Wirtschaftsaufschwung des Landes nach der Jahrtausendwende.

Doch bleibt zu fragen: Ist dieses Bild vielleicht zu einseitig? Stehen dagegen nicht auch ganz andere Erfahrungen? Wer etwa Gelegenheit hat, den Wallfahrtsort *Knock* (County Mayo) im nordwestlichen Zipfel des Landes zu besuchen und die Muße findet, diesen Ort mit seiner mächtigen Kathedrale auf sich wirken zu lassen, muss von der Heiligkeit dieser Stätte zutiefst angerührt sein. Dann erfährt der Besucher, dass Knock jährlich von mehr als einer Million Pilger besucht wird und dass sich noch immer ca. 85% der Bevölkerung der Republik Irland zum katholischen Glauben bekennen.

Wallfahrtsort Knock (Co. Mayo), große Basilika

Der Wallfahrtsort Knock entstand infolge einer Marienerscheinung an der Außenwand der alten Dorfkirche im Jahr 1879 als eine Vision der Hoffnung, und diese Hoffnung trägt bis heute. Sie hat auch die irische Kirche auf ihrem Weg durch die Zeit begleitet. Hoffnung aber ist zutiefst mit dem Glauben verbunden; sie ist dem Apostel Paulus zufolge der Geduld verpflichtet und der Liebe Gottes durch den Heiligen Geist stets zugewandt (Röm 5,4–5). Die Kirche ist dann gewissermaßen das Gefäß, das dieser Liebe Raum bietet.

In welcher Weise dies in Irland geschehen ist und sich entwickelt hat, soll in diesem Buch näher dargestellt werden, von den ersten Anfängen des Christentums und vom Aufbruch der altirischen oder keltisch-irischen Kirche im frühen Mittelalter bis etwa zur Mitte des 7. Jhs. Die Kirche der damals bewaldeten grünen Insel war insofern keltisch bestimmt, als das junge Christentum auf eine Stammesgesellschaft traf, die fest in keltischen Traditionen verankert war. Die beginnende Christianisierung des Landes begegnete einer inselkeltisch ausgeprägten Religiosität, deren Rituale und Organisationsstrukturen dem Christentum nicht ernsthaft im Wege standen, ja sogar ihrerseits einen merklichen Einfluss auf die Institutionalisierung der neuen Religion ausübten.

Das Beispiel der drei Nationalheiligen St. Patrick († ca. 463), St. Brigid von Kildare († ca. 520) und St. Columba oder *Columcille* von Iona († 597) macht besonders deutlich, inwieweit keltische Einflüsse in der altirischen Kirche fruchtbar werden konnten. Obwohl

Wallfahrtskirche von Knock.

dem Heiligen Patrick im EOS-Verlag bereits ein eigenes Buch des Autors gewidmet ist,[1] wird hier nochmals seine Lebensgeschichte wiedergegeben, um den großen inneren Zusammenhang der frühen Christianisierung des Landes aufzuzeigen.

Das aufbrechende Christentum hat insofern ein irisches Gesicht, weil Irland, abseits des römischen Reiches, eine eigene, weitgehend selbständige kulturelle Entwicklung durchlief, die in der Christianisierung der irischen Stammesgesellschaft ihren stärksten Ausdruck fand. Zwar wurde dieser Aufbruch zu neuen spirituellen Ufern an einem Ende des damals bekannten Erdkreises nicht völlig unabhängig von Rom beschritten, doch spielten ebenso die Einflüsse des Mönchtums aus dem Osten, insbesondere aus Ägypten eine Rolle. In besonderer Weise wurden die Nachbarländer Irlands, Britannien mit dem südlichen Schottland und dem westlichen Wales sowie Gallien mit seiner gegen Ende des 4. Jhs. herausragenden Kirchenstruktur, die eigentlichen Vermittler des christlichen Glaubens.

Doch die wahren Helden des großen Aufbruchs der *monastischen*, also der vor allem vom Mönchtum getragenen keltisch-irischen Kirche waren die bedeutenden Kirchen- und Klostergründer, die Heiligen, wie sie im frühen Mittelalter ehrfurchtsvoll genannt wurden. Ihre teils wunderlichen Lebensgeschichten wurden nicht in Form historisch gesicherter Biographien aufgeschrieben, sondern wurden erst Jahrhunderte später auf der Grundlage früherer Notizen in Form von hagiographischen *Vitae* aufgezeichnet. Derartigen „Heiligenbildern" wird hier in zahlreichen Nuancen näher nachgegangen.

Was aber bedeutet der Begriff „heilig"? Wer konnte überhaupt als Heiliger bezeichnet werden? Ein von Gott besonders Begnadeter? Ein von Ihm Auserwählter, der Seine Botschaft mutig verkündet hat, oft sogar noch unter Einsatz des eigenen Lebens?

Im Grunde genommen ist doch nur *Gott der Herr* heilig, so wie ja auch in jeder Messe Ihm zu Ehren das *Sanctus* gesungen wird. Ein Christ, dem in der Taufe eine Gnadengabe von der Heiligkeit Gottes vermittelt wird, muss sich wie andere auch mit den zumeist wenig heiligen Umständen des realen Lebens auseinandersetzen. Entscheidend für seinen Glauben ist dann, wonach er sein Leben einrichtet und wie er die Heilsbotschaft Christi gläubig entgegennimmt.

Im frühen Mittelalter wurde ein Verkünder der christlichen Botschaft nicht von Amtswegen heilig gesprochen. Die „Heiligsprechung" in der frühen Kirche Irlands erfolgte gewissermaßen stillschweigend und allgemein. Sie wurde allen zuerkannt, die in großherziger Weise von Gottesliebe erfüllt waren und Nächstenliebe verwirklichten. Ein Leben in Askese und Demut war dafür eine wichtige Voraussetzung. Die einsame Askese in gläubiger Frömmigkeit allein genügte in Irland jedoch nicht, um als „heilig" angesehen zu werden. Von größerer Wichtigkeit war im frühchristlichen Irland die Wirksamkeit des Klerikers nach außen, also die Tätigkeit als vorbildlicher Geistlicher und Missionar oder seine Bedeutung als Kirchen- und Klostergründer.

Eine derartig gleichsam „inflationäre", stillschweigend vorgenommene Heiligsprechung wurde von der römischen Kirche bis auf wenige Ausnahmen nicht anerkannt. In Rom selbst gab es bereits im 4. Jh. Verzeichnisse der Todes- und Gedenktage der Märtyrer, also umfangreiche Martyrologien; doch setzte eine Kanonisierung der Heiligen erst durch Papst JOHANNES XV. am Ende des 10. Jhs. ein. Dabei spielten sittlich religiöse Vorstellungen und der Fürbittgedanke eine bestimmende Rolle.[2]

In Irland hat es im ersten Jahrtausend keine christlichen Märtyrer gegeben, weil das Christentum von den keltischen Bewohnern mit großem Respekt aufgenommen und später mit Elan auf den europäischen Kontinent getragen wurde.

Wer also ist heilig? Wirklich heilig ist nur Gott, und so waren die Gebete der bedeutenden Heiligen Irlands immer wieder von der Heiligen Dreifaltigkeit erfüllt, wie wir beispielsweise aus Versen des 7. Jhs., die ST. COLUMBA zugeschrieben wurden, erfahren können.[3]

Altus Prosator
Erhabener Schöpfer, alt an Tagen und ungezeugt,
ohne Ursprung von Urbeginn war er und Urgrund.
Er ist es und wird es noch sein ohne Ende
von Ewigkeit zu Ewigkeit.
Mit Ihm ist Christus, der eingeborene Sohn,
und der Heilige Geist,
gleich ewig in Herrlichkeit immerwährender Göttlichkeit.
Nicht drei Götter nehmen wir an,
sondern von einem Gott sprechen wir
in festem Glauben an die drei Personen höchster Herrlichkeit.

Die intensive Entwicklung der monastischen Kirche brachte Irland immer mehr in Kontakt mit der Gedankenwelt des europäischen Kontinents, bedingt auch durch die irische missionarische Pilgerschaft, die *peregrinatio*, in anderen Ländern, vor allem in Schottland, Britannien und Ländern des europäischen Kontinents. Das herausragende Beispiel für diesen unblutigen Opfergang irischer Mönche in fremde Länder ist COLUMBAN († 615), der in Burgund und in Oberitalien missionierte. Es konnte jedoch nicht ausbleiben, dass die Eigenarten dieser Vertreter der altirischen Kirche mit den Besonderheiten der Römischen Kirche, aber auch mit ihrer Deutungshoheit in liturgischen Fragen kollidierten und die keltisch-irischen Traditionen den Argwohn der Römischen Kurie erweckten. Diese Diskrepanz zwischen beiden Kirchen kulminierte schließlich im Osterstreit, in dem Problem also, wie der richtige Zeitpunkt des Osterfestes im Jahresablauf zu bestimmen wäre. Es kam über diese Frage zu der Synode von dem britannischen Whitby im Jahr 664, die mit der Niederlage der irischen Kleriker endete.

Damit kam auch die Periode der altirischen Kirche zu einem Abschluss. In diesem Buch wird die Betonung auf die spirituelle Lebensweise ihrer Heiligen gelegt, deren mediale Kraft sie aus der Stille und Einsamkeit der irischen Landschaft schöpfen konnten und die so ein lebendiges religiöses Leben ermöglicht hat.

Der Zauber der irischen Landschaft hat den Autor bereits als jungen Studenten gefangen genommen, und mit dieser Liebeserklärung sei noch abschließend ein persönliches Wort hinzugefügt. Auf zwei Reisen in den Jahren 2009 und 2014 habe ich das vorliegende Manuskript gedanklich vorbereitet, hier auch mit der freundlichen Unterstützung der Fratres der Bibliothek des Mount Joseph Abbey bei Roscrea, County Tipperary sowie mit Hilfe von Breda und Davy Walsh in Ballina, County Mayo. Ohne das reichhaltige Literaturangebot der Bayerischen Staatsbibliothek in München hätte dieses Buch nicht geschrieben werden können, und so ich danke allen Mitarbeitern für ihre freundlichen Dienstleistungen. Mein Dank gilt ebenso wiederum P. Dr. Cyrill Schäfer (EOS-Verlagsleitung, St. Ottilien) für inhaltliche Gespräche sowie für die Aufnahme des Buches in das reichhaltige Angebot des Verlages. Schließlich danke ich Frau Elfe Zauner-Stürmer, die wiederum mit viel Engagement zur sprachlichen Verbesserung wesentlich beigetragen hat; endlich auch meiner Frau Wiltrud für ihre Bemühungen, mir die Muße für die Ausarbeitung des Manuskriptes zu ermöglichen.

München, St. Patrick's Day, 17. März 2017
Volker Bialas

I.
Der Übergang vom Keltentum zum Christentum und das Werk Patricks

1. Einführung

Irland, das Land am „Ende der Erde“ (*finis terrae*) gelegen, zumindest in der der Spätantike bekannten Welt, wurde im Verlauf des 1. Jahrtausends v. Chr. in mehreren Wellen der Kelten besiedelt, teils vom Festland her über Gallien, teils vom Nordosten her über Britannien. Die keltische Einwanderung und Landnahme, im 2. Jh. im Wesentlichen abgeschlossen, fällt in die Eisenzeit, insbesondere in die nach einer Untiefe des Neuenburger Sees in der Schweiz benannten späteren Phase *La-Tène-Zeit* nach 500 v.Chr. In sich abgeschlossen und über Jahrhunderte von außen her nahezu unangreifbar, war das Land anders als Gallien und Britannien von den Römern nicht erobert worden, so dass in Irland die Eigenheiten des insularen Keltentums lange Zeit bis hin zur Christianisierung des Landes erhalten geblieben waren.

Daher sind schriftliche Aufzeichnungen in Latein aus der Spätantike nicht vorhanden, doch ebenso wenig in der Landessprache in einer weitgehend schriftlosen Kultur, über die wir aus archäologischen Funden, künstlerischen Hervorbringungen und späteren Niederschriften näheres erfahren. Das nach der dominierenden, über die Königssitze *Tara* in der Provinz Meath und *Cashel* in der Provinz Munster herrschenden Volksgruppe der Gälen be-

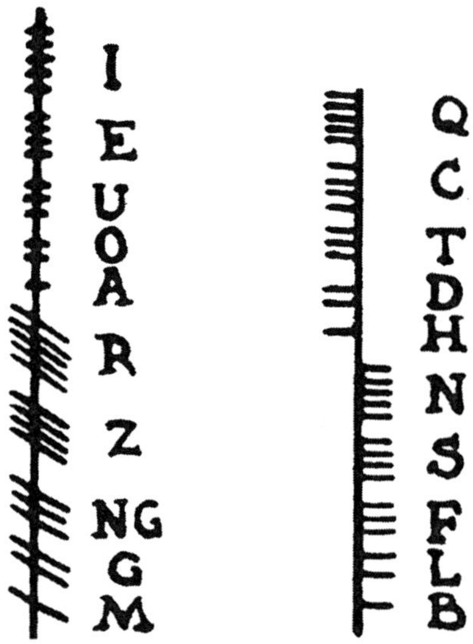

Ogam-Schrift
(nach Ziegler 1984)

Sie wurde folgendermaßen geschrieben: Die Grundlinie wurde von der Kante eines senkrecht stehen Langsteines (Menhir) gebildet. Quer zur Grundlinie wurden dann jeweils Striche in den Stein gemeißelt, die sich nach Länge, Richtung (rechts, links oder schräg) und Anzahl (1 bis 5) unterschieden. Es ergaben sich 4 Gruppen zu je 5 Markierungen mit insgesamt 20 Schriftzeichen. Später kamen noch fünf andere Zeichen hinzu, so dass die heilige Zahl „Fünf" erfüllt war.

nannte Irisch-Gälische gehört zur goedelischen Sprachgruppe und wird als „Q-keltische Sprache" bezeichnet.[4]

Erst ab etwa dem 4. Jh. n. Chr. wurden mit der Ogam-Schrift einfache Texte – zumeist in der Form: *A ist der Sohn von B* – in altirischer Sprache überliefert. Ogam, eine Art Runenschrift, folgte einem der klassischen Alphabete (Griechisch oder Latein) und fand bis weit in die christliche Frühzeit in Irland Verwendung.

Die Ogam-Schrift, nur Eingeweihten zugänglich und magischen Charakters, wurde mit *Ogma*, einem der inselkeltischen Hauptgötter, in Verbindung gebracht. So sollte ein Eisenreif mit Ogam-Schrift *Cúchulain*, den Haupthelden des irischen Epos *Táin Bó Culaige* (Rinderraub von Cooley) am Weiterreisen hindern. Grabsteine, Teil des Begräbnisrituals, wurden mit den Namen der Verstorbenen in Ogam versehen, zu ihrem Schutz und zur Erinnerung an die Toten.[5]

Politisch war das keltische Irland in zahlreiche kleine Königreiche aufgeteilt, die einzelne Stämme umfassten. Ein Stammeskönig an der Spitze seines Volkes (*túath*) war dem Provinzkönig tributpflichtig und hatte dementsprechend ein geringeres politisches Gewicht. Er bestimmte über Krieg und Frieden seines Stammesgebietes. Insbesondere verteidigte er mit seinen Kriegern, die mit von Pferden geführten Streitwägen in den Kampf zogen, die túath gegen äußere Feinde.[6] Über die Stammeskämpfe und Kämpfe zwischen den Provinzen des spätantiken Irlands berichteten die Heldengesänge der Barden. Sie trugen ihre sagenumwobenen Dichtungen über das heroische Zeitalter an den Fürsten- oder Königshöfen vor.

Das größte Epos Irlands dieser Zeit war die schon genannte Heldendichtung *Táin Bó Culaige* (der Rinderraub von Cooley), überliefert in der Sammelhandschrift *Lebor na hUidre* (Buch der dunkelfarbigen Kuh) sagenhafter Texte, die vom 7. Jh. n. Chr. an nach langer mündlicher Überlieferung aufgeschrieben wurden. Die Dichtung *Táin* berichtet von sagenhaften Begebenheiten aus dem Leben der aristokratischen Kriegergesellschaft und näherhin von einem langwierigen Konflikt zwischen den Provinzen Ulster und Connaugh wegen eines schwarzen Stieres, wobei der Stier als heiliges Tier mit göttlichen Attributen ausgezeichnet war.[7]

Die soziale Schichtung, die am besten aus den Rechtstexten hervorgeht, hatte einen hierarchischen Aufbau wie andere archaischen Gesellschaften auch: An der Spitze standen König und Adel mit einigen dominierenden Großfamilien, denen die Provinz- und Landeskönige entstammten. Zu den herrschenden Familien gehörte insbesondere die Dynastie der *Uí Néill* mit dem Hauptort Tara (Provinz Meath) am Grabhügel der Muttergöttin *Tera*, der sagenhaften Gründerin dieser Residenz. Hier wurden große Feste abgehalten mit alljährlich wiederkehrenden Feuerzeremonien.

Das keltische Irland verstand sich als ein mikrokosmisches Abbild des Universums, insofern wurde in den religiösen Festen die kosmische Ordnung nachvollzogen. Nach einem Mond-Sonne-Kalender wurden vier Jahresfeste, entsprechend den Jahreszeiten, gefeiert, die nicht genau auf ein bestimmtes Datum im Jahr fallen konnten und nach unserem Kalender dem Beginn der Jahreszeiten um etwa sieben Wochen vorausgingen. Diese Übergangsfeste der vier Jahreszeiten waren:[8]

Fest	Jahreszeit	ungefähres Datum	Besonderheiten
Imbolc	Frühling	1. Februar	Fest der Reinigung
Beltaine	Sommer	1. Mai	Fest des Feuers
Lugnasad	Herbst	1. August	Fest zu Ehren des Gottes Lug
Samhain	Winter	1. November	das königliche Fest

Imbolc, das Fest der Reinigung und der Fruchtbarkeit, betraf die rituelle Reinigung von den Unbilden des Winters. Ob es ein großes Fest war, ist nicht überliefert; doch hatte es für die ländliche Bevölkerung eine besondere Bedeutung. In keltisch-christlicher Zeit wurde es als Fest der hl. Brigid, der Schutzherrin Irlands, populär. Insbesondere schützte ihr Kreuz vor bösen Geistern und vor der Härte des Winters. Vermutlich folgte das Fest der vorchristlichen Göttin Brigit. Später nahm die Kirche das Fest als *Lichtmess* in ihren Zyklus der Jahresfeste auf.[9] Für dieses jahreszeitliche Fest ist wesentlich, dass in Anbetracht der nun deutlich länger werdenden Tage die Wiederkehr des Lichtes gefeiert wurde.

Beltaine (Beltene) war das Fest der Jahresteilung, zu dem der Beginn des Sommers, das Licht und das „wohltuende Feuer" gefeiert wurden. Es war das Fest der Druiden, der Priesterschaft, die den Schutz der Herden und der Felder aussprachen. Dazu heißt es in einer Hs. aus dem 10. Jh.:[10]

> *Beltaine, das Feuer des (mythologischen) Bels, die heilbringende Flamme ist ein Feuer, das die Druiden durch ihre Magie oder ihre großen Zaubergesänge machten; man brachte alljährlich die Herden gegen Epidemien zu diesen Feuern. Sie ließen die Herden zwischen ihnen hindurchschreiten.*

Diese Entfachung eines Heiligen Feuers besaß noch zu Beginn des Christentums eine große Bedeutung, wie wir aus der *Vita* des hl. Patrick wissen, der trotz des königlichen Verbots ein Osterfeuer entzündete.[11]

Das Fest *Lugnasad*, wörtlich „die Versammlung Lugs“, wurde als Fest des Königs zu Ehren des Gottes *Lug* mit zahlreichen Wettkämpfen gefeiert. Der Landeskönig als irdischer Vertreter Lugs wurde von den Druiden aus der Klasse der Krieger gewählt und vergewisserte sich des Beistandes des höchsten Gottes, des Vermittlers zwischen Himmel und Erde.[12] In mythologischer Hinsicht galt das Fest als von Lug selbst eingerichtet zu Ehren seiner Ziehmutter *Tailtiu*, der Beschützerin der ersten Ackerbauern. So war Lugnasad zugleich das Fest vor der Ernte; die Muttergöttin wurde beschworen, um das noch nicht geerntete Getreide vor Witterungsschäden zu bewahren.[13]

Zu dem alljährlich regional gefeierten *Samhain* (oder Samain), dem Fest am Ende des alten und Beginn des neuen Jahres, öffnete sich nach keltischem Glauben in der Nacht vom 31. Oktober zum 1. November (nach dem heutigen Datum in der Nacht vor Allerheiligen) die Anderswelt, das Reich der Abgeschiedenen; Begegnungen zwischen den Lebenden und den Toten wurden möglich, und die Zeit wurde gleichsam angehalten. Noch heute wird mit dem neuen *Halloween* in jener Nacht dieses unheimliche Ereignis in säkularer Form reproduziert.

Zugleich wurde Samhain regelmäßig im Abstand von einigen Jahren als ein Pflichtfest für das gesamte Irland in Tara begangen. Tage vor und nach dem eigentlichen Fest mit einem rituellen Festmahl wurden Versammlungen abgehalten, auf denen unter Vorsitz des Königs Rechte, Gesetze und Pflichten festgelegt wurden. Es wurde ein heiliges Feuer entzündet und das Opfer dargeboten. Die Gesetzesversammlungen, an denen König und Adel teilnahmen, wurden von den Druiden geleitet.[14]

Soviel zu den religiös fundierten Jahresfesten, deren zeitliche Festlegung einen Kalender voraussetzte, etwa ähnlich dem gallischen *Kalender von Colygni*, benannt nach dem Fundort *Coligny* in Gallien, ca. 20 km nordöstlich von Bourg-en-Bress im Département Ain. Dieser von den Druiden eingerichtete lunisolare Kalender aus dem 2. Jh. n. Chr. bringt die sichtbaren monatlichen Mondumläufe mit den jährlichen Sonnen-

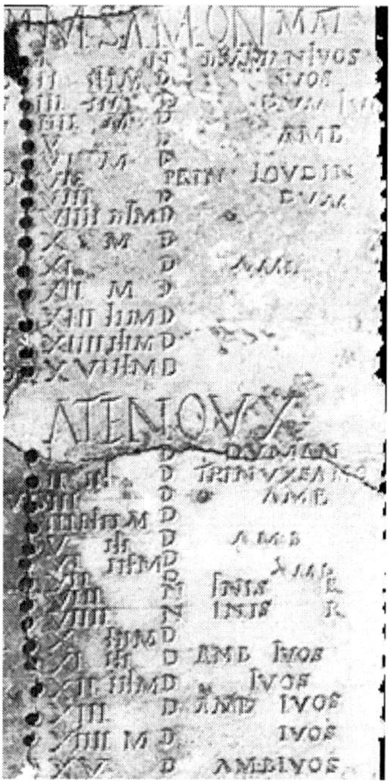

Coligny-Kalender (ca. 2. Jh. n. Chr.), Fragment.

umläufen durch ein bestimmtes Schaltschema in Übereinstimmung.

Die nur in Fragmenten erhaltene Bronzetafel lässt 62 Monate in 5 Jahren erkennen. Die Monate enthalten abwechselnd je 30 oder 29 Tage. Der Kalender zählt die 5 Jahre zu 385, 353, 385, 353 und 355 Tagen, so dass im Mittel 1 Jahr etwa 366 Tage besitzt und die Dauer der Lunation, des sichtbaren Phasenmonats, 29,532 Tage beträgt, also nur etwas mehr als 2 Zeitminuten gegenüber dem wahren Wert.[15]

Die geistige Führung des Landes wurde von der Priesterklasse der Druiden ausgeübt. Der Druide war ein Gelehrter hohen Ranges, ein „viel Wissender“ und „weit Sehender“, also ein Kenner vieler Wissenschaften, darunter auch der Astronomie, um Kalender berechnen zu können. Die weiß gekleideten und mit einer Tonsur von Ohr zu Ohr versehenen Druiden nahmen rituelle Kult- und Opferhandlungen vor, so etwa bei der Namengebung eine Neugeborenen, der bei einer Art „Taufe“ in einem Wasser kurz untergetaucht wurde.

Von erheblicher Bedeutung, auch für die gewaltlose Akzeptanz christlicher Glaubensvorstellungen seit etwa dem ausgehenden 4. Jh., waren die religiösen Anschauungen. Generell waren die Druiden die Vermittler zwischen dem Göttlichen und dem Irdischen. Nach keltischer Vorstellung endet das Leben nicht mit dem Tod; vielmehr wird die Seele am Lebensanfang in einer anderen Welt geboren und kehrt nach dem Ableben dorthin zurück. Der Tod ist ein neuer Anfang, eine Fortsetzung des Lebens der Seele; Tod und Leben gehören zusammen. In der Anderswelt, dem Totenreich, ist der Mensch vom Stofflichen befreit, und die Zeit wird angehalten. Zu Samain begegnen sich die Welten. Für das Totenreich gab es unterschiedliche Manifestationen. Dabei spielten die erhaltenen megalithischen Bauwerke des Neolithikums und der Bronzezeit eine nicht unbedeutende Rolle.

So wurden die Großsteingräber von Newgrange (*Bruig na Bóinne*) und die Grabhügel als Wohnstätten (*side*) der Toten angenommen. Die *tumuli*, oft auch in ihrer natürlichen Form, wurden als Feenhügel bezeichnet. Dort war der Eingang zu der unterirdischen Welt, wo das „kleine Volk" wohnte und die Menschen keinen Zutritt hatten.

Vermutlich hatte sich viele Jahrhunderte, ja wenige Jahrtausende vor der keltischen Besiedlung Irlands bereits die Vorstellung von einem Totenreich entwickelt, das dort liegt, wo die Sonne untergeht, also weit hinter dem westlichen Horizont. Diese Annahme, erschlossen aus der Hauptorientierung der Achsen der großen Grabkammern (*wedge tombs*) der Megalithkultur in Richtung des Sonnenuntergangs, lässt uns sogar einen frühen Glauben an ein Weiterleben nach dem Tod annehmen.[16] Augenscheinlich haben sich hier numinose Erfahrungen räumlich manifestiert, indem die Heiligkeit des Raumes auf ein Zentrum bezogen wird, von dem eine sakrale Orientierung ausgeht. Demnach finden sich bereits im archaisch-vorkeltischen Irland Hinweise auf eine spirituell-geistige Anschauung des Seins und der Welt.

Nicht anders wurde von den Inselkelten das Totenreich auch als ferne Insel im Westen, die Apfelinsel (*Emain Ablach*), vorgestellt;

dies als eine Anschauung, die sich weit in die christliche Zeit gehalten hat und den hl. BRENDAN (den Seefahrer) († ca. 570) zu wagemutigen Seereisen veranlasst haben soll. Über diese Insel heißt es:[17]

Weit von hier gibt es eine Insel;
rund um sie funkeln Seepferde;
weißer Lauf entlang der schäumenden Welle
von vier Füßen gestützt.

Kein Kummer, keine Trauer, kein Tod,
keine Krankheit, keine Schwäche,
daran erkennt man Emain.
Wir finden unter den Wundern kein gleiches.

Bäume mit Blüten und Früchten,
auf denen der wahre Duft des Weines schwebt,
Bäume ohne Bruch und ohne Fehl,
deren Blätter golden sind.

Seit dem Anbeginn der Zeiten sind wir
ohne Alter und ohne den Bruch des Friedhofs;
uns erwartet kein kraftloses Alter;
Gesetzlosigkeit kommt nicht zu uns.

Emain war von Jugend und Freude erfüllt, so dass mit der Apfelinsel die Ahnung von einem Paradies verbunden war. Dagegen war die Annahme der Hölle unbekannt, wie auch der Begriff der Sünde mit den Konsequenzen von Strafe und Sühne dem keltischen Glauben fremd war.[18] Ob die Inselkelten an die Seelenwanderung (Metempsychose) glaubten, ist nicht sicher; und wenn doch, dann galt diese nur eingeschränkt. Zwar schrieb Cäsar in „De Bello Gallico“ (VI, 14):[19]

Vor allem wollen die Druiden überzeugen, dass die Seele nicht untergehe, sondern vielmehr nach dem Tod von einem Körper zum anderen übergehe, und sie glauben, dass dadurch die Tap-

ferkeit ganz besonders geweckt werde, weil die Todesfurcht ihre Wirkung verliert.

Doch war in Irland dieser Glaube generell nicht in dieser Form existent, sondern war mehr von der Überlieferung legendärer Gestalten bestimmt. Der Glaube an die Wiedergeburt (Reinkarnation) blieb auch in christlicher Zeit lebendig, war aber weiterhin auf mythische oder herausragende Personen bezogen. So wurde angenommen, dass St. BRIGID die wiedergeborene Gottesmutter MARIA wäre; dementsprechend wurde die Nationalheilige auch als „Maria der Gälen" bezeichnet.

Im Gegensatz zur Metempsychose war der Glaube an die Metamorphose, die Verwandlung von einer Gestalt in eine andere, häufig auch in eine Tiergestalt, verbreitet, wobei die geistigen Fähigkeiten keine Einbuße erlitten. Sie war noch in christlicher Zeit in den *Vitae* der Heiligen von Bedeutung. So beschreibt die Lorica „Des heiligen Patrick Brustschild" den Vorgang, wie sich der große Nationalheilige mit seinen Mannen in Rotwild verwandelt, um in dieser Tarnung einem Hinterhalt des Hochkönigs zu entgehen.[20] Oder es wurde über den dritten Nationalheiligen St. COLUMBA (*Columcille*) erzählt, dass er auf der königlichen Versammlung von Druin Cetta zwei unbotmäßige Frauen in Kraniche verwandelt hätte.[21]

Soweit zu den keltischen Glaubensvorstellungen. Bereits aus dieser zusammenfassenden Darstellung des Druidentums ist ersichtlich, dass die Druiden eine hohe gesellschaftliche Stellung besaßen. Sie erzogen in ihren Schulen die Kriegeraristokratie und waren Ratgeber der Könige, die sich an den von den Druiden vermittelten Willensäußerungen der Götter des keltischen Pantheons orientierten.

In Irland entwickelte sich das Druidentum ohne äußere Störungen weiter und beeinflusste das frühe Christentum ganz erheblich. Die angesehenen druidischen Schulen existierten noch eine Zeitlang weiter und wurden schließlich von der frühen irischen Kirche übernommen. Wie die Druiden besaßen auch die christlichen Heiligen in Irland einen besonderen Zugang zur Natur und zum Kosmos. Aus der Schönheit und der Ordnung der Schöpfung wurden Rückschlüsse auf die Größe und Erhabenheit des Schöpfers gezogen. Doch die ursprüngliche Hauptaufgabe der Druiden verlor sich mehr und mehr; nicht länger waren sie die Priester, blieben aber die Weisen schlechthin, waren die Wahrsager und Mediziner und behielten ihren Ruf als Zauberer und Magier.

Neben den Druiden gehörten auch die *filid* oder *fili,* die Dichter und Erzähler des keltischen Irland, zur Klasse der Gelehrten und trugen zur geistigen Kultur des Landes erheblich bei. Ihre Kunst des Vortragens wurde bei eigenen Lehrern in vieljährigem Studium erworben, wobei hunderte von Gedichten, Erzählungen und Historien auswendig zu lernen waren. Die rhythmisch kunstvoll aufgebauten Gedichte, häufig auch aus dem Stegreif vorgetragen, dienten nicht einfach der Unterhaltung, sondern sollten mit ihren mythischen Verknüpfungen und in Anbetracht des heroischen Gehalts bei dem Zuhörer innere Anteilnahme erwecken.[22] Dadurch trug die Tradition der *fili* erheblich dazu bei, das keltische Weltbild mit seinen Göttersagen und Heldenerzählungen auch in der christlichen Ära lange Zeit zu bewahren.

Ein File genoss besondere Vorrechte und besaß eine uneingeschränkte Bewegungsfreiheit. In christlicher Zeit gingen die Aufgaben und Funktionen, soweit sie noch weiterhin bestanden, größtenteils auf die *Barden* über, die ursprünglich nur die Gedichte mit Musikbegleitung vortrugen und keine derartigen Privilegien besaßen. Dem Nationalheiligen Columba (*Columcille*) ist es zu verdanken, dass die für die Barden als Nachfolger der keltischen fili die alte, wenn auch nun eingeschränkte Ordnung über die Frühzeit der irischen Kirche hinaus erhalten blieb.[23]

Insgesamt gliederte sich die Gesellschaft in Adel und Gelehrte, Freie, Minderfreie und Unfreie. Frei war eine Person, die als Rechtsperson im Besitz aller Rechte war und Land besaß. Die wichtigste Pflicht, nur den Männern auferlegt, war der Kriegsdienst im Heer. Die Minderfreien waren keine vollen Rechtpersonen mehr und hatten höhere Abgaben zu leisten, während die Unfreien entweder Nachkommen der vorkeltischen Bevölkerung oder Kriegsgefangene waren.[24]

Die inneren Voraussetzungen für die Christianisierung Irlands, die etwa im späten 4. Jh. von Gallien und vom nördlichen Britannien her einsetzte, waren also ausgesprochen günstig. Zu den ersten, noch zaghaften Missionsversuchen in Irland trugen besonders die Handelsbeziehungen zu diesen Ländern wie auch die Ausbreitung Irlands in westlichen Teilen Britanniens bei. Die in Gallien seit MARTIN von Tours († 397) entstehenden Klöster übten auf Irland indirekt und seit dem Wirken von ST. PATRICK auch direkt mehr und mehr einen Einfluss aus. Nach dem Vorbild von Martins Kloster gründete ST. NINIAN († 432) im britannischen Galloway im südwestlichen Schottland ein eigenes ganz aus Stein gebautes Kloster, die *Candida Casa* (Weißes Haus). Ninian missionierte sporadisch auch in Nordirland; so sollen einige kleine Kirchen, beispielsweise im Co. Antrim, auf die Gründung von Kirchen durch diesen Heiligen hinweisen.[25]

Ebenso begünstigten irische Kriegszüge nach Britannien den Kontakt mit Christen. Bereits seit dem Ende des 3. Jhs. sind Überfälle irischer Piraten nach Britannien historisch belegt. Von erheblichem Ausmaß waren seit dem frühen 5. Jh. irische Eroberungen in Wales und in Argyll im südwestlichen Schottland. So kamen christliche Gefangene, wie dann auch Patrick, in das weitgehend noch nicht missionierte Irland.

In Rom hatte der Bischof von Rom, Papst COELESTIN (422–432), ein erhebliches Interesse daran, einen Kleriker nach Irland zu senden. Denn wir erfahren aus einer Notiz des Chronisten Prosper von Aquitanien für das Jahr 431: „Zu den Iren, die an Christus glauben, wird der von Papst Coelestin geweihte Palladius als erster Bischof gesandt.“ (*Ad Scottos in Christum credentes ordinatus a papa Caelestino Palladius primus episcopus mittitur.*)[26] Doch offenbar nicht als Missionar; vielmehr sollten irische Christen von Irrlehren befreit werden, wie wir aus dem „Book of Armagh“ (Anfang des 7. Jhs) erfahren können:

Es war sicher, dass Palladius, der Erzdiakon von Papst Coelestin,... zu dieser Insel gesandt worden war, die bei der Kälte der Wintersonnenwende bekehrt werden sollte. Aber es hat ihn gehindert, weil niemand etwas von der Erde empfangen kann, was ihm nicht vom Himmel gegeben war. Denn weder haben diese wilden und harten Menschen seine Lehre mühelos aufgenommen, noch hat auch er selbst (viel) Zeit in der Fremde verbringen wollen, sondern hat zu dem zurückkehren (wollen), der ihn gesandt hatte. Auf seiner Reise dorthin hat er, nachdem er das erste Meer überquert und den Landweg begonnen hatte, sein Leben an den Grenzen der Britannier(Britanniens) beendet.[27]

Aus dem vorangehenden Text geht hervor, dass Palladius vom Papst nach Irland geschickt wurde. Er sollte dort wohl auch Missionsarbeit leiten, doch sollte er vor allem die lauen Christen von Irrlehren abbringen, zur Hauptsache von der Doktrin des *Pelagius*, die gegen die Lehre des AUGUSTINUS gerichtet war. Doch wurde die Anwesenheit von Palladius mit wenig Wohlwollen entgegen genommen, so dass dieser nach kurzer Zeit das Land wieder verließ. Offenbar wollte er nach Rom zurückkehren, und ist dem korrigierten Bericht zufolge bald darauf im nördlichen Britannien gestorben. Nach Palladius ging Patrick im Jahr 432 nach Irland, und mit ihm wurde ein neues Kapitel für die Missionierung und die entstehende frühchristliche Kirche aufgeschlagen.

Wie dann aber PATRICK erfahren musste, war Irland für den Aufbau einer Bischofskirche nach römischem Muster wenig geeignet. Vielleicht war es tatsächlich sein ursprünglicher Plan gewesen, nach dem Vorbild von Gallien ein System von Diözesen aufzubauen, in denen der Bischof als oberste Autorität in dogmatischen Fragen sowie in allen geistlichen und administrativen Angelegenheiten der Kirche anerkannt war. Doch Irland war anders.

Außerhalb des Imperiums Roms galt das Land bis zur umfänglichen Christianisierung im 5. und 6. Jh. für römisches Verständnis als „barbarisch“. In der Tat war Irland noch in den ersten Jahrhunderten des Mittelalters ein Land ohne Städte, ohne zentrale

Verwaltung und ohne merkliche Infrastruktur geblieben. Insofern unterschied es sich in der zivilisatorischen Entwicklung augenfällig von den kolonisierten Ländern, die auch nach dem Fall Roms Anfang des 5. Jhs. an der hierarchischen Ordnung der Verwaltung des sozialen Lebens und so auch an der entsprechenden kirchlichen Gliederung festhielten.

In kulturell-geistiger Hinsicht jedoch hatte das keltische Irland bereits in vorchristlicher Zeit, wie wir schon gesehen haben, eine besondere Entwicklung durchlaufen, die dann auch dem Christentum zugute kam. In den druidischen Schulen war die geistig-kulturelle Bildung gepflegt und an die nachfolgenden Generationen weiter gegeben worden. Diese Tradition hielt auch im monastischen, dem klösterlichen Leben uneingeschränkt an und führte über die zahlreichen neu gegründeten Klöster mit ihren Schulen und Ausbildungsstätten vom späten 5. Jh. an zu einer einzigartigen kulturellen Blüte.

In politischer Hinsicht blieb das nicht kolonialisierte Irland bei einer geschätzten Bevölkerungszahl von höchstens einer halben Million Menschen auch im frühen Mittelalter im Stammessystem fest verankert.[28] Die große Anzahl von Stämmen, vielleicht 100 oder mehr an der Zahl, hatte zu einer entsprechenden Gliederung in kleine König- oder Fürstentümer geführt, an deren Spitze ein Stammeshäuptling oder lokaler König (*ri*) stand. In Anbetracht der geringen Einwohnerzahl eines Königtums – im Durchschnitt vielleicht nur 3000 Menschen – hatte ein *rí* eine enge, oft persönliche Beziehung zu seinen Stammesangehörigen. Das Land gliederte sich in fünf Provinzen (die *cóida*): ursprünglich Munster (*Mumu*), Leinster (*Laígin*), Connaugh (*Connachta*) und Ulster (*Uluid*), seit dem 2. Jh. noch Meath, das Mittelland oder die Provinz der Mitte mit Tara im Zentrum.

Über den vier alten Provinzen stand in keltischer Zeit der Landeskönig, seit Beginn des 5. Jhs. der Hochkönig (*árd-ri*) mit dem Sitz in Tara (Provinz Meath). Wenn ihm auch alle anderen Könige untergeordnet und zu Gehorsam verpflichtet waren, hatte sich landesweit doch keine dominante zentrale Gewalt herausgebildet, die auch die Interessen des Landes nach außen vertreten hätte. Mit der Inauguration des Hochkönigtums bestand vom 5. Jh. an bis zur Jahrtausendwende die Dynastie der Uí Néill. Diese Vorherrschaft einer großen Familie sechs Jahrhunderte hindurch lässt eine bemerkenswerte innere Stabilität des politischen Systems des Landes erkennen,[29] trotz der verheerenden Einfälle der Wikinger, die seit Ende des 8. Jhs. das Land überfielen und mehr als zwei Jahrhunderte hindurch Kirchen und Klöster plünderten und zerstörten.

Von besonderem Interesse ist die Entwicklung der monastischen Kirche vom späten 5. Jh. an, also etwa zwei Generationen nach St. Patrick. Für die neu entstehenden Klöster und die auf ihnen beruhende monastische Kirche blieb die Sippe, d. i. die bis in das vierte Glied sozial gesicherte Großfamilie, das tragende Element. Die Sippenstruktur der Gemeinschaft aus keltischer Zeit fand in der Klostergemeinschaft ihre unmittelbare Fortsetzung, indem zumindest ein Teil der Großfamilie sich gemeinsam taufen ließ und eine enge christliche Gemeinschaft bilden konnte. Dieser Vorgang betraf nicht nur die Gründung einzelner Klöster, sondern auch deren späteren Zusammenschluss zu klösterlichen Verbänden (*paruchia*). Die an einen bestimmten Ort gebundene klösterliche Gemeinschaft blieb über das gemeinschaftliche Eigentum an Grund und Boden, das nicht enteignet oder veräußert werden durfte, in der Großfamilie und damit auch im Stamm integriert. Durch die teils miteinander kooperierenden Clans oder Sippengemeinschaften der Stämme war das Land in sozial-politischer Beziehung horizontal gegliedert, wodurch die Gründung nebeneinander bestehender klösterlicher Gemeinschaften erheblich begünstigt wurde. Eine kirchliche Hierarchie, wie sie sich sowohl in der Römischen Kirche wie in der Ostkirche seit frühester Zeit herausgebildet hatte, existierte in der altirischen Kirche nicht.

Charakteristisch für die monastische Kirche Irlands ist aber noch ein anderes, mehr die innere Glaubensstruktur betreffendes Element. In keltischer Tradition spielte von Anfang an auch die Mystik, wie sie mit den Gedichten der filid und den Liedern der Barden in der gläubigen Ehrfurcht vor der Schöpfung zum Ausdruck kommt, eine wichtige Rolle. Wie bedeutsam die politischen und sozialen Bedingungen Irlands für den Aufbau der monastisch strukturierten Kirche auch gewesen sind, sollte die insulare Lage des Landes in seiner Abgeschiedenheit zwischen dem „westlichen Meer“ (Atlantik) und dem „Mare Hybernicum“ (Irische See) wie auch seine natürliche Beschaffenheit nicht übersehen werden. Zweifellos hat die Schönheit der irischen Landschaft in ihrem geheimen Zauber auf das Sinnen und Trachten auch der frühen Christenheit einen merklichen Einfluss ausgeübt. Die Einsamkeit der Berge und Moore, die rollenden Meereswellen an den Küsten der Insel, das Spiel der natürlichen Elemente in ihrem Farbenreichtum – all das hat seit vorchristlicher Zeit die Menschen im mystischen Erleben umfangen gehalten.[30] Noch heute öffnet sich das Herz, wenn uns natürliche Erscheinungen ganz gefangen nehmen; still, so still kann das Land sein. Da wird im achtsamen Augenblick der Odem Gottes ganz gegenwärtig, so wie es ein Anachoret in Versen des 9. Jhs. über Armut und Reichtum zum Ausdruck zu bringen versucht:[31]

Die Stimme des Windes geht durch den Wald
mit den grauen Wolken,
und das Murmeln der Quelle zwischen den Steinen
ist herrliche Musik.

Wohl finden die Menschen Gefallen
an Vergnügung, Reichtum und Geld;
ich aber danke Gott für alles,
was ich durch Seine Güte empfing.

Ich kenne die Stunde nicht, da mich Sorgen quälen
und lautes Geschrei und Streit der Menschen.

Die schöne Kiefer spielt für mich auf
und verlangt keine Bezahlung.
Niemals könnte ich ärmer sein
und bin dennoch so reich beschenkt
(wie) durch die Gnade Gottes.

2. Leben und Missionstätigkeit von Patrick[32]

Um die Mitte des 5. Jhs. missionierte der hl. PATRICK in Irland. Er ist gewiss die bekannteste Persönlichkeit der irischen Geschichte überhaupt und war doch kein Ire, sondern stammte aus Britannien jenseits der Irischen See. Sein ruhiges Leben in der römischen Provinz Britannia nahm ein jähes Ende, als er im jugendlichen Alter von irischen Piraten in das unzugängliche Hügel- und Bergland Irland verschleppt wurde und dort sechs Jahre lang als unfreier Knecht Schafe hüten musste. Umso erstaunlicher ist seine Rückkehr als Bischof zwanzig Jahre später, nachdem er seine wahre, von Gott gewollte Berufung erkannt hatte. Überaus erfolgreich als christlicher Sendbote, gilt er als der eigentliche Schutzpatron Irlands und bildet mit COLUMBA und BRIGID das Dreigestirn der irischen Nationalheiligen.

Viele Einzelheiten aus Patricks Leben gehören zum größeren Teil zur populären Historiographie und beruhen im wesentlichen auf drei Lebensbeschreibungen, die Jahrhunderte später geschrieben wurden, jedoch die frühesten von fremder Hand verfassten *Vitae* des Heiligen sind: [33]

1. Der in Latein geschriebene Bericht von Bischof TIRECHÁN aus der 2. Hälfte des 7. Jhs., der teilweise aus dem persönlichen Kontakt mit ST. ÚLTAN von Meath († ca. 663) resultiert und teils schriftliche Aufzeichnungen in irischer Sprache heranzieht.

2. Die lateinische Vita Patricks von Muirchú Maccu Machteni oder einfach MUIRCHÚ (um 700), vermutlich auf Veranlassung von Bischof AED von Slébte (Sletty) geschrieben.

Beide Dokumente sind in dem „Liber Ardmachanus“ (Book of Armagh) enthalten, das in der 1. Hälfte des 9. Jhs. zusammengestellt wurde und im Trinity College in Dublin aufbewahrt wird. Es besteht der Verdacht, dass diese Vitae kirchenpolitische Ansprüche für Armagh als Primat Irlands vertreten sollten. Besonders MUIRCHÚ und Bischof AED gelten als Vertreter der römischen Kirche, die im Streit um den Ostertermin im Jahr 664 sich gegen die keltische Kirche durchgesetzt hatte. Der Vorrang Armaghs hätte dann die Einführung des neuen Ostertermins über Südirland hinaus im gesamten Land ermöglicht.

3. Die „Vita Tripartita“, ein dreigeteiltes, am Ende des 9. Jhs. verfasstes Sammelwerk, das auf 1. und 2. zurückgreift und andere späte Patrickdokumente heranzieht. Dazu gehören möglicherweise auch die seit etwa Mitte des 8. Jhs. angelegten Annalen irischer Klöster.

Es ist ein glücklicher Umstand, dass von St. Patricks eigener Hand zwei aufschlussreiche Schriftstücke erhalten sind, welche überhaupt die frühesten authentischen Quellen für das Christentum in Irland darstellen und allgemein als *Libri Sancti Patricii* (Schriftstücke des St. Patrick) bezeichnet werden.

Confessio

Erhalten ist zunächst ein in in lateinischer Sprache geschriebenes Manuskript von Patricks Hand, das den Titel trägt *Confessio* (Bekenntnis). Es ist, wenige Jahre vor seinem Tod geschrieben, in das „Book of Armagh“ im frühen 9. Jh. eingefügt worden und wird im „Trinity College“ in Dublin aufbewahrt. Nehmen wir als Todesjahr von St. Patrick das Jahr 460 oder einige Jahre danach an, wie die *Annalen* uneinheitlich berichten, dürfte er die *Confessio* um das Jahr 460 geschrieben haben, also mehr als ein halbes Jh. später als die weitaus bekannteren „Bekenntnisse“ des hl. Augustinus. Dem Inhalt nach sind beide Schriften grundverschieden: Das gewaltige Werk von Augustinus ist gleichermaßen Autobiographie und scharfsinniger theologisch-philosophischer Traktat, der einen erheblichen Einfluss auf die christliche Theologie des Mittelalters ausgeübt hat. Dagegen hat Patrick nur ein schmales, in 62 Punkte gegliedertes Manuskript hinterlassen, das nur einige andeutende Hinweise auf biographische Einzelheiten enthält und weithin unbekannt geblieben ist. Doch gleichermaßen weisen beide Schriften ein gläubiges Bekenntnis zu Gott auf, bei Patrick unter Zugrundelegung biblischer Zitate, was auf keine gediegene theologische Ausbildung schließen lässt, aber auch zeitbedingt ist. Aus historischer Sicht ist die Bedeutung der *Confessio* vorrangig darin zu sehen, dass sie authentische Details aus dem Leben des Heiligen enthält, die allerdings noch der näheren Interpretation bedürfen. Die Confessio ist in Handschriften folgender Institutionen ganz oder teilweise enthalten: Dublin, Trinity College (im Book of Armagh); Paris, Bibliothèke Nationale; London, British Library; Rouen, Bibliothèke municipale; Salisbury, Salisbury Cathedral (zwei Exemplare).

Epistula ad milites Corotici, ein in lateinischer Sprache abgefasster Brief an die Soldaten des Coroticus

Dieses Schriftstück ist während der Zeit der intensiven Missionierung von St. Patrick geschrieben und damit älter als die *Confessio*. Es ist als authentisches Manuskript ebenfalls von hohem historischem Rang, für die Aufhellung der Lebensumstände des Heiligen aber doch von geringerem Gewicht als Schriftstück I. Es fehlt im „Book of Armagh" und ist als Abschrift vollständig erhalten in Paris, London und Salisbury (wiederum zweimal), jedoch in Arras unvollständig.

Der Brief ist an Coroticus, einen Tyrannen oder Warlord in Strathclyde im westlichen Schottland, und an dessen Gefolgsleute gerichtet, die einige der von Patrick getauften Christen angegriffen und getötet oder gefangen genommen haben. Patrick wirft den Adressaten seines Briefes, die selber Christen sind, ein zutiefst unchristliches Verhalten vor und verlangt von ihnen ehrliche Reue und Entschädigung für die Opfer, um wieder an der christlichen Gemeinschaft teilhaben zu können.

Lassen wir nun die als authentisch geltenden Schriften Patricks selbst sprechen, um zuverlässigere Hinweise auf Einzelheiten seines Lebens und seiner Persönlichkeit zu erhalten. Beginnen wir mit den einleitenden Worten in seiner *Confessio* (No. 1 = C1):[34]

> *Ich bin Patrick, ein Sünder, höchst ungebildet und der Geringste aller Gläubigen, von in den meisten verachtet.*

Diese sich herabwürdigende Selbstdarstellung steht am Anfang seiner *Confessio*, übrigens durchaus in der literarischen Tradition der frühen Christenheit, sich selbst als sündhaft zu charakterisieren. Auch an anderen Stellen seiner Schrift findet sich die Herabsetzung seiner selbst, so im letzten Abschnitt (C62):

> *Ich bitte aber, diese Schrift anzusehen, die Patrick, der Sünder und Ungebildete, wohlgemerkt, in Irland geschrieben hat, dass, wenn ich etwas Geringes getan habe, niemand einmal sage, dass meine Unwissenheit [es war]; vielmehr, dass wahrhaftig geglaubt wird, dass es eine Gabe Gottes war. Und das ist meine Confessio, bevor ich sterbe.*

St. Patrick, der große Heilige Irlands, ein Sünder, ein Ungebildeter, ein wenig Geachteter? Offenbar konnte oder wollte er sich selbst keine Verdienste zuschreiben. Selbst in dem Brief an Corotius, in dem Schreiben an wirkliche Frevler und Ungerechte, in dem von Anfang an eine selbstbewusste Autorität zu erwarten gewesen wäre, findet sich diese Herabsetzung zu einem ungebildeten Sünder, der seine Verdienste allein Gottes Güte zu verdanken habe (Brief No. 1 = B1):

> *Ich Patrick ein Sünder, ungelehrt, erkläre, dass ich von Gott als Bischof für Irland bestellt bin. Ganz gewiss habe ich von Gott das empfangen, was ich bin.*

Offenbar hat Patrick tatsächlich unter einer mangelnden Bildung gelitten, weniger in seiner Missionstätigkeit, bei der er Irisch sprechen konnte, als vielmehr in Gegenwart anderer, theologisch besser Geschulten. Wie wir in der *Confessio* lesen können, hat er den klassischen Bildungsweg in den Jugendjahren nicht vollständig durchlaufen und eine spätere theologische Ausbildung nur lückenhaft erfahren, so dass sein Schriftlatein aus philologischer Sicht als fehlerhaft beurteilt worden ist. Diese Einschätzung führt zu der Schlussfolgerung, dass Patrick keineswegs ein gründliches theologisches Studium – wie später behauptet wurde, etwa in Auxerre in Gallien – absolviert haben kann. Er selbst ist sich der mangelnden Beherrschung des Lateinischen durchaus bewusst (C9 u. C10). Ludwig Bieler, ein bedeutender Philologe und Paläograph, hat darauf aufmerksam gemacht, dass Patrick kein klassisch-literarisches Latein, sondern eher ein vulgäres oder gesprochenes Latein, wie es ihm aus seiner Heimat vertraut war, verwendet hat.[35] Dass Patrick in einem Kloster oder an einer anderen kirchlichen Einrichtung eine klassische geistliche Ausbildung erfahren hat, dürfte demnach höchst unwahrscheinlich sein.

In dem Umstand unzulänglicher klassischer Bildung und theologischer Ausbildung musste St. Patrick einen schwerwiegenden Mangel erkennen und hat als grundehrlicher Vertreter der christlichen Kirche dieses Manko sich selbst und anderen gegenüber auch eingestehen wollen. Vielleicht hauptsächlich aus diesem Grund wurde ihm von anderen Kirchenvertretern das Recht, als Bischof in Irland zu fungieren, ernsthaft in Frage gestellt (C26).

In den erhaltenen schriftlichen Äußerungen von St. Patrick ist nicht zu übersehen, dass er stets aus tiefem Gottvertrauen schreibt und er jedes Verdienst nicht für sich selbst in Anspruch nimmt, sondern es Gottes Beistand zurechnet, ähnlich wie der Apostel Paulus geschrieben hat:

> *Paulus, Knecht Christi Jesu, berufen zum Apostel, auserwählt, das Evangelium Gottes zu verkünden... durch ihn haben wir Gnade und Apostelamt empfangen, um in seinem Namen alle Heiden zum Gehorsam des Glaubens zu führen... (Röm 1,1.5)*

Oder noch deutlicher an anderer Stelle:

> *Wir haben durch Christus so großes Vertrauen zu Gott. Doch sind wir dazu nicht von uns aus fähig, als ob wir uns selbst etwas zuschreiben könnten; unsere Befähigung stammt vielmehr von Gott. Er hat uns fähig gemacht, Diener des Neuen Bundes zu*

sein, nicht des Buchstabens, sondern des Geistes. Denn der Buchstabe tötet, der Geist aber macht lebendig. (2 Kor 3,4–6)

Auch für Patrick ging es nicht um eine im genauen Wortlaut vorgeschriebene Buchstabenfrömmigkeit, sondern um den lebendigen Glauben aus dem Geist Gottes. Dieser Glaube in Demut und Selbstbescheidung, der die gesamte *Confessio* stützt und durchzieht, ist im Verlauf seiner Gefangenschaft in Irland von einem schon in seiner Heimat vorbereiteten glimmenden Funken zu einem brennenden Feuer der Gottesliebe entfacht (C16):

> *Als ich nach Irland geraten war, hütete ich jeden Tag Schafe und betete häufig am Tag. Da nahmen die Liebe zu Gott und die Gottesfurcht immer mehr zu; der Glaube verstärkte sich, und der Geist wurde getrieben, so dass ich an einem Tag vielleicht hundert Gebete (sprach) und fast ähnlich des Nachts. Auch wenn ich im Wald oder auf dem Berge blieb, stand ich vor Tagesanbruch zum Gebet auf, bei Schnee, Frost oder Regen. Ich spürte keine Beschwerde, und es war keine Unlust in mir, weil, wie ich jetzt sehe, der Geist in mir glühte.*

In der Gemütsverfassung eines gläubigen Herzens erhielt Patrick schließlich im Traum verschiedene göttliche Botschaften, indem eine Stimme zu ihm sprach und ihm in der jeweiligen Situation wichtige Ratschläge erteilte, was als nächstes zu tun sei. So wusste er sich, nachdem er in seiner größten Not und Verlassenheit im Glauben Trost und Zuspruch erfahren hatte, von Gottes Güte geleitet. Daher ist wohl auch Patricks tiefer religiöser Glaube, erfüllt von Dankbarkeit und Demut, das wahre Motiv für die Niederschrift seiner *Confessio*, eines wahrhaft religiösen Bekenntnisses.

Ohne die späteren *Vitae* völlig außer Betracht zu lassen, sollen nun die beiden genannten Originalschriften *Confessio* (C) und der *Brief an Coroticus* (B) noch mehr herangezogen werden, um ein genaueres Bild vom Leben des Heiligen zu gewinnen.

Wenn wir uns nun seinen einzelnen Lebensphasen zuwenden, kommt der Entwicklung seines Glaubens die allergrößte Aufmerksamkeit zu. Wir unterscheiden die folgenden Lebensabschnitte:

(a) Kindheit und frühe Jugend, religiöses Umfeld;
(b) Gefangenschaft in Irland und Flucht, inneres Wachstum und göttliche Stimme;
(c) Geistliche Ausbildung und weiterer Glaubensweg;
(d) Rückkehr nach Irland und Missionstätigkeit;
(e) Bilanz seiner Wirksamkeit und Lebensende.

(a) Kindheit und frühe Jugend

Von vornherein ist zu bedenken, dass für Patricks Biographie keine genauen zeitlichen und örtlichen Datierungen vorliegen. Während zeitliche Angaben sich vorwiegend auf die Dauer bestimmter Begebenheiten beziehen, lassen sich Ortsbezeichnungen heute kaum mehr verifizieren.

PATRICK wurde gegen Ende des 4. Jhs. in einem Ort mit der Bezeichnung *Bannavem Taberniae* – vielleicht auch *Bannaventa Berniae* [36] – in einer relativ begüterten Umgebung vermutlich nahe der südwestlichen Küste Britanniens geboren und auf den Namen PATRICIUS getauft (*C1, B10*). Zu dieser Zeit war *Britannien* noch eine römische Kolonie und der nordwestliche Außenposten des Römischen Empire, in dem neben der lateinischen Umgangssprache ein keltisches Britisch gesprochen wurde. Geistige Kultur und Administration waren römisch geprägt; das galt insbesondere für die gesellschaftliche Oberschicht, der Patrick durch seine Geburt zugehörig war. Sein Vater CALPORNIUS (Calpornus) war ein wohlhabender Landbesitzer, der als *Decurio* – Träger eines öffentlichen Amtes – für die römische Obrigkeit Steuern einzutreiben hatte. Daneben trug er noch den Titel eines Diakon, also eines Hilfsgeistlichen, während Patricks Großvater POTITUS sogar Priester (*presbyter*) oder zumindest ein höherer Amtsträger der römisch-katholischen Kirche war.

So hätte Patricks Erziehung von Haus aus eigentlich ein christliches Fundament haben müssen, und gewiss wurde er auch von Kindheit an in die grundlegenden christlichen Lehren eingeführt. Doch, wie er selbst zugeben musste, war sein Glaubenseifer zu dieser Zeit gering:

> *Ich kannte nicht den wahren Gott... wir hatten uns von Gott entfernt, seine Lehren nicht beachtet und hatten unseren Priestern, die uns ermahnt hatten, an unser Seelenheil zu denken, nicht gehorcht. (C1)*

Dieses Eingeständnis Patricks über den mangelnden Gottesglauben in der frühen Jugend ist für sein Verständnis des eigenen Lebensweges im Rückblick seiner *Confessio* von erheblicher Bedeutung, und zwar einmal für sein Verständnis des Zusammenhangs von Lohn und Strafe, zum anderen für seinen Glauben an den Beistand Gottes in großer Gefahr. Patrick begriff seine in der Jugendzeit erfolgte Versklavung und Verschleppung nach Irland, von der gleich die Rede sein wird, als gerechte Strafe des zornigen Gottes, weil er selbst das religiöse Leben vernachlässigt hatte und er so auf den Weg zum wahren Glauben gewiesen wurde:

> *(Diese Strafe) entsprach dem, was wir verdient hatten. So ließ der Herr den Grimm seines Zornes über uns kommen (C1)... und dort öffnete der Herr die Empfindung für meinen Unglauben (C2).*

Erst nachträglich also wurde Patrick der innere Zusammenhang seiner Lebensgeschichte bewusst, hinter dem der *Zufall* als Akzidens des Geschehens zurücktreten musste. Die Vorstellung, dass ein gottloses Verhalten die Strafe Gottes zur Folge hat, um den Sünder auf den Weg der Einsicht und der moralischen Läuterung zu führen, ist ein Grundzug von Patricks Weltverständnis. Hiernach begreift er die Untaten von Corotius und seiner Leute gegen die jungen Christen als eine Rebellion gegen Christus selbst

(*B19*). Ihre momentane Herrschaft wird in einem Augenblick verschwinden:

> *Wie der Rauch, den der Wind verweht, so werden die hinterlistigen Sünder vergehen vor dem Angesicht des Herrn. (Weish 5,14)*

Soweit zu den Ausführungen über den unerkennbaren Willen Gottes, der die Frevler bestraft, um sie zur Einsicht zu führen. Die andere genannte Verknüpfung betrifft die Bedeutung der Gefahrenmomente für den weiteren Fortgang des Lebensweges. Es ist wohl denkbar, dass es sich bei Patricks Gottesferne in der frühen Jugend um einen jener Momente handelt, welche göttliche Strafe und Belohnung nach sich zogen und Patricks weiteren Werdegang entscheidend bestimmt haben. Patrick spricht in seiner *Confessio* von Gefahren, denen er sich in seinem Leben ausgesetzt sah und die ihn zu immer größerer Gottesnähe führten (*C35*):

> *Ich möchte nur kurz sagen, dass der so getreue Gott mich wiederholt aus Knechtschaft befreit hat und aus zwölf Notlagen, in denen mein Leben gefährdet war, von zahlreichen Nachstellungen abgesehen.*

Um welche zwölf Gefahren es sich im Einzelnen gehandelt hat, führt Patrick nicht aus. Doch gehörten sie ja zu seinem Lebensweg und müssten, wenn auch nicht ausdrücklich als solche gekennzeichnet, im Text der *Confessio* enthalten sein.

Ein weiterer bedeutsamer Umstand aus Patricks früher Jugendzeit betrifft seine Bildung. In seinen beiden Schriften betont er immer wieder die eigene Ungebildetheit, Die hauptsächliche Ursache seiner mangelnden Bildung ist in der gewaltsamen Entfernung aus der sozial gesicherten Umgebung in die Versklavung nach Irland im Alter von knapp 16 Jahren zu sehen. Der gesellschaftlichen Oberschicht zugehörig, befand er sich zu diesem Zeitpunkt noch in der schulischen Ausbildung. In dem Alter von etwa 16 Jahren hatte er möglicherweise die Sekundarstufe abschließen und im Rahmen des römischen Bildungssystems mit der dritten Stufe beginnen können. Auf dieser höheren Bildungsstufe eines Rhetors wurde vor allem das freie Reden geübt und das römische Recht studiert, somit wesentlich die Kenntnis der lateinischen Sprache vertieft.[37] Diese schulische Ausbildungsstufe konnte Patrick nicht durchlaufen, und die Lebensumstände gestatteten ihm nicht, diesen Bildungsmangel später nachzuholen. Für die Festigung seines religiösen Glaubens aber bleibt diese sprachliche Unfertigkeit ohne Bedeutung; sie erfolgte auf einem gänzlich anderen Weg und hing unmittelbar mit seiner Verschleppung nach Irland zusammen.

(b) Gefangenschaft und Flucht

Ehe wir uns dem weiteren Lebensweg Patricks zuwenden, sollten wir einen Blick auf die frühe Geschichte *Britanniens* werfen und den historischen Rahmen des folgenden Geschehens kurz skizzieren. Britannien, seit Mitte des 1. Jhs. eine römische Provinz, erreichte mit der Romanisierung in den Städten und auf den herrschaftlichen Landsitzen im 3. Jh. seinen zivilisatorischen Kulminationspunkt. Bereits im 4. Jh. mehrten sich jedoch die räuberischen Überfälle „barbarischer Stämme“, also fremder, aus römischer Sicht ungebildeter Cliquen nordbritischer Pikten, jüdländischer Sachsen und irischer Piraten.

Das römische Empire sah sich infolge eines wachsenden Invasionsdrucks fremder Volksstämme von außen und durch das auseinander strebende Machtgefüge im Innern in seinem weiteren Bestand gefährdet. Nachdem im Verlauf des 4. Jhs. das Christentum als Staatsreligion anerkannt war, besaß die Staatsgewalt ein besonderes Interesse an einer strengen Einheit von Staat und Kirche. Abweichende Lehrmeinungen wurden als ketzerisch verurteilt und unterdrückt, so dass sich Glaubensminderheiten immer mehr benachteiligt sahen. Zu Beginn des 5. Jhs. überschritten die Heere der Vandalen und Goten den Rhein, besetzten die gallischen Provinzen und bedrohten Rom. Im Jahr 407 wurde ein Großteil der römischen Soldaten aus Britannien zur Verteidigung Roms nach Italien verlegt. Die britischen Städte sollten sich selbst verteidigen, waren aber den Überfällen und Invasionen barbarischer Stämme weitgehend schutzlos ausgeliefert.

Um diese Zeit wurde auch Patricks Heimatort überfallen und ausgeraubt, Patrick war etwa 16 Jahre alt. Diese Angabe führt uns dazu, seine Geburt ungefähr auf das Jahr 391 zu datieren. Über den Überfall und seine Gefangennahme, die den *zweiten Gefahrenpunkt* seines Lebens markiert, ist er an verschiedenen Stellen seiner Schriften kurz eingegangen. Sie seien in kurzen Auszügen zusammengestellt:

> *(Mein Vater) besaß ein kleines Landgut, von wo aus in Gefangenschaft geschleppt wurde. Zu dieser Zeit war ich beinahe 16 Jahre alt... ich wurde mit vielen tausend anderen in Irland gefangen gehalten ... (C1)*
>
> *Dieses Volk nahm mich einst gefangen und hat die Knechte und Mägde und Mägden meines väterlichen Hauses zugrunde gerichtet...(B10)*
>
> *Ich war ein Jüngling, ja fast noch ein Knabe, als ich weggeschleppt wurde, noch ehe ich wissen konnte, wonach ich streben oder was ich meiden sollte... (C10)*
>
> *Als ich nach Irland geraten war, hütete ich jeden Tag Schafe ... (C16)*
>
> *Bald darauf wendete ich mich zur Flucht und habe den Mann verlassen, mit dem ich 6 Jahre zusammen gewesen war... (C17)*

In diesen knappen, sachlichen Berichten ist keinerlei Dramatik dieses für das weitere Geschick Patrick so schwerwiegenden Geschehens zu erkennen. Es sind demnach sehr viele Menschen geraubt und nach Irland verschleppt worden. Sie wurden gefangen genommen und mussten dort schwere Arbeiten verrichten, wurden aber nicht als Sklaven verkauft und wie solche gehalten. Davon ist nirgendwo die Rede. Ebenso ist anzunehmen, dass Patrick zwar seine ihm aufgezwungenen Arbeiten überwiegend allein ver-

Foclut (Foghill) im County Mayo in Nähe von Killala heute.
Möglicher Ort der Gefangenschaft Patricks.

richten musste, dass er aber im Verlauf seiner langen Gefangenschaft auch Kontakt zur ansässigen Bevölkerung, darunter auch zu Gleichaltrigen hatte und er die irische Umgangssprache erlernte.

Wo hat Patrick seine Gefangenschaft verbracht? Diese Frage schien lange Zeit durch spätere *Vitae* und durch Angaben in Annalen irischer Klöster geklärt zu sein in der Annahme, er wäre am Mt. Slemish (Co. Antrim) im Nordosten des Landes gefangen gehalten worden. Jedoch bietet das genauere Studium der *Confessio* eine andere Schlussfolgerung an. Wir erfahren aus den näheren Angaben über seine Flucht, dass er, um in seine Heimat zurückkehren zu können, einen Fluchtweg von etwa 200 Meilen (ca. 300 km) zu dem betreffenden Hafen zurückgelegt hatte (*C17*). Hätte er sich im Co. Antrim, also bereits in Nähe der Ostküste aufgehalten, wäre der Fluchtweg zu einem Hafen erheblich kürzer gewesen. Um die angegebene große Distanz zur Ostküste Irlands zurückzulegen, konnte sich Patrick, selbst wenn Umwege und Irrwege in Rechnung gestellt werden, also nur in Nähe der *Westküste* des

Landes aufgehalten haben. Diese Überlegung wird durch Patricks eigene Angaben gestützt. In einer späteren Traumvision hört er den Ruf von Iren, die offenbar in der Zeit seiner Gefangenschaft mit ihm zusammen waren, er solle zu ihnen zurückkehren (*C23*):

> *Ich glaubte die Stimme jener zu hören, die nahe dem Wald von Foclut lebten, der in der Nähe des westlichen Meeres liegt, und sie riefen wie aus einem Munde: Wir bitten dich, heiliger Knabe, komm und bewege dich wieder zwischen uns...*

Die Ortsbezeichnung *iuxta silvam focluti* (nahe dem Wald von Foclut) findet sich im Manuskript des „Book of Armagh", während es etwa in der entsprechenden Pariser Handschrift heißt: *iuxta silvam virgulti* (wörtlich: nahe dem Wald des Gesträuchs). Das wäre ein Hinweis ohne Angabe eines Ortes und wäre daher sinnlos. Die erste Ortsbezeichnung hielt auch TICHERÁN in seiner *Vita* für möglich und identifizierte sie mit einem Gebiet in der Nähe der kleinen Stadt *Killala* im heutigen County Mayo.

Wie mögen die sechs Jahre der Gefangenschaft für Patrick ausgesehen haben, weniger den äußeren Ereignissen nach als vielmehr in der Bedeutung für seine seelische Verfassung und innere Entwicklung? Aus heutiger Sicht lässt sich seine Befindlichkeit nur erahnen. Wir versuchen, uns in seine Lage zu versetzen.

Patrick kam aus der Obhut einer gutbürgerlichen, christlichen Familie und wurde in die Drangsale eines fremd bestimmten Lebens in einem anderen, weitgehend heidnischen Land hineingeworfen. Anfangs mussten die schrecklichen Ereignisse von Überfall, Plünderung und Verschleppung durch irische Piraten und Sklavenhändler einen Schock bei dem 16jährigen Burschen ausgelöst haben. Zwar waren räuberische Überfälle auf römische Kolonialgebiete in Anbetracht des Niedergangs der römischen Schutzmacht nicht gänzlich überraschend, doch nun betraf dieses Unheil Patrick selbst und seine eigene Heimat, wobei sich seine Eltern – die er später wiedersah – sich wohl rechtzeitig in Sicherheit gebracht hatten. Patrick musste um sein eigenes Leben bangen und

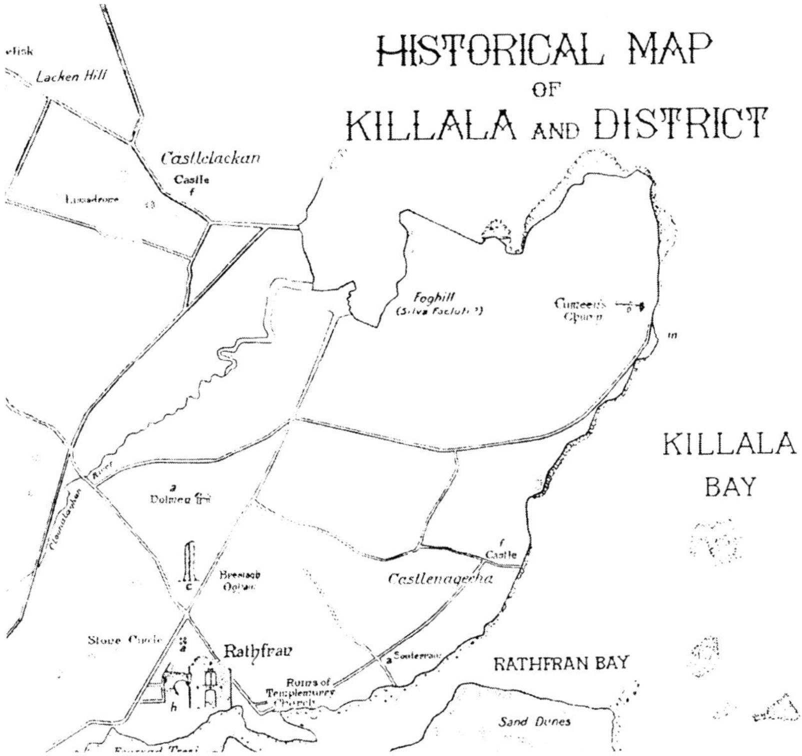

Das kleine Gebiet Foghill, vermutlich Silva Focluti
an der Bucht von Killala / Co. Mayo, auf einer historischen Landkarte.

sich schließlich in einer schwierigen und unüberschaubaren Situation zurechtfinden. Er sehnte sich nach den Eltern und Freunden zurück und musste sich doch – wenn auch mit innerem Widerwillen – in sein Geschick fügen.

Hinzu kamen entsprechend seinem pubertären Alter eigene Gefühlsaufwallungen. So zog sich Patrick gern in die Einsamkeit zurück, und doch musste er sich notgedrungen allmählich an das karge, wenig abwechslungsreiche Leben gewöhnen. Er hütete Kleinvieh (*pecora*), vermutlich Schafe (*C16*), vielleicht gemeinsam mit anderen Leidensgenossen, nach einiger Zeit sogar zur Zufriedenheit seiner Aufseher. Dabei lernte er nicht nur die nahe Umgebung näher kennen, sondern auch Bewohner des spärlich besiedelten Landes, deren altirische Sprache er langsam immer besser verstand. Den Schafen und seinen Hunden war er bei Regen und Sonne, bei Sturm und Frost ein wachsamer Hirte und guter Freund. So vergingen im Wechsel der Jahreszeiten die Jahre. Mit wachem Bewusstsein und in neu erwachender Lebensfreude nahm er die Natur um sich auf und erfuhr von den keltischen Bewohnern mehr über ihre Lebensweise und über das Land, in das er verschleppt worden war. Allmählich durfte er sich immer freier bewegen und hörte von seinen neuen Freunden, was sie beschäftigte und sah vielleicht auch manches, was die keltische Religion betraf.

In den letzten Jahren seiner Gefangenschaft besann sich Patrick immer stärker auf die eigenen religiösen Lehren, die ihm früher in der Heimat nahe gebracht wurden und die er so lange unbeachtet gelassen hatte. Er spürte eine unbestimmte Sehnsucht in sich, im unaufhörlichen Beten Gott nahe zu sein. Die wenigen Menschen, mit denen er zusammentraf, bemerkten die Veränderung an ihm und nannten ihn fortan „heiliger Knabe“ (C23). Schließlich erlebte Patrick an sich selbst so etwas wie eine religiöse Ekstase. Bei jedem Wetter ging er noch vor Tagesanbruch hinaus, um zu beten, und empfand sich immer mehr von Gott angenommen und behütet. Die äußere Wirklichkeit verlor an Wichtigkeit in Anbetracht des gesteigerten seelisch-geistigen Erlebens. Patrick fühlte sich mehr und mehr von einer höheren Macht ergriffen. In seinen Träumen erwachte eine innere, die *göttliche* Stimme, die ihn fortan begleitete und ihm von Zeit zu Zeit persönliche Botschaften übermittelte. Als erstes wurde ihm eine bedeutungsvolle Voraussage überbracht:

Einmal hörte ich des Nachts im Schlaf eine Stimme, die zu mir sprach: „Gut, dass du Entbehrungen erträgst (wörtl. dass du fastest), du wirst bald in dein Vaterland kommen.“ Und nach kurzer Zeit hörte ich das Orakel: „Sieh an, dein Schiff ist bereitet.“ Das lag nicht in der Nähe, sondern vielleicht 200 Meilen entfernt, da wo ich noch niemals war und wo ich niemanden kannte. (C17)

Für ein rechtes Verständnis auch dieses Textes ist zu beachten, dass ihn der gottesfürchtige Patrick die *Confessio* wenige Jahre vor Ende seines Lebens aus der Erinnerung geschrieben hat und dass er in diesem Werk vor allem seinen Glaubensweg darlegen wollte. Daher besteht kein Zweifel an der Wahrhaftigkeit seiner Worte, wenn er sich auch in den Detailangaben getäuscht haben könnte. So lässt die Voraussage, er werde *bald* in sein Heimatland zurückkehren, offen, ob Patrick auf direktem Wege nach Britannien gesegelt ist und wann er wirklich seine Heimat wiedergesehen hat.

Im Glauben an Gottes Vorsehung und an den göttlichen Beistand, trat er die schwierige Flucht an und erreichte auch glücklich den Hafen, wo das Schiff vor Anker lag, ohne uns etwas Näheres über die Umstände oder den Weg seiner Flucht mitzuteilen. Denkbar ist, dass er sich vom äußersten Nordwesten des Landes hin zum südöstlichen Landesteil begab, vielleicht bis nach *Wicklow* oder noch weiter südlich. In Wicklow soll Patrick zwei Jahrzehnte später, als er nach Irland für seine Missionsarbeit zurückkehrte, an Land gegangen sein, so der schon erwähnten *Vita* von MUIRCHÚ zufolge.

Wir erfahren noch, dass die andersgläubige Schiffsbesatzung mit Patrick einen formlosen Vertrauenspakt abschloss und er sich dabei als Christ zu erkennen gab (*C18*). Nach drei Tagen erreichten sie Land, ob es Britannien war oder doch Gallien – wie in den späteren *Vitae* angenommen wurde –, wissen wir nicht sicher. Allerdings spricht vieles dafür, dass die Reise nach Gallien ging.

Denn, wie er schrieb, sah er seine Eltern erst „nach wenigen Jahren in Britannien" (*C23*) wieder. Wo war Patrick in der Zwischenzeit gewesen? Um das Jahr 400 hätte ein großes Segelschiff die Strecke zwischen dem südlichen Irland und dem nördlichen Gallien durchaus in drei Tagen zurücklegen können.

Zu dieser Zeit wurde gerade das erste Segelhandbuch „Studiasmus maris magni", eines der ersten Kompendien für die Seefahrt überhaupt, geschrieben. Darin wird bei einer Höchstgeschwindigkeit von 5 Knoten – entsprechend etwa 9 km pro Stunde – die Tagesleistung eines Seglers für den zurückgeleg-

Ein spätantikes, römisches Handelschiff (corbita).

ten Seeweg mit 110–150 Meilen, also im Mittel mit rund 200 km angegeben.[38]

Es ist nicht daran zu zweifeln, dass Patrick ein großes Schiff benutzt hatte; denn nicht nur war die Besatzung zahlreich, sondern es wurden auch etliche Hunde mitgeführt (*C19*). Eine mögliche Erklärung dieser ein wenig rätselhaften Angabe[39] finden wir in einem Werk über die Geschichte der Seefahrt, in dem das spätantike Britannien als Exporteur u. a. auch von Hunden bezeichnet wird.[40] Es ist daher anzunehmen, dass die Seefahrer mit ihrer Handelsware nicht nach Britannien reisen wollten, also in ein Land, das selber Hunde exportierte.

Nach seiner Landung irrte Patrick mit seinen Begleitern einen Monat lang durch öde, möglicherweise von den Barbaren verwüstete Gebiete. Zunächst wurde Patrick wie ein Gefangener mitgeführt. Das war nach den Jahren von Foclut seine zweite Gefangenschaft (*C21*). Die mitgebrachten Vorräte gingen zu Ende. Angesichts der Gefahr des Verhungerns betete Patrick, wie er schrieb, auf Drängen des heidnischen Kapitäns *mit ganzem Herzen zu dem Herrn, meinem Gott, dem nichts unmöglich ist, dass er euch heute Nahrung geben möge auf eurem Weg, bis ihr satt werdet, hat er doch überall im Überfluss (C19).*

Kurze Zeit danach lief eine Herde Schweine über ihren Weg, und die Umherirrenden konnten etliche fangen und schlachten. Von nun an hatten sie genug Nahrung, und auch Patricks Lage verbesserte sich sichtlich (C19). In der darauf folgenden Nacht sah sich Patrick einem neuen Drangsal ausgesetzt, denn nun versuchte Satan – wie Patrick im nächstfolgenden, schwer verständlichen Abschnitt der *Confessio* schilderte – sich seiner zu bemächtigen,

woran ich mich erinnern werde, solange ich in diesem Körper sein werde. Es fiel etwas auf mich wie ein mächtiger Stein, und keines meiner Glieder vermochte sich zu rühren. Doch wie kam es in meinen Sinn, „Helias" zu rufen? Unterdessen sah ich die Sonne am Himmel aufgehen, und während ich mit aller Kraft „Helias! Helias!" schrie, fiel der Licht der Sonne auf mich und vertrieb sogleich alle Schwere von mir.. Ich glaube, dass mir von Christus, meinem Herrn, geholfen wurde und sein Geist schon damals für mich rief. (C20)

Diesen Albtraum deutete Patrick als einen satanischen Angriff auf sich selbst. In höchster Not rief er offenbar nach dem Propheten Elija. War es jedoch wirklich der Gleichklang mit dem griechisch-lateinischen Wort *helios*, dass ihm Christus als Sonne erschien und ihn aus aller Gefahr befreite?[41] Zu dieser Zeit war Patrick theologisch wohl doch noch zu ungebildet, als dass sich bei ihm eine derartige Assoziation hätte einstellen können. Auf seinem weiteren Glaubensweg jedoch wurde Christus für ihn die wahre Sonne, die niemals untergehen wird (C60).

Die Sonnen-Christologie kulminierte im Glauben Patricks mit dem Abschied eines Menschen vom irdischen Leben *weil wir ohne irgend einem Zweifel an jenem Tag auferstehen werden im Glanz der Sonne, d. h. in der Herrlichkeit Jesu Christi, unseres Erlösers, als Kinder des lebendigen Gottes und als Miterben von Christus, in Übereinstimmung mit seinem künftigen Bild selbst, (so) wie wir von ihm selbst regiert werden. (C59)*

Patrick spricht hier von der Verwandlung in das Bild Jesu Christi nach unserem irdischen Tod. Wir möchten hinzufügen: Seine erste große Verwandlung erfolgte jedoch bereits in den sechs Jahren seiner Gefangenschaft und Flucht – die Verwandlung von einem etwas verwöhnten, widerspenstigen und noch ungläubigen Knaben in einen ernsthaften, willensstarken und Gott zugewandten jungen Mann, der sich Jahre später dazu auserwählt sah, in das von ihm einst als feindselig empfundene Irland die christliche Botschaft zu tragen. Das Zusammensein mit den ungleichen Gefährten auf seiner Flucht endete nach 60 Tagen, so wie es ihm bereits am ersten Tag seiner vorübergehenden Gefangenschaft vorausgesagt worden war (*C21*).

Damit ist diese lange Periode von Patricks erstem widerwillig ertragenem Aufenthalt in Irland zu einem Abschluss gekommen. Im folgenden tritt in der *Confessio* das autobiographische Moment stärker zurück; Einzelheiten aus seinem Leben werden nur noch bruchstückhaft und oft nicht zusammenhängend mitgeteilt. Diese kleine und doch für den Werdegang des hl. PATRICK so bedeutsame Schrift erhält nun immer mehr den Charakter einer behutsamen und demutsvollen Darstellung seines eigenen Glaubensweges.

(c) Geistliche Ausbildung und weiterer Glaubensweg

Patrick blieb nur wenige Jahre in Gallien, möglicherweise in einem neu gegründeten Kloster, um sich in christlicher Umgebung nach den Wirrnissen von Gefangenschaft und Flucht auf seinen weiteren Lebensweg zu besinnen. Dann endlich war Patrick wieder mit seinen Eltern in Britannien zusammen. Sie baten ihn inständig, sie nicht mehr zu verlassen, und so ist er wohl auch eine Zeit lang bei ihnen geblieben (C23). Offenbar besaßen seine Eltern noch immer eine herausragende soziale Stellung und wollten ihrem sichtlich vom christlichen Glauben erfüllten Sohn bei seiner Absicht, Christus zu dienen, nach Möglichkeit behilflich sein. Während des Aufenthalts bei seinen Eltern erhielt Patrick in einer weiteren traumhaften Vision den Impuls zu dem noch vagen Plan, eines Tages als Bote Christi nach Irland zurückzukehren:

> *Dort (bei den Eltern) geschah es, dass ich eines Nachts in einer Vision einen Mann wohl aus Irland mit dem Namen Victorius sah mit zahlreichen Briefen. Er gab mir einen Brief und ich las den Anfang des Briefes „das Rufen der Iren". Während ich den Brief weiterlas, schien es mir so, als würde ich die Stimme jener hören, die nahe dem Wald von Foclut lebten, der nahe des westlichen Meeres liegt, und sie riefen wie aus einem Munde : „Wir bitten dich, heiliger Knabe, komm zu uns und bewege dich wieder zwischen uns." Ich war schwer erschüttert im Herzen, konnte nicht weiterlesen, und so wachte ich auf. Gott sei gedankt, dass nach etlichen Jahren ihnen der Herr das gewährte, wonach sie geschrien hatten. (C23)*

Ein Künstler hat diese Vision Patricks in einem farblich fein abgestimmten Kirchenfenster gestaltet. Der Heilige wird hier einmal nicht als formalisierte Gestalt eines Bischofs des 19. Jhs. dargestellt, sondern mit dem lebendigen Ausdruck eines gläubigen Menschen, in der rechten Hand einen angedeuteten Hirten- oder auch Bischofsstab haltend, in der linken Hand eine Hostie zeigend. Die Gestalt, in ein weites, vielleicht schon priesterliches Gewand gehüllt, ist von dem lichten Blau des Himmels und der Irischen See umgeben; rechts neben ihm vier inzwischen erwachsene Gefährten vom Wald von Foclut.

Patrick hat zweifellos eine geistliche Ausbildung erfahren, in Britannien zunächst wohl mit Unterstützung seiner Eltern, die sich über den Glaubenseifer ihres Sohnes gewiss erfreut zeigten.

Die Freunde vom Wald von Foclut rufen Patrick zurück.
Kirchenfenster, St. Patrick Church (1977), Ballina Co. Mayo
(nach einer Idee von Msgr. P. Gallagher und einer Skizze von Mona Curry).[42]

Seine Wissenslücken konnte er jedoch nicht schließen, insbesondere nicht in der lateinischen Sprache und in der klassischen Bildung. Die geistliche Ausbildung zunächst bis zur Berufung als *Diakon* (*C27*) erfolgte zur Hauptsache innerhalb der Britischen Kirche. Dafür genügte das einfache Latein der Umgangssprache. Als Diakon war Patrick wie üblich einem Bischof zugeordnet, um ihn im Kirchendienst zu entlasten. Einige Zeit später wurde er vermutlich zum *Presbyter* geweiht; dieser war ursprünglich der über dem Diakon stehende ranghöhere „Älteste", der bei besonderen Gelegenheiten den Bischof vertreten konnte und priesterliche Aufgaben wahrnahm.

Aus seiner kirchlichen Praxis resultierten Patricks hervorragende Kenntnisse der Heiligen Schrift. Zu dieser Zeit, etwa um das Jahr 420, war die lateinische Bibelübersetzung des HIERONYMUS († ca. 420), die später so genannte *Vulgata*, zwar längst beendet, jedoch in der westlichen Christenheit noch nicht überall verbreitet, so wohl auch noch nicht in Britannien.

In seiner *Confessio* gibt er ein Glaubensbekenntnis wieder, das größtenteils dem Glaubensbekenntnis der alten Britischen Kirche entspricht[43], doch gegenüber den von der Orthodoxie abweichenden theologischen Strömungen der Zeit noch stärkeres Gewicht auf die Hl. Dreifaltigkeit legt. Das wird aus dem folgenden Auszug deutlich (C4):

> *Denn ein anderer Gott ist nicht, war nicht und wird in Zukunft nicht sein, als Gott Vater, der ungeborene, anfangslose, der alles beherrscht, und sein Sohn Jesus Christus, der immer mit dem Vater war, so bekennen wir, vor Anfang der Welt, vor jedem Anfang geistig vom Vater gezeugt in unaussprechlicher Weise. Durch ihn ist alles Sichtbare und Unsichtbare geschaffen ...und der Vater gab ihm alle Macht über jeden Namen im Himmel, auf Erden und unter der Erde...*
>
> *und er hat in reichem Maße über uns den Heiligen Geist ausgegossen, als Gabe und Unterpfand der Unsterblichkeit, der alle, die glauben und willig sind, zu Kindern Gottes und Miterben Christi macht,*
>
> *und wir bekennen und beten ihn an, den einen Gott in der Trinität des Heiligen Namens.*

Der Britischen Kirche zugehörig, bekennt sich Patrick hier ausdrücklich zu dem seit dem Konzil zu Nicäa weitgehend anerkannten und gültigen Glaubensbekenntnis der Christenheit, das im Jahr 325 und dann auf späteren Synoden u. a. in Konstantinopel 381 gegen den *Arianismus* bekräftigt wurde. Der Arianismus, benannt nach seinem Urheber Arius († ca. 336), einem alexandrinischen Priester, postulierte im Wesentlichen vor allem die Wesensverschiedenheit von Gottvater und Sohn, die Geschöpflichkeit des Sohnes und seine Unterordnung unter dem Vater. Dagegen postulierte das Symbolum von Nicäa:

> *Wir glauben den einen Herrn Jesus Christus, Gottes eingeborenen Sohn, aus dem Vater geboren vor aller Zeit; Gott von Gott,*

Licht vom Licht, wahrer Gott von wahrem Gott, gezeugt, nicht geschaffen, eines Wesens mit dem Vater.

Daran schließt Patrick hier unmittelbar an – ein Hinweis auch darauf, dass der Arianismus in Britannien und Irland noch einflussreich war. Aus diesem Grund betont Patrick besonders den göttlichen Status von Jesus Christus und das Bekenntnis zur Hl. Trinität.

Eine wichtige Bedeutung erhielt in der sich immer mehr vertiefenden Spiritualität Patricks das mehrmals wiederkehrende Traumerlebnis des Stimmenhörens, teils in Verbindung mit schriftlichen Botschaften. In der Einsamkeit und Stille des irischen Landes hatte er gelernt, auf alles um sich herum wie auch auf eigene seelische Regungen achtzugeben. Für Patrick gab es von Anfang an keinen Zweifel daran, dass die ihm traumhaft zugegangenen visionären Botschaften göttlichen Ursprungs waren.

Dementsprechend heißt es in der *Confessio (C24)*:

In einer anderen Nacht – ich weiß nicht, Gott weiß es, ob in mir oder neben mir – (sprach jemand) äußerst gewandt... am Schluss der Rede hieß es: „Der sein Leben für dich hingab, er ist es, der in dir spricht". Darauf erwachte ich voller Freude.

Dem ganz entsprechend folgt im nächsten Abschnitt (*C25*):

Und ein anderes Mal nahm ich ihn betend in mir wahr,und es war, als ob es in meinem Körper wäre. Und ich hörte ihn über mir, das ist über dem inneren Menschen, und dort betet er laut und mit Seufzen... am Schluss des Gebetes brachte er hervor, dass er der Geist sei...

Im Rückblick auf seinen geistlichen Weg konnte Patrick resümierend feststellen, dass er in dem Land seiner Gefangenschaft zu Gott gefunden hatte, Gott, der ihn durch den Beistand des Hl. Geistes vor allen Gefahren bewahrte und dann stets in ihm gewirkt hatte (*C33*). Ganz gewiss hatte Patrick bei den eigenen spirituellen Erfahrungen besonders das Wirken von PAULUS vor sich, den er als *den Apostel schlechthin* ansah und dessen Briefe er immer wieder bei seinen eigenen Texten heranzog, so etwa in dem Paulus-Zitat (*C25*):

> *Der Geist nimmt sich unserer Schwachheit an. Denn wir wissen nicht, worum wir in rechter Weise beten sollen; der Geist selber tritt jedoch für uns ein mit Seufzen, das wir nicht in Worte fassen können (Röm 8,26).*

oder bei der sich selbst erklärenden inneren Stimme von *C24* in Anlehnung an eine Textstelle des Paulus-Briefes an die *Galater*: *Nicht mehr ich lebe, sondern Christus lebt in mir (Gal 2,20).*

Zweifellos besitzen die instruktiven Zitate von *C24* und *C25* über den göttlichen Charakter der inneren Stimme eine starke Anlehnung an entsprechende Briefstellen des Apostel PAULUS. Ohne die Wahrhaftigkeit der *Confessio* in Zweifel ziehen zu wollen, können wir für diese Texte vermuten, dass sie von Patrick möglicherweise eingefügt worden sind, um die eigene Berufung gegenüber seinen früheren Vorgesetzten und Gegnern hervorzuheben und sich ihnen gegenüber nochmals rechtfertigen zu wollen.

Jedenfalls wurde Patrick auf seinem Glaubensweg in eigenen ekstatischen Empfindungen und Traumerlebnissen immer mehr seine apostolische Berufung bewusst, die er als Offenbarung und Auftrag Gottes wahrnahm und die ihm gewissermaßen den göttlichen Zwang auferlegte, den eingeschlagenen Weg trotz aller Schwierigkeiten bis zu dem erfolgreichen Abschluss weiterzugehen.

Auf seinem weiteren Lebensweg hat Patrick anscheinend nochmals Gallien besucht, diesmal als geweihter Diakon oder Presbyter, über dessen Ernennung zum Bischof in der Britischen Kirche bereits beraten wurde. Für diese Annahme spricht der Text von *C32*, in dem es um die Handlungsweise eines pastoralen Freundes geht, der auf einer Kirchenversammlung sich zunächst für Patrick einsetzte:

Ich habe von einigen Glaubensbrüdern erfahren, dass er (der beste Freund) in meiner Abwesenheit – als ich nicht bei ihnen, nicht einmal in Britannien war, und er (der Vorschlag) ist nicht von mir ausgegangen – vor jener Verteidigung für mich warb. Er selbst hatte es mir persönlich gesagt: „Du sollst in den bischöflichen Rang erhoben werden", obwohl ich (noch) nicht würdig war. (C32)

Der Dissens mit dem *amicissimus* bezieht sich auf einen späteren Zwischenfall, noch ehe Patrick in Irland als Bischof tätig war. Im Kontext seines geistlichen Werdegang ist hier von besonderem Interesse, dass Patrick während jener Synode, auf der u. a. auch über seine Ernennung zum Bischof beraten wurde, jedenfalls nicht in Britannien weilte und zu dieser Zeit nur in Gallien gewesen sein kann.

Einen weiteren Hinweis auf den Aufenthalt Patricks in Gallien finden wir in einer von Resignation gekennzeichneten Bemerkung während seiner Missionstätigkeit in Irland. Angesichts der großen Schwierigkeiten und der erlebten Feindseligkeiten in dem für ihn doch fremden Land erwog Patrick kurzzeitig, seine Tätigkeit in Irland aufzugeben, in die Heimat zu reisen zu seinen Verwandten und dann noch weiter nach Gallien, um *„meine Brüder (Glaubensbrüder) zu besuchen und die Heiligen meines Herrn (Klosterbrüder) von Angesicht zu sehen"* (C43). Doch gab Patrick diese Absicht auf; Er fühlte sich durch den Heiligen Geist gebunden und wollte das begonnene Werk der Missionsarbeit zu Ende führen.

Zum besseren Verständnis der historischen Situation sei nun kurz auf die Bedeutung von *Gallien* in der ausgehenden Antike eingegangen. Das transalpine Gallien besaß im 1. Jh. v. Chr., als das Gebiet zwischen den Pyrenäen, dem Ozean und Rhein eine römische Kolonie wurde, eine Bevölkerung überwiegend keltischen Ursprungs. Im 1. Jh. n. Chr. erfolgte eine Neugliederung des Landes in die drei Provinzen Aquitanien im Südwesten, Gallia Lugdunensis, das zentrale Gallien mit der Hauptstadt *Lyon* (Lugdunum), und Gallia Belgica im Nordosten. Als Teil des Römischen Imperiums erlebte Gallien im 3. und 4. Jh. einen Wirtschaftsaufschwung und eine kulturelle Blüte von hohem geistesgeschichtlichem Rang, die selbst nach Abzug der römischen Truppen im Jahr 401 und nach den ersten Eroberungszügen germanischer Volksstämme zu Beginn des 5. Jhs. besonders im südlichen Gallien noch anhielt.

Die Christianisierung Galliens begann gegen Ende des 2. Jhs. von der früheren griechischen Kolonie Marseille und von Lyon aus und machte in den nächsten zwei Jahrhunderten rasche Fortschritte, so dass bald Bistümer gegründet wurden. Zur Lebenszeit Patricks war Gallien das glaubenseifrigste Land im westlichen Europa. Es war mit Bischofssitzen, den kirchlichen Gebietsmetropolen, gleichsam übersät[44]; zudem begann sich durch die Einflüsse des östlichen Christentums seit dem Wirken des hl. MARTIN VON TOURS († 397) auch das monastische Leben zu regen. Einige der seit dem ausgehenden 4. Jh. gegründeten Klöster, wie Marmoutier (371), Rouen (396) und Lérins (um 410), erlangten in der westlichen Christenheit ein hohes Ansehen. Allerdings dürften die wortreichen theologischen Erörterungen im geschliffenen Latein u. a. über den Arianismus und die Neigung der gallischen Liturgie zu Glanz und Feierlichkeit[45] bei Patrick wenig Anklang gefunden haben.

Wann ist Patrick erneut nach Gallien gegangen? Wiederum wissen wir es nicht genau, entnehmen jedoch dem bereits zitierten Text von *C32* den wichtigen Hinweis, dass er einige Zeit vor seiner Ernennung zum Bischof Gallien besuchte. Wir erinnern uns, dass Patrick ungefähr im Jahr 413 mit 22 Jahren aus irischer Knechtschaft geflohen war, dann einige Jahre außerhalb seiner Heimat bereits einmal in Gallien weilte und endlich gegen 417 seine Eltern wiedersah. Anschließend führte er in Britannien seine geistliche Ausbildung weiter, die nach einigen Jahren mit der Weihe zum Diakon abgeschlossen wurde. Nach weiteren Jahren im Dienst der britischen Kirche könnte er dann um das Jahr 423 als Diakon oder Presbyter nach Gallien gereist sein. Die Abfolge der Ereignisse während dieses Lebensabschnittes Patricks ist aus Übersicht 3.1 ersichtlich; dabei beruhen die zeitlichen Datierungen, wie bereits erwähnt, zumeist auf Schätzungen.

Ungefähres Jahr	*geschätztes Alter Patricks*	*Ereignis*
413	22	Flucht aus der Gefangenschaft, per Schiff höchstwahrscheinlich nach Gallien;
417	26	bei den Eltern in der Heimat; intensive geistliche Ausbildung;
420	29	Weihe zum Diakon;
423	32	zweiter Besuch in Gallien, vermutlich in Auxerre bei GERMANUS;
426	35	Rückkehr nach Britannien;
429/430		Bischof ST. GERMANUS von Auxerre in Britannien;
431	40	Weihe zum Bischof;
432	41	Entsendung durch die Kirche von Britannien zur Mission nach Irland

Der Lebensabschnitt von Patrick
zwischen der Flucht aus Irland und seiner Rückkehr dorthin.

Wie wir aus verschiedenen Textstellen der *Confessio* schließen können, hat Patrick auch in Gallien kein umfassendes theologisches Studium absolviert, seinen Bildungsrückstand hat er nirgendwo mehr aufholen können. So schrieb er u. a.:

> *Ich habe doch nicht studiert wie andere, die sich vortrefflich das Recht in gleicher Weise eingeprägt haben wie die Heiligen Schriften (C9)...In einem gelehrten Gespräch kann ich mich nicht in knapper Form ausdrücken (C10)...der Geist bezeugt, auch die bäuerliche Art ist vom Allerhöchsten erschaffen worden (C11)...*

Patricks Aufenthalt in Gallien verfolgte also nicht die Absicht, seine Bildungslücken durch ein umfangreiches Studium zu schließen. Zwar wollte er gewiss auch sein theologisches Wissen vervollständigen, vor allem aber in dem geistlichen Zentrum der westlichen Christenheit das kirchliche und das sich rasch entwickelnde monastische Leben näher kennenlernen.

Statue des hl. Germanus, Bischof von Auxerre, in der Kirche Saint-Germain l'Auxerrois, Paris (15. Jh.).

Wir nehmen an, dass Patrick sich hauptsächlich in *Auxerre* im heutigen Departement Yonne im nördlichen Burgund, also vor allem im nördlichen Teil Galliens, aufhielt. Auxerre war das Zentrum eines berühmten, sich noch weiter entwickelnden Episkopats. Dort residierte seit dem Jahr 418 der aus dem gallischen Hochadel stammende Bischof St. Germain oder Germanus († circa 448), der zunächst eine weltliche Karriere durchlaufen hatte.[46] Er hatte in Rom Rhetorik und Zivilrecht studiert und dort die in höfischen Kreisen verkehrende Eustachia geheiratet. Später wurde er vom Kaiser in seiner Heimatstadt Auxerre mit der Teilregentschaft über die gallischen Provinzen betraut. Nach anfänglichen persönlichen Schwierigkeiten mit Bischof St. Amator in Auxerre wandte sich Germanus stärker dem geistlichen Leben zu und wurde nach dem Tod von Amator im Jahr 418 als dessen Nachfolger zum neuen Bischof geweiht. Als Bischof praktizierte Germanus ein asketisches Leben von großer Einfachheit, und dieser Umstand könnte Patrick wohl auch nach Auxerre geführt haben, zumal Germanus einige Jahre nach seiner Wahl zum Bischof noch ein mächtiges Kloster an den Ufern der Yvonne gegründet hatte.

Patrick verbrachte vermutlich einige Jahre bei Germanus, ohne jedoch, wie von einigen Historikern angenommen wurde, wirklich dessen Schüler zu sein.[47] Hier konnte er liturgische Erfahrungen sammeln und das monastische Leben weiter kennenlernen sowie Einblick in einige bedeutende theologische Schriften erhalten. Dass Patrick die Gepflogenheiten der gallischen Kirche gekannt hat, geht auch aus dem *Brief an Corotius* hervor. Corotius hatte gefangen genommene Christen als Sklaven an die Pikten verkauft, ohne dass die Britische Kirche dagegen eingeschritten wäre. In diesem Zusammenhang verweist Patrick auf das positive Verhalten der gallischen Kirche, die von den Franken und anderen heidnischen Volksstämmen christliche Gefangene mit viel Geld freikaufte (*B14*).

Nach einigen Jahren in Gallien, wo er vor allem praktische Erfahrungen über das christliche Leben gewinnen konnte, reiste Patrick in die Heimat zurück. Nur kurze Zeit später, als Germanus wegen eines Glaubensstreits im Jahr 429 nach Britannien gerufen wurde, konnten sich ihre Wege nochmals kreuzen. Germanus wurde auf Beschluss einer Bischofsversammlung in Gallien nach Britannien gesandt, um dort die Lehren des als Häretiker verurteilten Pelagius zu bekämpfen. Wir möchten nicht ausschließen, dass sich bei dieser Gelegenheit der mächtige Bischof von Auxerre nochmals seinem jüngeren und seelenverwandten Glaubensbruder zuwandte und daran mitwirkte, Patrick als geweihten Bischof zur Mission nach Irland zu senden. Jedenfalls ging der Besuch von St. Germanus dieser bedeutungsvollen Veränderung im Leben unseres Heiligen unmittelbar voraus.

Exkurs: Pelagius und die Auseinandersetzung um seine Lehren

An dieser Stelle soll unsere Darstellung über das Leben und Wirken des hl. Patrick durch einen Exkurs über die Lehren von Pelagius († ca. 420) unterbrochen werden. Denn für die Thematik von Entstehung und Entwicklung der keltisch geprägten Kirche in Irland ist es durchaus bemerkenswert, dass Pelagius auch nach seiner Verurteilung sowohl in Britannien wie auch besonders in Irland Beachtung fand. Die irische Kirche besaß noch im 8. Jh. den gesamten von Pelagius vor 410 geschriebenen *Kommentar zu den Paulinischen Briefen*, der später ironischerweise dem HIERONYMUS, dem erbittertsten Gegner von Pelagius, zugeschrieben wurde. Im *Liber Ardmachanus* (*Book of Armagh*) (9. Jh.) sind noch der Prolog zu den Briefen (*Prologus pilagii in omnes aepistolas*) sowie große Teile des Kommentars enthalten.[48]

PELAGIUS, um 350 in Britannien, vielleicht auch in Irland geboren, genoss anders als Patrick eine schulische und akademische Ausbildung ohne Unterbrechung und galt als hochgebildet. Doch wiederum ähnlich wie dieser lernte er frühzeitig das einfache und asketische Leben kennen. Daher war Pelagius, als er um 380 nach Rom ging und über asketische Praktiken lehrte und schrieb, umso mehr über den moralischen Niedergang der römischen Gesellschaft betroffen. Es muss wohl gerade diese Lehre einer einfachen Lebensweise mit den leitenden Motiven von der guten Natur des Menschen, seinem freien Willen und der christlichen Moralität gewesen sein, die auf die keltische Kirche eine besondere Anziehungskraft ausübte. Unter dem Einfluss von RUFINUS von Aquileja († 410), der mit ANASTASIUS nach Rom zurückkehrte, erörterte Pelagius Fragen über die Erbsünde, die zu dieser Zeit vor 410 noch nicht dogmatisch festgelegt war. Nach dem Einfall der Westgoten in Rom im Jahr 410 flohen Pelagius und einige Anhänger nach Karthago, unter ihnen der Laienmönch CAELESTIUS, der aufgrund seiner radikalen Auslegung der Pelagianischen Lehren bereits ein Jahr später auf der Synode von Karthago exkommuniziert wurde. Pelagius zog bald nach Palästina weiter und lebte unter dem Schutz von Bischof Johannes in Jerusalem.

Der wichtigste Opponent von Pelagius wurde der hl. Augustinus († 430), dessen Lehre von der Erbsünde (Ursünde) und der göttlichen Gnade in der Vergebung der Sünden durch die frühkindliche Taufe zur Dogmatik der römischen Kirche gehören. Pelagius widersprach dieser Lehre in der Überzeugung, dass der Mensch als Geschöpf Gottes eine naturhaft bedingte Güte besitze, dass er in freier Entscheidung seines Strebens nach der Einhaltung des göttlichen Gesetzes die Sünden vermeiden und so in der Gnade Gottes ein wahrhaftiges christliches Leben führen könne.

Der Gegensatz zwischen Augustinus und Pelagius lässt sich durch charakteristische Zitate aus ihren schriftlichen Zeugnissen veranschaulichen. Augustinus fand frühzeitig in seinem großen Werk *Confessiones* von 398 den Wahlspruch für sein gewandeltes, christliches Leben in dem berühmten Satz: *Da quid iubes, et iube quid vis* [Gib, was du befiehlst, und befiehl, was du willst][49]

Gott soll geben, was Er will, und dieses Wollen soll für den gläubigen Menschen unbedingte Geltung haben. Der menschliche Wille ist also gänzlich dem göttlichen Willen untergeordnet. Dagegen betonte Pelagius die Entscheidungsfreiheit im menschlichen Wollen und damit die Verantwortung des eigenen Handelns gegenüber Gott

> *Der Herr der Gerechtigkeit wollte, dass der Mensch frei sei in seinem Handeln und nicht unter Zwang entscheide. (ED 2.2)*[50]

in Anlehnung an ein Wort aus dem Buch *Jesus Sirach:*

> *Gott hat am Anfang den Menschen erschaffen und ihn der Macht der eigenen Entscheidung überlassen. (Sir 15,14)*

Ohne den Gegensatz dieser berühmten Theologen weiter zu verfolgen, sei nur noch zur Biographie des Pelagius ergänzt, das seine Lehren vor allem auf Betreiben von Augustinus im Jahr 418 auf der Synode von Karthago verurteilt und seine Schriften verboten wurden. Dadurch sind einige seiner bedeutendsten Werke verloren gegangen oder wurden später fälschlicherweise einem anderen Autor zugeordnet.

(d) Rückkehr nach Irland und Missionstätigkeit

Die augustinischen Lehren von der Ursünde, die durch Fortpflanzung an Adams Nachkommen und so an alle Menschen weitergegeben werde, und von der Notwendigkeit der Erlangung von Heil und Vergebung der Sünden durch die frühkindliche Taufe wurden im noch keltisch bestimmten Irland, aber auch in Britannien von den Pelagianischen Lehren überdeckt. Pelagius, der zunächst der Britischen Kirche angehört hatte, vertrat ja eine positive Weltsicht von einem guten und gerechten Schöpfer, der dem Menschen die Freiheit zuerkannt hatte, sich für das Gute zu entscheiden und aus eigener Willensanstrengung ein Gott zugewandtes, tugendhaftes Leben zu führen.

Diese Lehre war in Britannien sogar innerhalb des Klerus vorherrschend, während sich in Rom und Nordafrika bereits die augustinische Lehre von der göttlichen Gnade für die Vergebung der Sünden und zum Bewirken des Guten durchgesetzt hatte. Wie wir bereits angeführt haben, wurde zur weiteren Zurückdrängung der Pelagianischen Lehren Germanus von Auxerre, begleitet von Lupus von Troyes, möglicherweise auch von Palladius, im Jahr 429 – und ein weiteres mal im Jahr 447 – von Gallien nach Britannien entsandt.[51] In teils öffentlich mit Vertretern der Britischen Kirche geführten Debatten bemühten sich die Gallischen Bischöfe um die Widerlegung der Pelagianischen Ansichten und beeindruckten durch die Rhetorik ihrer Ausführungen, ohne in der Sache zu überzeugen. Wir vermuten, dass Germanus in Britannien nochmals Patrick begegnet ist, zumal er in seiner Eigenschaft als erfahrener politischer Führer und Feldherr im nördlichen Wales noch räuberische Pikten und Sachsen siegreich bekämpfte[52] und dadurch länger als ursprünglich vorgesehen in Britannien weilte. Wenn diese Annahme richtig ist, wäre ebenso anzunehmen, dass sich St. Germanus persönlich für Patrick eingesetzt hat und dieser bald darauf zum Bischof geweiht und um das Jahr 432 von der Britischen Kirche für die Missionsarbeit nach Irland entsandt wurde.

Welche Ansicht hat Patrick selbst zu den Lehren von Pelagius vertreten? Oder anders gefragt: hat er um diese Zeit die von Teilen der Christenheit bereits anerkannten Lehren von Augustinus geteilt? Nun hat Patrick in seinen erhaltenen Schriften nirgendwo zu strittigen theologischen Themen dezidiert Stellung bezogen und so auch nicht zu den Pelagianischen Lehren. Daher finden wir in der *Confessio* und noch mehr in dem *Brief an Coroticus* nur indirekte Hinweise zur Sünden- und Gnadenlehre.

Generell war Patrick von der Sündhaftigkeit des Menschen überzeugt, so wie er sich selbst immer wieder als Sünder bezeichnet hat. Die schweren Sünder, wie Coroticus und seine Leute, sind vom Bösen in eine Falle gelockt und sind ewiger Strafe verfallen (*B4*), sofern sie nicht schwere Buße auf sich nehmen und Gott um Verzeihung bitten (*B7*). Jedoch

> *die Elenden wissen nicht von dem Gift und reichen ihren Freunden und Kindern tödliche Speise, so wie Eva nicht erkannt hat, dass sie gewiss ihrem Mann den Tod gab. So sind mit alle, die böse handeln. Sie erfahren als Strafe den ewigen Tod. (B13)*

Alle Menschen können – müssen aber nicht – nach dem Beispiel Evas eine schwere Sünde begehen. Doch indem sie erst durch ihr Tun Schuld auf sich laden, sind sie nicht von Geburt an mit Sünde behaftet, unterliegen also nicht der Erbsünde. Durch die Taufe werden zudem alle bis dahin begangenen Sünden getilgt (*B17*). Ohne Reue wird eine schwere Sünde mit dem zweiten Tod bestraft. Jedoch wird der gute Gott bei einer von Herzen kommenden Reue in Gnade die Schuld vergeben: so etwa ließe sich die Ansicht Patricks zusammenfassen.

Für PATRICK war es nun endlich soweit. Nach der erfolglosen Mission von PALLADIUS im Jahr 431 (vgl. Abschn. 2) wurde ein Jahr später Patrick nach Irland entsandt. Mit allem Nötigen von der Britischen Kirche ausgestattet, ging der neu geweihte Bischof gemeinsam mit 12 Gefährten – wie es nach biblischem Vorbild üblich war – auf seine schwierige Missionsreise. Noch ehe die Winterstürme begannen, segelten sie im festen Glauben an den Beistand Gottes im Jahr 432 von der Westküste Britanniens über die Irische See vermutlich bis zur Mündung des Flusses Vatry bei Wicklow südlich vom heutigen Dublin.

An jenem Tag ist der Stern des hl. PATRICK über Irland aufgegangen.

Als der hl. PATRICK im Jahr 432 seine missionarische Tätigkeit in Irland begann, löste er eine Art Initialzündung aus, die in den folgenden Jahrhunderten zu einer beispiellosen religiösen und kulturellen Eigenentwicklung führte, so als ob das Land auf diesen mächtigen Impuls nur gewartet hätte. An der traditionellen sozialen Ordnung änderte sich durch die fortschreitende Christianisierung nur wenig; denn im alten Irland wurde mit dem sich ausbreitenden Christentum der traditionellen keltisch-druidischen Kultur keineswegs etwas gänzlich Neues aufgezwungen. Im Grunde wurde hier auch gar nicht in der Weise missioniert, wie in anderen Regionen. Es fand eher ein Übergang statt, der Althergebrachtes formal umgestaltete, es aber in eine neue Richtung wies, ohne es gänzlich zu beseitigen.

Der Hochkönig behielt seine überragende gesellschaftliche Position ohne einen gleichrangigen Konkurrenten neben sich. Die Äbte und Kleriker der erst nach der Zeit von Patrick gegründeten Klöster kamen aus der Adelsschicht und waren wie zuvor die Druiden gesellschaftlich hoch angesehen. Anders als in der römischen Kirche verband sich die neue christliche Geistlichkeit, zumindest in den ersten Jahrhunderten des keltisch-irischen Christentums, nicht mit der weltlichen Macht. In dem mächtigen, im 5. Jahrhundert sich vollziehenden Aufbruch Irlands zu einem gelebten Christentum bestand, anders als im Umkreis des alten Römischen Reiches, kein Verlangen nach weltlicher Herrschaft.

Wenden wir uns nun einigen Einzelheiten von Patricks Missionierung zu. Er reiste zwar in ein größtenteils heidnisches Land, doch war er, wie bereits in dem vorhergehenden Kapitel dargelegt, nicht der erste Missionar. Es lebten um 430 in Irland bereits einige im Land verstreute Christen, die Patrick gelegentlich behilflich sein konnten. Er missionierte hauptsächlich im Norden und Westen des Landes, also in Ulster und Connaught, sowie in Meath. In biblischer Tradition sah er sich als Menschenfischer und schreibt darüber in seiner *Confessio* in demutsvollen Worten:

> *Gott hat mir die große Gnade geschenkt, dass durch mich viele Menschen in Gott wiedergeboren und dann gestärkt wurden und dass überall für sie Kleriker geweiht wurden bei einem Volk, das eben erst zum Glauben kam... (C38)*
>
> *Daher müssen wir gut und gewissenhaft fischen, wie der Herr ermahnt und belehrt, indem er sagt: Folgt mir nach, und ich werde euch zu Menschenfischern machen...Es war nötig, unsere Netze so zu spannen, dass eine große Zahl und Menge für Gott gefangen wurde und dass es überall Kleriker gab, die das bedürftige und danach verlangende Volk taufen und aufmuntern würden... (C40)*
>
> *(Ich habe) viele tausende getauft... und der Herr hat durch mich Unbedeutenden überall Kleriker geweiht... (C50)*
>
> *Ich reiste euretwegen unter vielen Gefahren sogar bis in die äußersten Landesteile, über die hinaus niemand mehr wohnte und wohin noch niemand gekommen war, der taufen oder Kleriker weihen und das Volk firmen würde. Durch Gottes Gabe habe ich alles gewissenhaft und sehr gern für euer Heil getan. (C51)*

Patrick und seine Gefährten reisten unermüdlich umher und tauften viele tausende Menschen im Namen der Hl. Dreifaltigkeit. Oft aber war das Tauferlebnis nicht nachhaltig, und der neue Glaube blieb nur an der Oberfläche, obwohl Patrick für die jungen

Christen zu ihrer Glaubensvertiefung Schüler oder ordinierte Diakone freistellte.

Die neuen Kleriker gewann Patrick hauptsächlich aus adligen Kreisen, so wie er sich zunächst generell darum bemühte, die Oberhäupter der kleinen Fürstentümer oder Königreiche für das große Vorhaben der Evangelisierung des Landes zu gewinnen. Auf diese Weise wurde die weitere Mission in dem betreffenden Stammesgebiet gesichert.

Wie Patrick bei seiner Mission im Einzelnen vorgegangen ist, erfahren wir beispielhaft bei der durch eine Legende überlieferten Taufe der Töchter des Hochkönigs:[53]

> Die beiden Königstöchter steigen an einer Quelle aus dem Bad, erblicken Patrick und meinen, einen Erdgott zu sehen.
>
> Sie fragen: *Wo wohnst du? Woher kommst du?*
>
> Patrick antwortet: *Es wäre besser, an unseren Gott zu glauben als nach unserer Herkunft zu fragen.*
>
> So fragen sie weiter: *Wer ist Gott und wo wohnt er? Hat er Söhne und Töchter, Gold und Silber? Hat sein Sohn viele Ammen? Sind seine Töchter blond und schöner als die Menschen? Ist er im Himmel oder auf der Erde? Ist er im Meere, in den Flüssen, auf den Bergen, in den Tälern? Wie findet man ihn? Ist er jung oder alt?*
>
> Von göttlichem Geist erfüllt gibt Patrick zur Antwort: *Unser Gott ist der Gott aller Menschen, des Himmels und der Erde, des Meeres und der Flüsse, aller Gestirne, der höchsten Berge und der tiefsten Täler. Er erfüllt alles mit seinem Geist, belebt alles, beherrscht alles, erhält alles. Er hat einen Sohn, der ihm gleich ewig und gleich ähnlich ist. Der Heilige Geist weht in ihnen. Vater, Sohn und Heiliger Geist sind nicht getrennt. Ich möchte euch mit dem Himmelskönig vereinen, die ihr Töchter eines irdischen Königs seid. Glaubt!*
>
> Dann heißt es weiter: Die Mädchen bekannten sich zu diesem Glauben: Sie wurden nach diesem Bekenntnis getauft

und mit weißen Schleiern geschmückt. Danach wünschten sie, das Angesicht Christi, ihres Bräutigams, zu sehen. Sie empfingen das Abendmahl und fielen in Todesschlaf.

Patrick war sich der Barmherzigkeit Gottes gewiss:

Gott sei es gedankt. Als gläubig Getaufte habt ihr euch von dieser Welt in das Paradies entfernt (B17).

Patrick war auf die Unterstützung und Hilfe der Fürsten und Könige bei seinen Unternehmungen angewiesen. Ihre Söhne gaben ihm sicheres Geleit durch ihr Stammesgebiet, wofür er sie aus seinen mitgeführten Mitteln bezahlte (*C52*), oder setzte sie, wenn sie sein Vertrauen gewonnen und er sich von der Beständigkeit ihres Glaubens überzeugt hatte, als geweihte Kleriker in bereits evangelisierten Gemeinden ein. Ausdrücklich erwähnte Patrick die Taufe einer jungen, begnadeten Frau aus vornehmem Haus, die sich nach der Taufe für das monastische Leben entschied (*C42*). In ihr erkennen wir eine große Heilige, möglicherweise die hl. Brigid, die bis zum Tod von Patrick mit dem Heiligen freundschaftlich verbunden blieb.

Anschaulich dargestellt ist die Taufe eines Adligen durch St. Patrick ist auf einem Kirchenfenster der St. Patrick Church in Ballina, Co. Mayo, in einer schönen Farbgebung: St. Patrick tauft (oder segnet) mit weitsichtigem Blick den vor ihm knienden Fürstensohn, und dessen Schwester wohnt der schlichten Zeremonie mit ehrfurchtsvoller Gebärde bei. Der Heilige trägt ein rotes, herrschaftliches Obergewand als Zeichen seiner Berufung, als Spender des Sakraments der Liebe und des Lebens in Erscheinung zu treten.

Doch nicht immer war der Umgang mit Vertretern der Oberschicht einfach. Patrick berichtet, dass er einmal mit seinen Gefährten von den ihn begleitenden Fürstensöhnen gefangen genommen und in Ketten gelegt wurde, so dass er darauf gefasst war, getötet zu werden (*C52*). Doch im letzten Augenblick wurde er, wie er schreibt, durch den Beistand Gottes von nahestehenden Freunden, die Patrick allmählich gewonnen hatte, aus höchster Gefahr befreit.

Taufe eines Königssohnes durch St. Patrick
(Kirchenfenster, St. Patrick's Church (1977), Ballina Co. Mayo).

Patricks Mission in Irland, über mehr als zwanzig Jahre in großem Gottvertrauen und in Selbstlosigkeit ausgeführt, erforderte bei allem Idealismus auch einen erheblichen materiellen Aufwand. Er musste den Stammesfürsten öfters Tribut entrichten, ihren Söhnen für ihr Geleit Sold bezahlen, den eingesetzten Klerikern finanziell behilflich sein und auch seine Begleiter, sofern sie nicht seine Glaubensbrüder waren, entlohnen. Bei allem war er sorgfältig darauf bedacht, sich für seine Dienste nicht bezahlen zu lassen (*C50*) und selbst von frommen Frauen keine Geschenke anzunehmen (*C49*).

Patricks asketische Lebensführung, vielleicht auch sein forsches, selbstbewusstes Auftreten gegenüber der Obrigkeit des Landes, trugen ihm nicht nur freudige Zustimmung ein, sondern waren auch Anlass für Geringschätzung und sogar für Verleumdung bei seinem Auftraggeber und Geldgeber, der britischen Kirche. Nicht ohne Grund sieht sich Patrick selbst *von den meisten sehr verachtet (C1)* und, obwohl er sein Leben der *Nächstenliebe* gewidmet hat, *von einigen gering geachtet* (*B1*).

Patrick hatte sich Feinde, vielleicht auch Neider gemacht, nicht nur in dem für ihn fremden Irland, sondern schon früher in der eigenen Britischen Kirche, die ihn nach Irland entsandt hatte. Darauf ist nochmals kurz einzugehen. Es wurden die schon früher erwähnten *seniores*, also ältere, erfahrene Mitglieder der Britischen Kirche, zu Patrick gesandt, um seine Arbeit zu überprüfen (*C26*).[54] Wie sollte Patrick, ein Ungebildeter und Unerfahrener, dem heidnischen irischen Volk die Botschaft Christi überbringen? Man wollte ihn möglichst vorher zu Fall bringen und wussten nichts Besseres gegen ihn vorzubringen, als ihm eine Jugendsünde vorzuhalten, die er seinem besten Freund einmal vertraulich mitgeteilt hatte und der ihn später verraten haben musste (*C27*). Um Patrick von dieser zweifellos schwierigen Aufgabe fernzuhalten, musste das vorgebrachte, grob 30 Jahre zurückliegende Vergehen etwas Schwerwiegendes, vielleicht den christlichen Glauben Betreffendes zum Inhalt gehabt haben. Es lässt sich vermuten, dass Patrick als noch nicht Fünfzehnjähriger nicht eines sexuellen Delikts wegen, sondern einer blasphemischen Handlung oder Äußerung wegen angeklagt wurde.

Diese Bedrohung seiner Missionsarbeit durch Teile der eigenen Kirche stellte zweifellos ein weiteres Gefahrenmoment für Patrick dar. Doch sein Gottvertrauen half ihm auch über diese Gefahr hinweg; die Kommission konnte gegen ihn nichts ausrichten und musste ihn gewähren lassen.

Jedenfalls zeigt die Visitation von Patrick vor seiner Entsendung, dass sich die Britische Kirche der Schwierigkeit dieser Missionsaufgabe durchaus bewusst war. So sollen den späteren *Vitae* zufolge zur Unterstützung der Mission drei Bischöfe, die unter dem Einfluss der römischen Provinz standen, wenige Jahre danach aus Britannien entsandt: Auxilius († 459) und Isernius († 468), die Patrick von Auxerre her kannte, sowie vermutlich auch Secundinus[55] (irisch: Sechnall, † ca. 448), Patron von Dunshaugh in Meath. Zwei weitere Bischöfe, die ihm außerdem zur Seite standen, waren die irischen Benén (Benignus), Bischof von Armagh, und Fiace, Bischof von Slébte. In welcher Weise die anderen Bischöfe über ihre vertrauten klerikalen Funktionen hinaus St. Patrick behilflich waren, ist nicht bekannt.

Wir möchten nun unsere Darstellung von St. Patricks Leben und Wirken um einige weniger fundierte Details erweitern, die hauptsächlich in den späteren *Vitae* enthalten sind. Sie haben zur Verehrung und Beliebtheit des Heiligen in Irland erheblich beigetragen, selbst dann – oder vielmehr gerade dann –, wenn es sich bei Auseinandersetzungen mit den Druiden um Wundergeschichten gehandelt hat. Der Wettstreit mit den keltischen Priestern, durch deren Zauberkunst Patrick herausgefordert wurde, vollzog sich für ihn in der Weise, dass er im Vertrauen auf Gottes Beistand *Wunder* vollbringen konnte, die vor dem Regionalkönig und den versammelten Stammesangehörigen die Überlegenheit des Heiligen bewiesen. Der für Patrick positive Ausgang einer derartigen Kraftprobe wurde dann im Sinne der Richtigkeit und Gültigkeit der christlichen Religion ausgelegt.

Nicht lange nach Patricks Ankunft in Irland ereignete sich im Jahr 433 die erste und zugleich berühmteste Episode, die von dem bereits eingangs dieses Kapitels erwähnten, von Patrick entzündeten Osterfeuer von Slane handelt. Zur Zeit des höchsten keltischen Festes, des priesterlichen Feuerfestes Belteine, das Muirchú zufolge in dem betreffenden Jahr mit dem Osterfest zusammenfiel, mussten alle Feuer im Land gelöscht werden. Nur der Hochkönig in Tara als oberster Priester durfte das neue Feuer entzünden, und jeder Frevel dagegen wurde schwer bestraft. Es war das Fest des Neubeginns in Natur und Gesellschaft, das im Frühling gefeiert wurde und den Beginn des keltischen Sommers anzeigte.

Gerade am Abend des Festes entfacht St. Patrick auf dem Hügel von Slane (Uisnech) ein weithin sichtbares Osterfeuer, das allgemeine Verwunderung und schließlich Bestürzung hervorruft. Nach der Erzählung von Muirchu warnen die Druiden den Hochkönig Loegaire (Lear) mit den Worten:

> *Das Feuer, das wir hier sehen, wird nie mehr erlöschen, wer auch immer es entfacht hat. Es wird stärker sein als alle Feuer unseres Brauchs. Und der, der es entzündet hat, wird uns alle besiegen, denn die Herrschaft steht dem zu, der es in dieser Nacht*

brennen lässt. Es wird dich und alle Männer deines Reiches unterwerfen.[56]

Im Folgenden wird von einer magischen Auseinandersetzung zwischen den Druiden und Patrick berichtet, die darauf hinweist, dass der Heilige mit den Praktiken der keltischen Priester wohlvertraut war. Als das königliche Gefolge mit Streitwagen nach Slane zieht, um den Urheber des Feuers zur Rechenschaft zu ziehen, hat Patrick um sich und seine Begleiter einen magischen Kreis gezogen, in den die Kelten nicht eindringen können. Seine Schutzgebete vor den Druiden und keltischen Kriegern bewirken eine Aufruhr der Elemente: der Himmel scheint einzustürzen, die Gestirne verfinstern sich, die Erde erzittert, und das königliche Gefolge flüchtet zurück nach Tara. Nach weiteren vergeblichen Versuchen, den Heiligen gefangen zu nehmen oder zu töten, muss der Hochkönig schließlich die Mission Patricks dulden, ohne aber selbst Christ zu werden.

Andere Begebenheiten, die zweifellos auf die Jahre seiner Tätigkeit als Hirte während seiner Gefangenschaft zurückzuführen sind, handeln von der besonderen Beziehung des Heiligen zu den Tieren. Einmal fand der Heilige in der Nähe seines mutmaßlichen Bischofssitzes in Armagh in einem Gesträuch eine Hirschkuh mit ihrem gerade geborenen Rehkitz. Seine Begleiter wollten das Junge töten, doch Patrick nahm es auf seine Schultern und trug es zum nächsten Weidegrund. Die Hirschkuh folgte der Gruppe behutsam und nahm ihr Junges wieder liebevoll entgegen.

Nach seiner Ankunft in Irland wurden Patricks Aktivitäten zunächst mit Misstrauen verfolgt. Für eine kurze Zeit hielt er sich nördlich vom später gegründeten Dublin in der Nähe des Fischerdorfes Skerries auf einer Insel auf, wo er sich besonders über eine kleine Ziege freute. Einmal, als Patrick nicht auf der Insel weilte, stahlen ihm Bewohner aus Skerries die Ziege töteten und aßen sie. Nach seiner Rückkehr bemerkte Patrick den Diebstahl und stellte die Bewohner von Skerries zur Rede. Anfangs leugneten sie ihre Tat, doch während sie weiterhin alles abstritten, verwandelten sich

Croagh Patrick, Irlands heiliger Berg.

ihre Stimmen in das Meckern einer Ziege. So machte der Heilige ihren Frevel hörbar.[57]

Nach sieben oder neun Jahren seiner Missionstätigkeit soll sich Patrick auf den bereits in vorchristlicher Zeit heiligen Berg Cruachán Aigil, den später so benannten Croagh Patrick, zurückgezogen haben, um sich so wie JESUS in der Wüste und in asketischer Tradition der Propheten und der Wüstenväter des frühen Christentums 40 Tage lang in der Einsamkeit der Bergwelt auf seine großen Aufgaben neu zu besinnen. Damit kehrte Patrick nach Mayo in das Gebiet seiner Gefangenschaft in der Jugendzeit zurück und so auch zu dem Ort, wo sein spirituelles Leben vor mehr als 30 Jahren begonnen hatte.[58] Noch heute findet alljährlich am letzten Sonntag im Juli eine Wallfahrt mit tausenden von Pilgern auf diesen Berg statt. Auf dem Berg soll Patrick seine schwarze Handglocke laut geläutet haben, um die ihn bedrängenden Dämonen zu vertreiben. Bei dieser Gelegenheit sollen alle Schlangen Irlands in das Meer gestürzt sein und das Land verlassen haben.

Unabhängig davon, ob es wirklich jemals in Irland Schlangen gegeben hat, wollte Patrick mit dieser Handlung wohl das Böse und Verfluchte vertreiben, eingedenk der biblischen Worte nach dem Sündenfall (*Genesis 3.14*): *Da sprach Gott, der Herr zur Schlange: Weil du das getan hast, bist du verflucht unter allem Vieh und allen Tieren des Feldes.*

Der eigentliche Anlass aber, sich in die Bergeinsamkeit zurückzuziehen, soll für Patrick die Trauer um den Opfertod seines Lieblingsschülers TOTHMAEL gewesen sein. Auf den Missionsreisen wurde auch eine Kutsche benutzt, und sein Schüler kutschierte ihn oft auf schwierigen und gefahrvollen Wegen. Eines Tages, zu Beginn einer längeren Reise, bat er Patrick, mit ihm die Plätze zu tauschen und selber die Pferde zu lenken. Patrick willigte verwundert ein, doch bald wusste er, warum Tothmael seine Bitte ausgesprochen hatte. Auf einem Hohlweg, als die Pferde langsamer gingen, wurde ein Speer, der offenbar Patrick zugedacht war, auf seinen Schüler geschleudert. Tothmael war sofort tot. In seiner Hellsicht hatte er sich für den Heiligen geopfert.[59] In all diesen und anderen Ereignissen finden wir weitere, nicht näher auslotbare *Gefahrenmomente* für Patricks Leben.

Kehren wir abschließend nochmals zu Patricks eigener Darstellung in seiner *Confessio* zurück. Wie hat er seine Mission selbst empfunden? Hat er sich im Verlauf seiner Aktivitäten wirklich zu einem gebieterischen Bischof im Dienst der römisch-katholischen Kirche entwickelt und sich als der Begründer der keltischen Kirche gesehen, nach römischen Vorbild? Zu bedenken ist, dass erst TIRECHÁN gegen Ende des 7. Jhs. Patrick als den überragenden, in Armagh residierenden Bischof gekennzeichnet hat.

Dieser Darstellung ist entgegen zu halten: Es hätte doch gänzlich Patricks demutsvollem Verständnis seiner selbst als eines Verkünders der Botschaft Gottes widersprochen, wenn er sich *in erster Linie* als Repräsentant der römischen Kirche begriffen hätte. Er stiftete zwar für die Neugetauften etliche christliche Gemeinschaften, doch baute er in Irland kein streng nach Diözesen geordnetes Christentum auf. Wie sehr es St. PATRICK auch glungen war, den Funken des christlichen Glaubens in Irland zu einem heiligen Feuer zu entfachen und so die keltisch-irische Kirche zu begründen, hatte er keineswegs die ihm von seinen Aufenthalten in Gallien her geläufige Diözesanverfassung eingeführt. Dazu fehlten von vornherein die erforderlichen innerstaatlichen strukturellen und sozialen Voraussetzungen. Patrick war – anders als später behauptet wurde – keineswegs der Organisator der *römischen* Kirche in Irland, der er vielleicht hätte sein sollen.

Vielmehr fühlte er sich dazu privilegiert, als Missionar und Seelsorger das irische Volk vom keltischen, für Patrick heidnischen Glauben zum christlichen Glauben zu leiten. In diesem Sinne verstand sich Patrick als einen späten Nachfolger von PAULUS, als Apostel, der *an den Enden der Erde* das Evangelium verkünden durfte. Diese Kennzeichnung, Irland als ein Land außerhalb des Römischen Imperiums an den Grenzen der Erde zu lokalisieren, war im frühen Mittelalter allgemein üblich. Sie entsprach zudem der christlich-geographischen Anschauung der Zeit, sich die Erde als Scheibe oder Platte vorzustellen. So hat sich etwa im 6. Jh. der Mönch und Geograph KOSMAS von Alexandria – mit dem Beinamen INDIKOPLEUSTES, d. i. Indienfahrer – gegen die heidnisch-griechische Wissenschaft gewandt und ein Bild von der Erde als eine viereckige, vom Ozean umflossene Platte vorgelegt, die gegen Nordwesten hin ansteigt.

Ebenso findet sich der Ausdruck *Ende* oder *Grenze der Erde* als Topos in der Hl. Schrift, und in dieser Weise wurde er von Patrick in der *Confessio* auch verwendet, wie beispielsweise unter Hinzuziehung von *Jesaja* 49,6 in *C38*, wo er schreibt:

> *Gott hat mir die große Gnade geschenkt, dass durch mich überall Kleriker geweiht wurden... wie Er einst durch seine Propheten versprochen hatte: Ich habe dich zum Licht für die Völker gesetzt, dass du für das Heilda seist bis an das Ende der Erde.*

In gleicher Weise war Patrick davon überzeugt, dass er durch die göttliche Gnade dazu berufen wurde, die Evangelisierung am

Ende der Erde *in den letzten Tagen* vor dem zeitlichen Ende der Welt auszuführen; denn dieses Geschehen, an dem er mitwirken durfte, sollte sich im letzten Stadium der Menschheitsgeschichte ereignen. Dahinter steht die biblische Gewissheit: Wenn alle Völker christianisiert sind, werde die Geschichte ihren Abschluss finden. Diese Verheißung greift Patrick auf, wenn er schreibt (*C34*):

> *Gott hat mich erhört, dass ich Unwissender in den letzten Tagen dieses fromme und wunderbare Werk zu unternehmen wagte und als ein Geringer jenen nacheiferte, von denen der Herr schon lange vorausgesagt hatte, dass sie sein Evangelium verkünden würden zum Zeugnis für alle Völker vor dem Ende der Welt.*

Ohne Selbstüberhebung spricht aus Patricks Worten der von Gott berufene, selbstbewusste Apostel, der eine bedeutende Aufgabe allein im Dienst des Herrn erfüllen durfte. Eine derartige Selbsteinschätzung wird noch dadurch bekräftigt, dass Patrick am Ende seines großen Missionswerkes der Hoffnung Ausdruck gibt, selber das Martyrium zu erleiden (*C59*):

> *Wenn ich jemals etwas Gutes erstrebt habe um meines Gottes willen, den ich liebe, so bitte ich ihn, er möge mir gewähren, dass ich mit jenen Bekehrten und Gefangenen für seinen Namen mein Blut vergießen darf... Ich bin ganz davon überzeugt, dass ich, wenn mir das zustoßen würde, meine Seele samt meinem Leib gewonnen habe.*

Soweit wir wissen, ist Patrick eines natürlichen Todes bald nach dem Jahr 460 gestorben. Vieles über ihn ist im Dunkeln geblieben, so auch das Jahr und der Ort seines Todes. In populären Darstellungen wird als Sterbeort Saball in der Nähe der Stadt Wicklow südlich von Dublin oder Saul bei der Stadt Downpatrick südlich von Belfast angegeben. Für jeden dieser Orte ist die Vermutung ausgesprochen worden, dass er Patricks Landestelle zu Beginn seiner Missionsarbeit gewesen sein könnte. In Downpatrick steht auf

Angebliches Grab von St. Patrick in Downpatrick (Nordirland).

dem Friedhof bei der gegen Ende des 18. Jhs. errichteten Kathedrale ein Granitstein, der das Grab von St. Patrick bezeichnen soll.

Was immer in späteren Jahrhunderten über ihn überliefert wurde, ist nicht zu trennen von den Motiven, die zur Niederschrift jener *Vitae* und Erzählungen geführt haben. Daran ist auch ihr Wahrheitsgehalt zu messen. Wir haben uns hier weitgehend an das Patrick-Bild gehalten, das uns von seinen authentischen Schriften selbst angeboten wurde: an das Bild einer willensstarken Persönlichkeit, die demutsvoll die christliche Botschaft nach Irland brachte.

St. Patrick's Rock in Cashel.

II. Das Mönchtum in der ausgehenden Antike außerhalb Irlands

Um das Jahr 500 herum begann der gewaltige Aufbruch der monastischen Kirche in Irland, den der Historiker *James F. Kenney* als eine Art „Revolution in der Irischen Kirche" bezeichnet hat:[60]

> *Wenn wir das irische klerikale System des 8. Jhs. und der späteren Zeit prüfen, erkennen wir, dass die meisten der großen führenden Kirchen und Klöster ihre Gründung Heiligen des 6. und 7. Jhs. zu verdanken haben... Man könnte annehmen, dass so etwas wie eine Revolution in der Irischen Kirche im 6. Jh. geschmiedet wurde, und sie war das Werk von den berühmten Heiligen jener Zeit.*

Auf welche Weise es in Irland bereits ein, zwei Generationen nach St. Patrick zu dieser stürmischen Entwicklung des Christentums gekommen ist, bleibt in den Details im Dunkeln. Gewiss hatte das Wirken dieses Nationalheiligen den Nährboden für die weitere Entfaltung des Christentums geschaffen, tendenziell aber eher in Richtung der römischen Amtskirche als zugunsten des gemeinschaftlichen zönobitischen Klosterlebens.

Ehe wir den stürmischen Aufbruch des Christentums im frühmittelalterlichen Irland weiter erkunden, wollen wir die äußeren Voraussetzungen für diese einzigartige Entwicklung betrachten, die wir im Wesentlichen im religiösen Leben der ägyptischen Wüstenväter und ihrem Einfluss auf die Kirche in Gallien erkennen.

1. Das religiöse Leben der ägyptischen Wüstenväter

Der wesentliche Impuls zur Gründung von Klöstern im westlichen Europa kam aus dem fernen Bereich des orthodoxen Christentums, anfangs vor allem durch Berichte über das Leben der Wüstenväter, so dass die monastische Idee auch im Westen allmählich Fuß fassen konnte. Bereits seit Beginn des 4. Jhs. hatten sich in der Ägyptischen Wüste Mönche angesiedelt, anfangs als Einsiedler oder Anachoreten, bald auch in der zönobitischen Form des klösterlichen Zusammenlebens.

In der ausgehenden Antike lebten die Menschen in Ägypten unter den schwierigen Verhältnissen einer von Rom ausgebeuteten römischen Kolonie und litten schwer unter der Last von erdrückenden Steuern und Frondiensten. Zudem war das durchorganisierte, teils luxuriöse Stadtleben besonders umtriebig und für neue religiöse Lebensformen, wie sie das Christentum hervorbrachte, wenig geeignet. Daher suchten einige wenige, bald immer mehr Bewohner nach einem einfachen, von Besitz und römischer Obrigkeit nicht mehr abhängigen Leben.

Ein wichtiges spirituelles Motiv für diese Flucht in ein zurückgezogenes Leben war das *asketische Ideal*, das unmittelbar an die Wirksamkeit von Jesus und seinen Jüngern anschloss, jedoch bis dahin im Christentum kaum jemals verwirklicht worden war. Für die *Askese* im orthodoxen Mönchtum war das geistlich-kontemplative Leben charakteristisch. Askese heißt Übung, hier Einübung eines bedürfnislosen, enthaltsamen Lebens. Ihr Ziel war ein demutsvolles, Gott geweihtes Leben.

Das frühe Mönchtum in der Ägyptischen Wüste war insbesondere mit dem Wirken der Heiligen Antonius (251–356) und Pachomius († 346) verbunden.

Über Antonius wissen wir vor allem durch Athanasius († 373), der die *Vita Antonii* verfasste. Athanasius war Bischof von Alexandria und Schutzherr der Ägyptischen Mönche. Mehrmals hatte er gegen die Arianer, welche die Wesenseinheit Jesu Christi mit Gott dem Vater und insofern die vollständige Göttlichkeit des Sohnes leugneten, Stellung bezogen. In seinem Glaubensbekenntnis hat Athanasius die Trinitätslehre mit einfachen Worten dargelegt:

> *Wir verehren einen Gott in der Dreiheit und die Dreiheit in der Einheit, verwechseln dabei weder die göttlichen Personen, noch zerteilen wir die Gottheit. Denn es gibt eine Person des Vaters, eine andere des Sohnes und eine andere des Heiligen Geistes; aber Gott Vater, Gott Sohn und Gott Heiliger Geist sind alle eins.*[61]

Doch blieben arianische Einflüsse am Hof von Kaiser KONSTANTIN d. Gr. (306–337) wirkungsvoll und so wurde ATHANASIUS schließlich unter der verleumderischen Verdächtigung, er habe ägyptische Getreidelieferungen nach Konstantinopel zu verhindern versucht[62], im Jahr 335 vorübergehend in den „fernen Westen" nach Trier verbannt. Nachdem die Auseinandersetzungen mit den Arianern weiter anhielten und Athanasius als Bischof abgesetzt wurde, flüchtete er 355 zu den Mönchen in die ägyptischer Wüste, wo er sechs Jahre blieb und neben dogmatischen Verteidigungsschriften gegen die Arianer um das Jahr 357 auch die *Vita S. Antonii* schrieb. Diese etwa 370 vom Griechischen ins Lateinische übersetzte Lebensgeschichte des hl. Antonius brachte in der zweiten Hälfte des 4. Jhs. die Kunde vom anachoretischen Mönchsleben Ägyptens – also vom Leben ägyptischer Mönche als Anachoreten oder Eremiten – in die gallischen Provinzen und schließlich auch nach Irland. Es ist durchaus denkbar, dass bereits ST. PATRICK von dieser Schrift Kenntnis hatte.

Aus der *Vita S. Antonii* von Athanasius erfahren wir zahlreiche Einzelheiten über das Leben und Wirken von ANTONIUS.[63] Antonius gilt als Vater des Mönchtums, wenn er sich auch beinahe 20 Jahre hindurch nur für sich allein um ein asketisches Leben bemühte. Doch überzeugte er viele andere Christen, ebenfalls das Einsiedlerleben zu wählen, so dass allmählich Einsiedeleien entstanden und Wüstengebiete von Mönchen besiedelt wurden.[64]

Antonius, um das Jahr 251 in Mittelägypten geboren, wuchs in einer gut situierten christlichen Familie ohne sonderliche Schulbil-

Ikone des hl. Antonius von Michael Damaskinos, 16. Jh.

dung auf. Nach dem Tod seiner Eltern trennte er sich von seinem Besitz und begann das Leben eines Asketen eingedenk der Worte Jesu in der Überlieferung nach Matthäus (Mt 19,21): *Wenn du vollkommen sein willst, geh, verkaufe deinen Besitz und gib das Geld den Armen; so wirst du einen bleibenden Schatz im Himmel haben. Dann komm, und folge mir nach.*

Völlig ungewöhnlich war dieser Entschluss zu dieser Zeit in Ägypten aber nicht. Wer hier als Anachoret leben wollte, suchte zunächst andere Christen auf, die bereits zurückgezogen lebten, um von ihnen das asketische Leben näher kennen zu lernen. Ein erfahrener Asket konnte dann einem Neuling mit seinen Einsichten wie ein Altvater zur Seite stehen. Daraus entwickelte sich später die Gepflogenheit, dass im Zusammenleben der Mönche in einem Kloster ein Novize von einem älteren Mönch Unterweisungen erhielt und so in das monastische Leben eingeführt wurde. Derartige Weisungen wurden in schriftlicher Form als die für alle Mönche verbindliche *Regel* eines Klosters und später auch eines Ordens zusammengeführt.[65]

Auch Antonius verfuhr in der Weise, dass er verschiedene asketisch lebende Christen aufsuchte, um mehr über ihr tugendhaftes Leben zu erfahren. Er zog sich dann als *Anachoret* in Unterägypten auf der östlichen Nilseite zurück und führte in Felsenhöhlen ein völlig bedürfnisloses Leben.

Von Anfang an spielte dabei sein Kampf gegen die *Dämonen* eine wichtige Rolle: Dämonen, das waren vor allem hypostasierte, also vergegenständlichte und personifizierte Gedanken, Sehnsüchte und Ängste, die ihn bedrängten, aber auch Bilder von wilden Tieren und Ungeheuern. In den Dämonen erkannte Antonius Versuche des Bösen, des Feindes alles Guten, ihn von seinem asketischen Leben abzubringen und ihm den gewählten Glaubensweg zu versperren. Jedoch konnte er allen dämonischen Versuchungen widerstehen und den Mönchen später von seinen Erfahrungen erzählen:

> *Wir haben gewaltige und verschlagene Feinde, die böswilligen Dämonen; gegen sie müssen wir kämpfen... Doch durch Gebete, Fasten und den Glauben an den Herrn kommen die Dämonen schnell zu Fall.*[66]

Bald gewann Antonius das Ansehen eines tief gläubigen Einsiedlers, der ein besonderes Charisma besaß. Sein Antlitz war heiter vor innerer Freude; die feine Art seiner Seele konnte auch daran, wie er sich bewegte, wahrgenommen werden. Sein Rat wurde gesucht. Ohne Kenntnis des Griechischen unterhielt er sich mit Hilfe eines Dolmetschers mit griechischen Philosophen, und war ihnen, wie diese bald zugeben mussten, kraft seines Glaubens überlegen. Im Gespräch mit ihnen über die Frage, ob dem dialektischen Denken oder dem christlichen Glauben der Vorrang gebühre, erklärte Antonius zum Erstaunen der gelehrten Männer:

> *Der Glaube kommt von einer bestimmten Grundbefindlichkeit der Seele her, das Disputieren aber ist eine Kunstfertigkeit derer, die es üben. Wer also die Kraft des Glaubens in sich hat, braucht den Beweis durch Worte nicht oder dieser ist vielleicht*

ganz überflüssig...Die Kraft des Glaubens wird uns durch Jesus Christus von Gott geschenkt. Wir haben keine Bildung erhalten und glauben doch an Gott, da wir aus seinen Werken seine Fürsorge für alles erkennen.[67]

Von Natur aus ist unser Leben unsicher und wird uns täglich von der Vorsehung zugemessen. Wenn wir eine solche Einstellung haben und jeden Tag so leben, werden wir weder sündigen noch nach irgend etwas Verlangen haben, auf jemanden zornig sein oder auf der Erde Schätze sammeln...

Vor langer Zeit hat der Herr verkündet: Das Himmelreich ist in euch (nach: Lk 17,21). Folglich ist zur Tugend nur unser Wollen nötig, da sie ja in uns ist und aus uns hervorgeht. Denn die Tugend besteht darin, dass die Seele das besitzt, was mit ihrem eigentlichen Wesen übereinstimmt, wenn sie so bleibt, wie sie geschaffen wurde, nämlich schön und ganz ebenmäßig.[68]

Nach etlichen Jahren sammelte Antonius Mitbrüder um sich herum und gründete Einsiedlerkolonien, woraus später die Mönchssiedlung *Nacalon* (heute Naqlun oder Nekloni) hervorging. Antonius erschien seinen Mönchen wie ein großer Vater und Lehrer, der seine Schüler immer wieder durch ermahnende und zugleich belehrende Worte zu weiterer und noch intensiverer Askese ermunterte.

Athanasius hat in seiner *Vita S. Antonii* eine „große Ansprache" des Heiligen an die Mönche wiedergegeben, aus der wichtige monastische Grundsätze hervorgehen. In dieser in koptischer Sprache gehaltenen Rede führte Antonius aus, dass der Mönch so leben sollte, als ob er jeden Tag den Tod vor Augen hätte. Aus einer derartigen Voraussicht würde sich eine große Achtsamkeit einstellen, die dem Mönch behilflich sein könnte, die in der Seele angelegten Tugenden freizusetzen.

Unter Tugend versteht Antonius allgemein die sittliche Grundhaltung, dem Bösen zu widerstehen und das Gute, das dem Christen durch das Wirken Jesu Christi in der Hl. Schrift offenbart ist, stets in allem zu suchen. Ein derart dem großen Vorbild nachstrebendes Verhalten bemüht sich nicht um irdische Güter, als vielmehr darum, solche Güter zu erwerben, die *wir mitnehmen können, um im Land der Sanftmütigen gastlich aufgenommen zu werden.* Diese Güter waren für Antonius – und vielleicht auch für Athanasius – Klugheit, Gerechtigkeit, Mäßigung und Tapferkeit, also die vier klassischen Kardinaltugenden, sowie Glauben an Christus und Liebe, Güte zu den Armen, Milde und Gastfreundschaft.[69] Athanasius schreibt in der *Vita S. Antonii* schließlich noch von den Wundern, die Antonius vollbracht hat, sowie von den Voraussagen künftiger Ereignisse, die dem Heiligen von einer göttlichen Stimme mitgeteilt wurden. Das erinnert an die hagiographische Literatur des späten 7. Jahrhunderts zu den drei irischen Nationalheiligen und insbesondere an die von St. Patrick wahrgenommene Stimme seiner Traumvisionen.[70]

So viel zum Leben des Wüstenvaters St. Antonius. Er hat die koptische Kirche seiner Zeit stark beeinflusst und fand fortan auch von der Kirche des Westens viel Beachtung. In späteren Jahrhunderten wird in der Literatur noch eine besondere Antonius-Regel über das Zusammenleben der Mönche in Nacalon angeführt. Sie wird jedoch von Athanasius nicht erwähnt und ist erst aus arabischen Handschriften überliefert. Ebenso wenig ist sie den monastischen Schriftstellern des 4. und 5. Jhs. bekannt. Offenbar handelt es sich hier um eine „literarische Fiktion", bei der ein späterer Text einer berühmten Persönlichkeit zugeschrieben wird.[71]

Über das Werk von Athanasius sowie über Antonius selbst finden wir bei *Adolf Gottfried,* dem Herausgeber einer neueren deutschen Übersetzung der *Vita,* die schönen zusammenfassenden Worte:

> *Durch die Vita Antonii hat Athanasius das Mönchtum tief in das Bewusstsein des christlichen Volkes hineingebracht und es mit einem Schlage in der Kirche heimisch gemacht. Durch Antonius wurde dem christlichen Volk vor Augen geführt, wie steil und entsagungsvoll der Weg zu Gott eigentlich ist. Antonius verkörpert aber auch den Adam im Paradies, den wahren*

Menschen, der durch die Entsagungen zur verlorenen Gottesebenbildlichkeit zurückgefunden hat: Die Tiere gehorchen ihm, die Zukunft liegt offen vor ihm, heilende und helfende Kräfte gehen von ihm aus.[72]

Zwar lebten auch später noch Asketen als Anachoreten und verbanden weiterhin die strengen Übungen der Selbstschulung mit einer demutsvollen Einstellung vor Gott; doch bald fand die *zönobitische* Ordnung der klösterlichen Gemeinschaft mehr Beachtung, insbesondere von den Besitzlosen. So wurden im 4. Jh. zahlreiche Klöster in Ober- und Unterägypten gegründet, etwas später ebenso in Syrien und in Palästina. Oft war es ein Nichtgetaufter, der sich dem monastischen Leben zuwandte; dann fiel seine christliche Unterweisung bis zur Taufe im Katechumenat mit der klösterlichen Heranbildung zum Mönch zusammen.

Die Entstehung klösterlicher Gemeinschaften in Ägypten ist vor allem mit dem Namen PACHOMIUS (ägyptisch: Königsfalke) verbunden. Er gründete um 320, also noch zur Lebenszeit von Antonius, am Ufer des Nils in Oberägypten das erste, von Mauern umschlossene Kloster und später in der Thebais, dem Verwaltungsbezirk um die Stadt Theben (heute Luxor), weitere Klöster, darunter auch zwei Frauenklöster. Diese waren mit den Männerklöstern räumlich verbunden, teils aus wirtschaftlichen Erwägungen, teils zum Schutz gegen räuberische Überfälle. Im Gegensatz zu dem mehr der Eigeninitiave überlassenen Anachoretentum musste in den neu gegründeten Klöstern das geordnete Zusammenleben genau geregelt sein. Denn hier sollte im gemeinsamen Beten und Arbeiten die Gemeinschaft der Gläubigen im Sinne von Apostelgeschichte 4,32 verwirklicht werden[73], wo es heißt: *Die Gemeinde der Gläubigen war ein Herz und eine Seele. Keiner nannte etwas von dem, was er hatte, sein Eigentum, sondern sie hatten alles gemeinsam.*

Im Unterschied zu späteren Klostergründungen innerhalb der Römischen Kirche gab es in der Thebais noch keinen bestimmten Orden, jedoch bildeten die von Pachomius gegründeten Klöster bereits eine ordensähnliche Vereinigung.

Die Berufung von Pachomius erfolgte in dem entlegenen Dorf Tabenessi nach wenigen Jahren der Unterweisung und Übungen bei seinem geistlichen Vater PALAMON in einer nächtlichen Vision: Als Pachomius im Gebet Klarheit über seinen weiteren spirituellen Weg suchte, erhielt er die Weisung:

Der Wille Gottes ist, dass du dich in den Dienst der Menschen stellst, um sie einzuladen, zu Ihm zu gehen.[74]

Pachomius war der erste große Klostergründer der koptischen Kirche und stand von Anfang an in gutem Einvernehmen mit den Bischöfen, so auch mit Bischof Athanasius. Von besonderer Bedeutung sind die von ihm in koptischer Sprache verfassten Regeln für das klösterliche Leben der Mönche. Die zunächst ins Griechische übertragenen Regeln wurden von dem Kirchenvater HIERONYMUS (347–ca.420), der selber einige Jahre als Eremit in der syrischen Wüste Chalcis gelebt hatte, im Jahr 404 ins Lateinische übersetzt und gewannen dadurch einen erheblichen Einfluss auf das monastische Leben auch im Occident.

In der Einleitung zu seiner lateinischen Übertragung schreibt HIERONYMUS u.a.:

Ich wollte (mit meiner Übersetzung)... unseren Brüdern die Möglichkeit geben, das beispielhafte Leben der ägyptischen, genauer der tabenessischen Mönche zu befolgen. Diese Mönche haben in den einzelnen Klöstern „Väter" und in den einzelnen Häusern „Hausobern". Jedes Haus umfasst ungefähr 40 Brüder unter der Befehlsgewalt des Hausoberen; je nach der Zahl der Brüder umfasst ein einzelnes Kloster 30 oder 40 Häuser...[75]

Demnach lebten in den größeren Konvents bis zu anderthalb Tausend Brüder zusammen. Das Zusammenleben musste daher streng organisiert und genau geregelt werden. Diese Regeln waren für alle von Pachomius gegründeten Klöster verbindlich und gewährleisteten dadurch den Zusammenschluss zu einer einzigen großen Gemeinschaft, der Kongregation. Das gesamte klösterliche Leben war nun für jeden Einzelnen geregelt: Wie sich ein Mönch zu verhalten, wie er sich zu kleiden, wie er zu arbeiten hatte. Ebenso regelten die Gebote (*praecepta*) das Verhalten beim gemeinsamen Mahl, beim Gebet und bei der Messe.

Es herrschte eine genaue Rangordnung vor, für die nicht das Lebensalter ausschlaggebend war, sondern die geistliche Stufe entsprechend der Zeit des Eintritts in das Kloster und der ewigen Profess:

> *Wer zuerst in das Kloster eintritt, nimmt den ersten Rang ein, geht als erster, stimmt als erster einen Psalm an, greift als erster bei Tisch zu und kommuniziert als erster in der Kirche. Bei ihnen (den Brüdern) gilt also nicht das Geburtsdatum, sondern (der Tag der) Profess.*[76]

Für die gemeinsamen Andachten hatte jeweils ein Haus des Klosters den Wochendienst zu verrichten, wobei drei oder vier Häuser, die einen *Stamm* bildeten, sich nacheinander im Wochendienst ablösten. Besonderen Wert wurde darauf gelegt, dass jeder Mönch lesen lernte und während des Wochendienstes seines Hauses als *Hebdomar* tätig sein konnte, der auf einer Gebetsversammlung auswendig aus der Heiligen Schrift rezitierte.[77] Bereits in der Frühzeit des monastischen Lebens war also das ägyptische Mönchtum untrennbar an die Bibel gebunden. Das freie Rezitieren aus der Heiligen Schrift musste von einem Mönch von Anfang an gelernt werden. Bereits ein Neuankömmling musste der entsprechenden Weisung Folge leisten:

> *Wenn einer mit dem Willen zur Klosterpforte kommt, der Welt zu entsagen und sich der Zahl der Brüder anzuschließen soll er nicht ohne weiteres eintreten dürfen; vielmehr soll er... einige Tage draußen vor der Pforte bleiben, und man soll ihm das Herrengebet lehren und von den Psalmen so viel, als er (auswendig) lernen kann.*[78]

Wurde der Neuankömmling aufgenommen, so wurden ihm 20 Psalmen oder zwei Apostelbriefe zum Auswendiglernen aufgegeben. Während seines Klosterlebens sollte jeder Mönch schließlich das Neue Testament und den gesamten Psalter auswendig lernen.[79] Diese wohl kaum zu erfüllende Weisung ist vielleicht so zu verstehen, dass die für die Aufgabe der Hebdomare vorgesehenen Mönche aus ihrer umfassenden Kenntnis der Bibel in der Lage waren, nach kurzer Vorbereitung Texte aus der Heiligen Schrift auswendig in Gebetsversammlungen rezitieren zu können. Auf jeden Fall geht aus dieser Anweisung die besondere Wertschätzung des Psalters bei den ägyptischen Mönchen hervor.

Nach ANTONIUS und PACHOMIUS soll nun noch als dritter bedeutsamer Heiliger JOHANNES CASSIAN vorgestellt werden, der aus seinen monastischen Erfahrungen bei den Wüstenvätern die Entwicklung des westlichen Klosterlebens ebenfalls stark beeinflusst hat.

CASSIAN (ca. 360–435), ein gebürtiger Skythe aus der Dobrudscha im heutigen Rumänien und von umfassender Geistesbildung, schloss sich einem Kloster in Bethlehem an. Mit seinem Freund GERMANUS unternahm er eine mehrjährige Wanderung durch Ägypten, so dass er dort sowohl die zönobitische wie auch die anachoretische Lebensweise der Mönche kennenlernte. Mehr als ein Jahrzehnt teilte er mit ihnen das asketische Leben, ehe er im Jahr 403 von JOHANNES CHRYSOSTOMUS in Konstantinopel zum Diakon und zwei Jahre später in Rom zum Priester geweiht wurde. Cassian ging nach Gallien und gründete um 415 in Marseille neben einem Kloster für Frauen das Kloster *St. Victor* für Männer, wo er bereits zu Lebzeiten als Heiliger verehrt wurde. Beide Klöster waren städtische Gemeinschaften und unterschieden sich so deutlich von bereits bestehenden Klöstern auf der Insel Lérins an der südgallischen Küste.[80] Für seine eigenen Klöster verfasste Cassian um das Jahr 425 umfassende Leitlinien, in die seine bei den ägyptischen Wüstenvätern gewonnenen Erfahrungen einflossen. Zu diesen Schriften gehört zum einen die Darstellung *De Institutis coenobiorum*, deutsch: Über die Einrichtung des klösterlichen Gemeinschaftslebens, u. a. über Kleidung der Mönche, Anordnung des liturgischen Gebets, Aufnahme von Novizen sowie über die acht Laster (Völlerei, Unzucht, Geldgier, Zorn, Traurigkeit, Nachlässigkeit oder Überdruss, Ruhmsucht, Stolz). Darin schreibt Cassian ebenso über die Heilmittel im Kampf des Mönches gegen die Anfechtungen, um zum asketischen Ziel der Reinheit des Herzens zu gelangen. Worin aber besteht der Spiritualität nach das Leben der Mönche? Dazu führt Cassian aus:

> *Das Mönchsleben ist nichts anderes als ein Sinnbild des Kreuzes und der Abtötung... Unser Kreuz ist die Furcht des Herrn. Durch sie vollzieht sich die Reinigung von den Lastern und die Pflege der Tugenden, so erlangt man die Demut... In der Herzensreinheit besitzt man die Vollendung der apostolischen Liebe.“ (Inst. IV,32–43)*[81]

Das zweite große Werk sind die *Collationes patrum*, deutsch: Gespräche mit den Mönchsvätern der Ägyptischen Wüste, u.a. über Ziele des Mönchtums, Wege zur Vollkommenheit, Gebetsformen und Zustand des „inneren Menschen“. Hier breitet Cassian seine Tugendlehre aus, die dem Mönch hilft, den Versuchungen in der Einsamkeit zu widerstehen. Ebenso spricht er vom Aufstieg der Seele zu Gott, für den das beschauliche Leben mit der inneren demutsvollen Einstellung gegenüber Gott von größter Bedeutung ist: *Das muss unser hauptsächlichstes Streben, das Ziel unseres Herzens sein: Gott und den göttlichen Dingen immer anhangen.* (Col. I,8)[82]

Das letzte geistliche Ziel der Mönche ist das Reich Gottes oder das Himmelreich. Um es zu erreichen, bedarf es jedoch der

> *Reinheit des Herzens, ohne die niemand zum letzten Ziel gelangen kann... Ihretwegen verlassen wir Eltern, Vaterland, Reichtum, Genüsse der Welt und jede Lust. (Col. I,2)*[83]

Gleich darauf erfolgt eine Mahnung an eifersüchtige Mönche, die direkt auf einen späteren, allerdings nur vermuteten, gleichwohl berühmten Streit zwischen St. Finnian von Moville und St. Columba (um 560) bezogen sein könnte (s. Kapitel über die Nationalheiligen):

Es gibt jedoch Mönche, die manchmal ein Buch so eifersüchtig hüten, dass sie es niemand auch nur flüchtig lesen oder berühren lassen... Darüber geraten sie oft in zornige Erregung.[84]

Für Cassian ist *Demut* Gott gegenüber, aber auch den Oberen gegenüber, die Grundlage und Lehrmeisterin aller Tugenden, zu denen u.a. Geduld, Mitleid, Reinheit und Diskretion gehören. Indem er die aus freiem Willen zu erreichenden Tugenden mit dem Reich Gottes in Verbindung bringt, nähert er sich offenbar Ansichten an, die von Anhängern des Pelagius vertreten wurden (s. Kapitel über St. Patrick):

Wenn das Reich Gottes in uns ist und das Reich Gottes selber in Gottes Gerechtigkeit und Freude besteht, so ist infolgedessen derjenige (bereits) im Reich Gottes, der diese Tugenden besitzt. (Kol 1,13)[85]

Einen erheblichen Teil der *Collationes* nimmt die ausführliche Einführung in die verschiedenen Gebetsformen der Anachoreten ein. Die rechte Weise zu beten sieht Cassian darin, bei verschlossener Tür in aller Stille in tiefstem Schweigen zu beten und sich so „nur mit dem Herzen Gott allein zu offenbaren" (Col. IX,35f.).

Cassian war ein besonnener und milder Lehrer des monastischen Lebens. Die von ihm verfassten Schriften gehörten zu den meistgelesenen Büchern des Mittelalters und haben u. a. auch den hl. Benedikt († um 547) ein Jahrhundert später bei der Abfassung seiner Regel für die Gemeinschaftsordnung der von ihm gegründeten Klöster beeinflusst.[86] Cassians Abhandlungen gaben entscheidende Impulse zu weiteren Klostergründungen in Gallien und später auch in Irland.[87] Neben Athanasius und Hieronymus war Cassian ein wichtiger Vermittler der Spiritualität der Wüsten-

Heiliger	Daten aus dem Leben	Schriften
Antonius Anachoret, Vater des Mönchtums	251–356	mündliche Überliefe-rungen
Athanasius Kirchenvater u. Bischof	ca. 295–373 ab 355 sechs Jahre bei den Wüstenvätern	357 *Vita Antonii* ca. 370 Lateinische Übersetzung
Pachomius Gründer klösterlicher Gemeinschaften (Zönobitikum)	ca. 280–346 ab 320 Klostergründungen	Klosterregel in koptischer Sprache
Hieronymus Lateinischer Kirchenlehrer	347–ca. 420	404 Latein. Übersetzung der Regel des Pachomius
Cassian Hauptvertreter des frühen Mönchtums in Westeuropa	ca. 360–435 um 415 Klostergründung in Marseille	ca. 425 zwei Werke über das Mönchsleben: *De institutis coenobiorum* und *Collationes patrum*

Übersicht: Heilige im Umkreis der Wüstenväter

väter und blieb für die weitere christliche Glaubensentwicklung im religiösen Leben des Mittelalters überaus bedeutungsvoll.

Das monastische Leben in klösterlicher Gemeinschaft nahm in Ägypten seinen Anfang und war für das Werden der keltischen Mönchskirche Irlands von erheblicher Bedeutung. In der obigen Übersicht sind die in diesem Kapitel behandelten Heiligen im Umkreis der Wüstenväter nochmal zusammengestellt. Die Kunde von den Wüstenvätern wurde im späten 5. Jh. vom christianisierten Osten bis in den fernen Westen, so auch nach Irland getragen. Die Berichte über ihr asketisches Leben und ihre Weisheit trugen hier zur Verbreitung und zur Konsolidierung des monastischen Lebens erheblich bei. So lässt das Studium des ägyptischen Mönchslebens auch Rückschlüsse auf das monastische Leben in irischen Klöstern des 6. Jhs. zu, die insofern besonders bemerkenswert sind, weil dazu aus Irland selbst nur geringfügige authentische Informationen vorliegen.

2. Die Anfänge des monastischen Lebens in Gallien

Bevor wir auf die Entwicklung des klösterlichen Lebens in Irland näher eingehen, seien die Anfänge in Gallien skizziert. Bis zum Beginn des 5. Jhs., als die römischen Truppen von der Rheingrenze abgezogen wurden und die Germanen im Norden Galliens einfielen, spielte die gallische Kirche, wie wir bereits aus der Lebensbeschreibung Patricks wissen, für die Ausbreitung des Christentums in Irland eine wichtige Rolle. In Gallien setzte das mönchische Leben mit dem Wirken des hl. Martin von Tours (ca. 316–397) ein. Zu dieser Zeit waren in Gallien die wichtigsten Quellen des ägyptischen Mönchtums noch weitgehend unbekannt; das waren neben den Schriften von Athanasius und Pachomius vor allem die *Apophthegmata Patrum* (Sentenzen der Väter) mit Lehren, Gleichnissen und Gesprächen. Kleinere Sammlungen der griechischen Fassung der Sentenzen kursierten im südgallischen Raum im 5. Jh., während lateinische Übersetzungen erst zu Beginn des 6. Jhs. in Rom und in Spanien verbreitet waren.[88]

Zu erwähnen ist noch, dass sich in Italien etwa zur gleichen Zeit wie in Gallien ebenfalls das monastische Leben entwickelte. Bereits im 3. Jh. zogen sich hier Asketen vom kirchlichen Gemeindeleben zurück, doch erst um die Mitte des 4. Jhs. erfolgte der Aufbruch zu einem wirklich mönchischen Leben. Wichtige Anstöße aus dem Erfahrungsschatz der Ostkirche kamen von Athanasius um 340 während seiner zweiten Verbannung nach Rom und von Hieronymus während seiner Wirksamkeit als Asket in der Heiligen Stadt um 385.[89]

Von Sankt Martin haben wir Kenntnis durch die predigtartige Lobrede *Vita Martini* (vor 400) seines Schülers Sulpicius Severus

(† 420). Diese Lebensbeschreibung fand in Irland, wo Martin bereits seit der Zeit von St. Patrick verehrt wurde, Eingang in das bereits früher vorgestellte Sammelwerk *Book of Armagh* des frühen 9. Jhs.[90]

Über Irland hinaus ist Sankt Martin einer der populärsten Heiligen, der am Martinstag in Erinnerung an den Tag seiner Grablegung (11. November 397) besonders gefeiert wird. Ursprünglich kennzeichnete der 11. November den „Schwellentag", den letzten Tag vor Beginn der 40tägigen vorweihnachtlichen Fastenzeit.[91] Viel später wurde eine alte Legende aufgegriffen und mit neuerem Brauchtum verknüpft, besonders in deutschsprachigen Ländern.

Nun ziehen Kinder mit Laternen und Fackeln umher und singen das Lied:

Sankt Martin ritt durch Schnee und Wind,
sein Ross, das trug ihn fort geschwind.
Sankt Martin ritt mit leichtem Mut,
sein Mantel deckt ihn warm und gut.
Im Schnee da saß ein armer Mann,
hatt' Kleider nicht, hatt' Lumpen an.
„O helft mir doch in meiner Not,
sonst ist der bittre Frost mein Tod."[92]

Zu dieser Zeit war Martin als Offizier bei der Reiterei der Römisch-Kaiserlichen Garde in Amiens stationiert. Als er an einem Wintertag am Stadttor einem armen, unbekleideten Mann begegnete, teilte er mit dem Schwert seinen warmen Mantel und gab die eine Hälfte aus Barmherzigkeit dem Armen. In der folgenden Nacht erschien ihm im Traum Jesus Christus, mit dem halben Mantel des Bettlers bekleidet, und Martin wurde an das Wort Christi erinnert: *Ich war nackt, und ihr habt mir Kleidung gegeben... Was ihr für einen meiner geringsten Brüder getan habt, das habt ihr mir getan.* (Mt 25, 36 u. 40)[93]

Zu diesem Traum heißt es in dem Martinslied:

Im Traum schaut er ein glänzend Licht,
und eine milde Stimme spricht:
„Hab Dank, du braver Rittersmann,
für das was du an mir getan!“
„Wer bist du?“ fragt Sankt Martin schnell,
da wird's in seiner Seele hell,
er sieht's, es ist der Herr der Welt,
der mit der Hand den Mantel hält.
Und huldvoll schaut er Martin an
und spricht: „Was heute du getan
am Bettler, der am Wege saß,
ich nahm's für mich, an mir geschah's.“

Wer war SANKT MARTIN? Martin (316–397), als Sohn eines römischen Offiziers in Pannonien im heutigen Ungarn geboren, wurde frühzeitig mit dem Christentum vertraut, aber erst im Alter von 36 Jahren von HILARIUS getauft. Dem Gebot seines Vaters folgend, verpflichtete sich Martin für den römischen Militärdienst. Auch nach Abschluss dieses Dienstes blieb Martin mit Hilarius eng verbunden, in dessen Nähe er einige Zeit nahe Poitiers als Anachoret lebte.

Zu HILARIUS selbst ist zu bemerken: Dieser Heilige († 367) war bereits fünf Jahre nach seiner eigenen Taufe um das Jahr 350 zum Bischof von Poitiers geweiht worden. In dieser Funktion musste er zum Arianischen Streit Stellung beziehen, der zu dieser Zeit noch immer nicht beigelegt war. Wie bereits früher ausgeführt, hatte ARIUS von Alexandria († 336) die Wesenseinheit CHRISTI mit Gottvater geleugnet. Er lehrte, JESUS sei allein aufgrund seiner sittlichen Bewährung vom Vater die Würde des Sohnes verliehen worden. HILARIUS war wie ATHANASIUS ein strenger Kritiker der Arianischen Lehre und wurde wegen der strikten Ablehnung des Arianismus von Kaiser KONSTANTIN II. nach Phrygien in Kleinasien verbannt, wo er Gelegenheit hatte, sich mit den Lehren der Kirchenväter und der Ostkirche vertraut zu machen. Zweifellos hat Hilarius mit Martin auch über seine Erfahrungen in Phrygien gesprochen, wodurch

Martin in seiner Absicht bestärkt wurde, nach östlichem Vorbild ein anachoretisches Leben zu führen.

Unweit von Poitiers gründete Martin in Ligugé im Jahr 361 sein erstes Kloster, das erste Kloster des Abendlandes überhaupt. Um das Jahr 370 wurde Martin in Tours zum Bischof von Tours geweiht, wie überliefert ist, gegen seinen eigenen Willen, aber auch gegen Vorbehalte des Klerus. Nach einer legendären Erzählung soll Martin, der sich selber für das hohe Amt für wenig geeignet hielt, sich an dem Tag der vorgesehenen Weihe in einem Gänsestall versteckt haben. Als die Gänse aufgeregt zu schnattern begannen, musste Martin hervortreten und wurde dann zum Bischof geweiht.

Nahe Tours in Marmoutier führte Martin etwa 80 Mönche zu einem klosterähnlichen Leben zusammen. Die Mönche lebten in Felsenzellen als Anachoreten und kamen nur zu Mahlzeiten und Gebetsversammlungen zusammen. Daraus erwuchs 375 die berühmte Klostergründung von Marmoutier in einer Mischform von Anachoretentum und Zönobitentum ohne feste Klosterregel. Nach dem Vorbild der christlichen Urgemeinde verpflichteten sich die Mönche zu apostolischer Armut. Der Lebensunterhalt wurde überwiegend aus Spenden bestritten.[94]

Martin von Tours hat indirekt auch zur Klostergründung in Irland beigetragen, teils durch die große Verehrung, die ihm dort bald zuteil wurde, vor allem aber durch das Wirken von St. Ninian nördlich des Hadrianwalles im Süden Schottlands.

Ninian († um 432), der zuerst von Beda (731) erwähnt wird,[95] missionierte bei den südlichen Pikten und sporadisch auch in Nordirland. Nach seiner theologischen Ausbildung in Rom hielt sich Ninian auf dem Rückweg in seine britannische Heimat einige Zeit bei St. Martin in Marmoutier auf. Dort hatte er wohl bemerkt, dass sein Lehrer sich für etliche Tage in eine Höhle der umgebenden Berge zurückgezogen hatte. Nach der Rückkehr in seine Heimat Galloway auf der Halbinsel Whithorn suchte auch er sich eine derartige Höhle als eigene Einsiedelei.

Nach den Erfahrungen bei Martin in Marmoutier errichtete Ninian gegen Ende des 4. Jhs. in Galloway das Kloster *Candida*

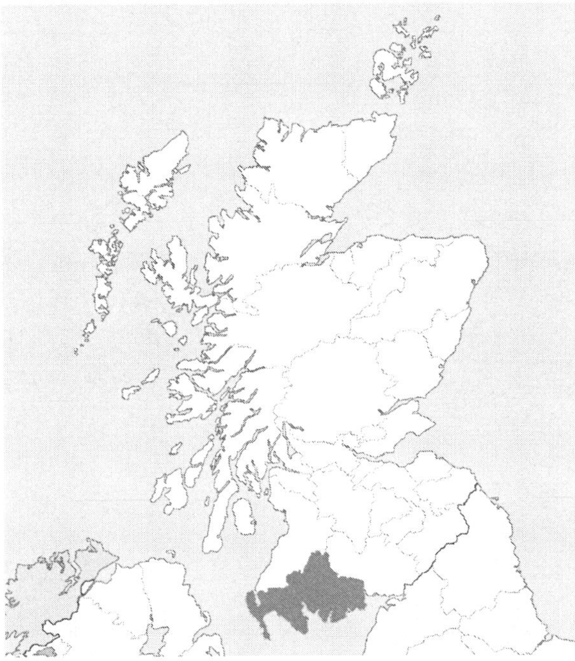

Geographische Lage von Galloway in Schottland, Irland gegenüber.

Casa (Weißes Haus) mit einer ganz aus Stein erbauten Kirche, der ersten dieser Art in Britannien und Irland überhaupt. Ninians späterer Biograph AELRED von Rievaulx (12. Jh.) hat vermutet, dass Martin seinem Freund und Schüler Ninian auf dessen Wunsch hin Steinmetze mit auf den Weg gab, die dann in Galloway das Kloster erbauten.[96] Wie Ausgrabungen in der Mitte des 20. Jhs. ergeben haben, war die Klosterkirche von annähernd quadratischem Grundriss von 4,5 x 4 Meter aus örtlichen Steinen und Schieferton errichtet und außen mit weißem Mörtel bedeckt.[97]

In Schottland wurde ST. NINIAN der Organisator der christlichen Kirche nach gallischem Vorbild. Das Kloster wurde als Zentrum für die Missionierung des keltischen Stammes der südlichen Pikten gegründet und dehnte seinen Einfluss ebenso bis in das nördliche Irland aus. So sind Verbindungen zwischen Candida Casa und dem Bezirk Antrim im äußersten Nordosten Irlands nachweisbar. Ebenso weisen die Namen von kleinen Ansiedlungen in Nordirland auf Kirchengründungen Ninians hin.[98] Vor dem segensreichen Wirken von ST. PATRICK in Irland wurde vor allem von Norden

Ruinen von Whithorn Priory, wo lange der Schrein Ninians verehrt wurde.

her die Missionierung des Landes durch Mönche der Candida Casa begonnen. Bemerkenswerterweise kam also hier das Christentum in Form des Mönchtums nach Irland. Auch später blieb Ninians Klostergründung für die Entwicklung der keltischen Mönchskirche in Irland von Bedeutung. So erhielten um das Jahr 500 etliche irische Heilige, wie St. Finnian von Magdhbile († 549) und St. Enda von Aran († ca. 530), die ihrerseits eigene Klöster gründeten, ihre Ausbildung in Candida Casa oder standen zumindest mit diesem Kloster in Verbindung. Es ist bemerkenswert, dass die Anfänge der keltischen Mönchskirche in Irland durch St. Ninian und so indirekt durch St. Martin gesetzt wurden und nicht aufgrund von Weisungen aus Rom erfolgten.

Zu Sankt Martin ist noch anzumerken: Wie so häufig bei den Lichtgestalten der frühen Christenheit verbreitete sich auch Martins Ruhm als Heiliger und Wundertäter erst viel später nach seinem Tod: zunächst im Bereich der fränkischen Reichskirche; dann, nachdem er von König Chlodwig († 511) zum Nationalheiligen des

Frankenreiches und Schutzherrn der fränkisch-merowingischen Könige erhoben war, auch über die Landesgrenzen hinaus.

Kehren wir nochmals zu den frühen Klostergründungen in Gallien zurück. Unbeeinflusst von dem Wirken von St. Martin gründete St. Honorat (Honoratus) († 429) auf der Insel Lérins vor der südgallischen Küste im Jahr 410 ein Kloster, das bald nach der Gründung durch die Gelehrsamkeit seiner Mönche berühmt wurde und aus dem im 5. und 6. Jh. bedeutende Bischöfe hervorgingen. Zur Zeit der Gründung des Klosters hatten die Germaneneinfälle in den Norden Galliens zugenommen. Viele Menschen waren nach dem Süden geflohen, Landstriche waren verödet – worüber St. Patrick auch in seiner Schrift *Confessio* berichtet[99] – und Teile der Oberschicht suchten Zuflucht auch auf Lérins. Besonders durch diesen für das klösterliche Leben erfreulichen Zustrom gebildeter Brüder entwickelte sich das Kloster unter der Leitung von Honoratus bald in ein blühendes monastisches Zentrum Galliens.

Honoratus, um die Mitte des 4. Jh. in einer römischen Konsularfamilie im Norden Galliens geboren, konvertierte in jungen Jahren zum Christentum. Auf einer Pilgerreise besuchte er die Heiligen Stätten von Palästina wie auch Anachoreten in Syrien und Ägypten. Diese Erfahrungen bewegten ihn dazu, ein einfaches Leben in Einsamkeit zu führen. So ging er nach Lérins, einer damals entlegenen, wilden Insel, wo sich ihm bald seine Schüler anschlossen. Es kam zur Gründung des Klosters von Lérins. Honoratus organisierte das Klosterleben nach östlichem Vorbild, hauptsächlich nach der Regel des Pachomius.[100]

426 wurde Honoratus Erzbischof von Arles, leitete aber selbst von diesem hohen Amt aus weiterhin das Leben der Mönche auf Lérins.

Stellen wir nun noch die Namen der wichtigsten gallischen Klostergründer und ihrer bedeutendsten Schüler in der folgenden Übersicht zusammen.

Klostergründer	**Lebensdaten**	**Klostergründungen/ Bedeutung**
Hilarius	† 367 um 350 Bischof von Poitiers	Geistlicher Lehrer von Martin
Martin von Tours	ca. 316–397 um 370 Bischof von Tours	361 in Ligugé bei Poitiers Gründung des ersten Klosters des Abendlandes 375 Kloster von Marmoutier bei Tours
Sulpicius Severus	† 420	schrieb die *Vita Martini* (vor 400)
Ninian	† um 432 Schüler von Martin, missioniert südliche Pikten	um 400 Gründung von Candida Casa in Galloway auf Whithorn im südlichen Schottland
Honoratus	† 429 426 Bischof von Arles	410 Klostergründung auf Lérins
Johannes Cassian	ca. 360–435	um 415 Klostergründung in Marseille

Übersicht über Klostergründer in Gallien und ihre Schüler in der ausgehenden Antike.

Zweifellos konnte das monastische Leben auf Lérins in seiner Gelehrsamkeit für die später in Irland gegründeten Klöster ein Vorbild sein, zumal diese mit dem südgallischen Mönchtum besonders von Marseille und Lérins enge Kontakte pflegten. Doch bietet sich für das klösterlichen Leben in Gallien einerseits und die spätere Mönchskirche von Irland andererseits noch eine andere Parallele an. Traditionell war die gallische Kirche nach dem Diözesansystem gegliedert, dem das römische, hierarchisch gegliederte Verwaltungssystem zugrunde lag. Es konnte nicht ausbleiben, dass der Gegensatz zwischen der gemeinschaftsorientierten zönobitischen Ordnung der Klöster und der hierarchischen Ordnung der Kirchen in Gallien von vielen gallischen Bischöfen und vom

Päpstlichen Stuhl missbilligt wurde, insbesondere gerade dann, wenn eine freie Bischofsstelle, wie in Arles geschehen, von einem Mönch, nämlich Honoratus, besetzt wurde. So protestierte Papst Cölestin I. dagegen, dass Fremde mit ihren gänzlich anderen Gewohnheiten entgegen den Vorzügen der örtlichen Geistlichkeit zu Bischöfen gemacht wurden. Er vermerkte in einem Sendschreiben an gallische Bischöfe des Jahres 428:

> *Jene, die nicht in der Kirche groß geworden sind, handeln den Gewohnheiten der Kirche zuwider. Ihnen hängen ihre alten Gewohnheiten an und kleiden sich in Kutten mit einem Gürtel um die Lenden... Warum sollten sie eine derartige Kleidung in den Kirchen Gottes tragen und den Brauch so langer Jahre und so bedeutender Kirchenmänner mit einer neuen Gewohnheit vertauschen?*[101]

Ähnliche Auseinandersetzungen ergaben sich später zwischen der irischen Mönchskirche und der römischen Bischofskirche, doch nicht nur in institutionellen Fragen. Traditionell ist das römisch-katholische Christentum in Diözesen gegliedert, in denen die bischöfliche Verwaltung das kirchliche Leben regelt. Dagegen folgte die Kirche in Irland zumindest vom 6. Jh. an einer monastischen Ordnung; sie besaß also mit dem Neben- und Miteinander der Äbte der Klöster eine dezentralisierte, mehr demokratische Entscheidungsinstanz. Lange Zeit behielt die keltisch-irische Kirche ihre relative Selbständigkeit gegenüber Rom, insbesondere in Fragen der Dogmatik. So wurden die Entscheidungen und Beschlüsse der Konzilien und Synoden der römischen Kirche wie auch der Ostkirche öfter nicht befolgt oder zur Kenntnis genommen, so dass einige der auf den Kirchenversammlungen als häretisch verurteilten Lehren in Irland noch länger Beachtung fanden. Erst nach der Mitte des 7. Jhs. musste die keltisch-irische Kirche sich der römischen Kirche mehr anpassen, als der Streit um die Frage des Ostertermins auf der gemeinsamen Synode von Whitby im Jahr 664 zugunsten der römischen Kirche entschieden wurde und damit deren Einfluss in Irland immer mehr zunahm.

Das mittelalterliche Irland
mit wichtigen Klostergründungen.

III. Katalog der Heiligen und die Nationalheiligen Brigid und Columba (Columcille)

1. Der Katalog der Heiligen

Noch vor 500 erreichte die Kunde vom monastischen Leben das für das Mönchtum strukturell geeignete wie religiös vorbereitete Irland, sei es aus der vermehrten Kenntnis der Schriften über das Leben der Wüstenväter, oder sei es durch den um 500 zunehmenden Einfluss der *Candida Casa* in Irland.

Doch nähere Einzelheiten dieses Übergangs bleiben weitgehend unbekannt, weil es frühe Dokumente dieser Zeit kaum gegeben hat und zudem Aufzeichnungen des 6. Jhs., sofern sie vorhanden waren, mit der Zerstörung der Klöster durch die Wikinger verloren gingen. Die hagiographischen Lebensbeschreibungen der Heiligen, die *vitae Sanctorum*, sind erst nach der Mitte des 7. Jhs. geschrieben und zum größten Teil nur in Form von glossierten Kopien aus viel späterer Zeit erhalten. Darin wird eher in verklärter als in historisch zuverlässiger Form über das Leben der Gründer und Äbte bedeutender Klöster berichtet. Sofern in den frühen *vitae* auf *schriftliche* Quellen zurückgegriffen wurde, konnte das authentische Material – ausgenommen Dokumente zur *vita* von Patrick – nur dürftig sein. Dazu gehörten Diptychen zur Messe,[102] Listen von Äbten und Äbtissinnen, Kalendaria der Festtage eines Jahres zu Ehren des Klostergründers und anderer Heiliger sowie Ostertafeln, in denen von Jahr zu Jahr besondere klösterliche Ereignisse niedergeschrieben wurden. Aus all diesen Aufzeichnungen erwuchsen die späteren *Annalen,* die aber nur selten erhalten blieben.[103]

Auf der Karte des mittelalterlichen Irlands sind für die fünf Provinzen einige der wichtigsten Klostergründungen überwiegend des 6. Jhs. markiert; hinzu kommen noch einige andere wichtige historische Stätten wie *Tara,* der Sitz der Hochkönige, der Hügel *Slane,* wo Patrick das Osterfeuer entzündet haben soll, und das im 9. Jh. von den Wikingern gegründete Dublin. Eigentlich ist die Zahl der Klöster der keltisch-irischen Kirche unübersehbar, weil doch viele Dokumente aus der monastischen Periode, die mit der Zeit nach Patrick begann, verloren gegangen sind. Dementsprechend sind auch die Biographien vieler Heiliger oft wenig bekannt.

Über das so zahlreiche Auftreten der Heiligen in der frühen irischen Kirche gibt historisch ein „Catalogus Sanctorum Hiberniae" in einer Hs. aus der ersten Hälfte des 8. Jhs. nähere Auskunft.[104] Darin wird die Entwicklung der frühmittelalterlichen Kirche Irlands für die Zeit von ca. 440 bis 665 in schematischer Weise dargestellt, wobei der Beginn durch das ungefähre Datum von Patricks Mission und der Abschluss durch die verheerende Pest der Jahre 664/65 festgelegt ist. In diesem Katalog teilt der unbekannte Autor die Entwicklung der irischen Kirche chronologisch in drei Perioden ein, in denen jeweils die Gruppen der Kleriker nach einem „abnehmendem Grad von Heiligkeit" angeordnet sind. Wie das zu verstehen ist, geht aus dem Text selbst hervor, der hier in Latein und deutscher Übersetzung wiedergegeben wird.

Catalogus Sanctorum Hiberniae secundum diversa tempora

Katalog der Heiligen Irlands zu verschiedenen Zeiten

Primus Ordo 440 (?)-543

p.292. Primus Ordo Catholicorum Sanctorum erat in tempore Patricii. Et tunc erant Episcopi omnes, clari et sancti et Spiritu Sancto pleni, CCCL numero, Ecclesiarum fundatores. Unum Caput Christum, et unum ducem Patricium, habebant; unam missam, unam celebrationem, unam tonsuram ab aure usque ad aurum sufferebant. Unum Pascha, quarta decima luna post aequinoctium vernale, celebrant; et quod excommunicatum esset ab una Ecclesia, omnes excommunicabant. Mu-lierum administrationem et consort(i)a non respuebant; quia super petram Christi fundati, ventum tentationis non timebant.
Hic Ordo Sanctorum per quaterna duravit regna; hoc est, pro tempore Laeogarii, et Aila Muilt, et Lugada filio Laeogarii et Tuathail.[105] Hi omnes Episcopi de Romanis et Francis et Britonis et Scotis exorti sunt.

Erste Folge 440 (?)-543

Die erste Folge katholischer Heiliger war zu der Zeit von Patrick. Damals waren alle (Heilige) Bischöfe, 350 an der Zahl, berühmt und vom Hl. Geist erfüllt, Gründer von Kirchen.Sie hatten ein Haupt, Christus; einen Führer, Patrick, eine Messordnung, eine (Mess-) Feier; sie trugen eine Tonsur von Ohr zu Ohr. Sie feierten ein (einheitliches) Osterfest am 14. Mond (-Tag) nach Frühlingsbeginn; und sofern (jemand) von einer Kirche exkommuniziert war, exkommunizierten (ihn) alle (Kirchen). Den Dienst und die Teilhabe von Frauen wiesen sie nicht zurück, weil sie dank des Felsens Christus, des Fundamentes, den Sturm der Versuchung nicht fürchteten.
Diese Folge der Heiligen hat vier Königsherrschaften lang gedauert, d.h. während der Zeit von Lóegaire, Ailill Molt, Lugaid, dem Sohn von Lóegaire, und Túathal.[106] All diese Bischöfe waren römischer, gallischer, britischer und irischer Herkunft.

Secundus Ordo (543–599)

Secundus Ordo Catholicorum presbyterorum. In hoc enim Ordine pauci erant Episcopi et multi presbyteri numero CCC.
Unum caput Dominum nostrum habebant; diversas missas celebrabant, et diversas regulas: unum Pascha quartadecima luna post aequinoctium, unum tonsuram ab aure ad aurem. Abnegabant mulierum administrationem, se-

Zweite Folge (543–599)

Zweite Folge katholischer Kleriker.
In dieser Folge nämlich waren wenige Bischöfe und viele Priester, 300 an der Zahl.
Sie hatten ein Haupt, unseren Herrn, zelebrierten nach unterschiedlichen Messordnungen und hatten verschiedene Regeln: ein (einheitliches) Osterfest am 14. Mond (-Tag) nach Frühlingsbeginn, eine Tonsur von Ohr zu Ohr. Sie verweigerten den

parantes eas a monasteriis.

Dienst von Frauen, separierten sie nach Klöstern.

Hic ordo per quaterna adhuc regna duravit, hoc est, ab extremis Tuathail, et per totum *p.293*. Diarmata Regis, regnum, et duorum Muredaíg nepotum, et Aedo filii Ainmerech. A Davide Episcopo et Gilla et a Doco Britonibus missam acceperunt.

Diese Folge hat auch jetzt vier Königsherrschaften lang gedauert, d.h. von dem zuletzt (genannten) Túathal, die gesamte Regentschaft des Königs Diarmait hindurch und der zwei Nachkommen Muredaig (?) und Áed, des Sohnes von Ainmuirech. Von den Briten Bischof David, Gilladas und Doc (Cadoc) erhielten sie die Messordnung.

Quorum nomina haec sunt: duo Finiani, duo Brendani, Jailaithea, Tuama, Comgallus, Coemgenus, Ciaranus, Columba, Cainecus, Eogenius, Mac Laisreus, Lugeus, Ludeus, Moditeus, Cormacus, Colmanus, Nesanus, Laisreanus, Barrindeus, Coemannus, Ceranus, Comanus, (Endeus, Aedeus, Byrchinus) et alii multi.

Ihre Namen (Namen der Heiligen) sind: zwei Finian, zwei Brendan, Jailaithea, Tuama, Comgallus, Coemgenus, Ciaranus, Columba, Cainecus, Eogenius, Mac Laisreus, Lugeus, Ludeus, Moditeus, Cormacus, Colmanus, Nesanus, Laisreanus, Barrindeus, Coemannus, Ceranus, Comanus, (Endeus, Aedeus, Byrchinus) und viele andere.

Tertius Ordo (599–665)

Tertius Ordo Sanctorum erat talis. Erant presbyteri sancti, et pauci Episcopi, numeruro centum:
qui in locis dersertis habitabant, et oleribus et aqua et eleemosynis (fidelium) vivebant, propria devitabant, et diversas regulas et missas habebant, et diversam tonsuram (alii enim habebant coronam, alii caesariem); et diversam solemnitatem Paschalem (alii enim Resurrectionem XIV. luna vel XVI., cum duris intentionibus, celebrabant).

Dritte Folge (599–665)

Die dritte Folge der Heiligen war diese: Es waren heilige Priester und wenige Bischöfe, 100 an der Zahl:
Sie wohnten in entlegenen Orten und lebten von Gemüse, Wasser und den Almosen der Gläubigen. Eigentum lehnten sie ab. Sie hatten verschiedene Regeln und Messordnungen, unterschiedliche Tonsur (die einen hatten nämlich eine Kronen(-tonsur), die anderen eine Haupthaar(-tonsur). (Sie hatten) eine unterschiedliche Osterfeier (die einen feierten die Auferstehung am 14. oder [die anderen] am 16. Mond(-tag) bei anhaltenden Spannungen.

Hi per quarterna regna vixerunt; hoc est Aeda Alain (qui tribus annis, pro cogitatione mala, tantum

Sie haben während der Herrschaft von vier Königen gelebt; das sind Áed Alain (der nach unsicherer

regnavit), et Domnail, et filiorum Mailcobi et Aida Slaine permixta tempora; et usque ad mortalitatem illam magnam perduraverunt.

Kenntnis nur drei Jahre lang geherrscht hat) und Domnall und [Herrschaft] der Söhne Máel Coba und Áed Sláine durch unruhige Zeiten.[107] Sie haben bis zu jener großen Sterblichkeit [der Pest] fortbestanden.

Haec sunt nomina eorum: Petranus Episcopus, Ultanus Episcopus, Colmanus Episcopus, Murgeus Episcopus, Aedanus Episcopus, Lomanus Episcopus, Senachus Episcopus – hi sunt Episcopi; – et alii plures. Hi vero presbyteri: Fechinus presbyter, Airendanus, Failanus, Comanus, Commianus, Colmannus, Ernanus, Cronanus; et alii plurimi presbyteri.

Das sind ihre Namen: Petranus Episcopus, Últan Episcopus, Colmanus Episcopus, Murgeus Episcopus, Aedanus Episcopus, Lomanus Episcopus, Senachus Episcopus. Dies sind die Bischöfe und andere mehr. Diese aber sind die Presbyter Fechinus presbyter, Airendanus, Failanus, Comanus, Commianus, Colmannus, Ernanus, Cronanus; und andere Presbyter mehr.

Nota, quod primus Ordo erat sanctissimus; secundus sanctus sanctorum (sanctior); tertius, sanctus. Primus sicut sol in fervore claritatis calescit; secundus sicut luna pallescit, tertius sicut (stella) aurora splendescit.

Bemerke, dass die erste Folge am heiligsten war; die zweite der Heiligen heiliger [als die dritte]; die dritte heilig. Die erste entbrennt wie die Sonne in der Glut der Klarheit; die zweite erblasst [leuchtet] wie der Mond, die dritte erglänzt wie (ein Stern) die Morgenröte.

Hos tres Ordines beatus Patricius, superno *op.294* oraculo edoctus, intellexit; cum in visione illa prophetica vidit totum Hibernam flamma ignis repletam, deinde montes tantum ardere, postea lucernas ardere in vallibus conspexit.

Diese drei Folgen hat der gesegnete Patrick, der in höherer Weissagung erfahren war, erkannt, als er in jener prophetischen Vision ganz Irland von Feuer erfüllt gesehen hat, dann nur die Berge brennen, hernach Lichter in den Tälern brennen gesehen hat.

(...) kennzeichnen Zusätze zum Verständnis

[...] kennzeichnen Textergänzungen

Dieser Katalog, wie schematisch er auch angeordnet ist, bietet einen groben, wenn auch subjektiv gefärbten Überblick über die Entwicklung der keltisch-irischen Kirche der ersten zwei Jahrhunderte von der Mitte des 5. bis zur Mitte des 7. Jhs. Er ist einige Jahrzehnte nach der Synode von Whitby geschrieben, als die römische Kirche in der Frage des Ostertermins den Sieg über die keltisch-irische Kirche davongetragen hatte. Dementsprechend werden die außerordentlichen Leistungen von Patrick, der in Zusammenarbeit mit zahlreichen Bischöfen aber letztlich vergeblich darum bemüht war, eine römische Bischofskirche aufzubauen, besonders hervorgehoben, während auf die Bedeutung der im 6. Jh. sich herausbildenden monastischen Kirche nicht eigens hingewiesen wird. Ebenso erfolgt die zeitliche Gliederung der drei gewählten Perioden etwas willkürlich; denn in dem Katalog wird in der ersten Folge der Heiligen der Einfluss Patricks auf die nachfolgende Entwicklung zeitlich stark ausgedehnt, während tatsächlich bald nach Patrick eine andere, viel mehr von der Mönchskirche Galliens und des Ostens geprägte Entwicklung eingesetzt hat.

Erhellend für die Rolle der Frau ist die Notiz in dem Dokument, dass in der keltisch-irischen Kirche die Frauen zumindest bis zur Mitte des 6. Jhs. im kirchlichen Dienst aktiv mitwirken durften. Diese wichtige Anmerkung lässt sich durch die Gründung von Nonnenklöstern, wie etwa von Kildare durch St. Brigid, von Killevey durch St. Monenna (Monínne) oder von Killeedy durch St. Ita, bestätigen.

Von herausragender Bedeutung für die zweite Periode ist der Hinweis auf die drei keltisch-britischen Kleriker David, Gildas und Cadoc (Docus). Diese drei Heiligen, die aus ursprünglich nördlich des Hadrianwalls ansässigen keltischen Familien stammten,[108] erreichten ihre größte Wirksamkeit im südlichen Wales und trugen zu einem intensiven theologischen Kontakt mit Irland u. a. durch den Austausch von Schülern und Lehrern bei. Hier ist der Einfluss von St. Gildas († um 570) aus dem von St. Cadoc gegründeten Waliser Kloster Llangarvan besonders erwähnenswert. Gildas wurde von König AIMIRE (Ainmuire) um 565 nach Irland eingeladen, um dort Unzulänglichkeiten im christlichen Glauben und Nachlässigkeiten im monastischen Leben einzelner Klöster abzustellen. Um diese Zeit, also etwa hundert Jahre nach dem Ableben von ST. PATRICK, schien das irische Christentum unter dem Einfluss des noch immer lebendigen Glaubens des Keltentums zu ermüden, ohne dass aber von einem Rückfall „zum Heidentum“ zu sprechen wäre. Gildas erfüllte den königlichen Auftrag, indem er einige Jahre im ganzen Land umherreiste, organisatorische Fragen der Kirche neu regelte und Kleriker in theologischen Fragen, insbesondere in der Trinitätslehre unterwies.[109]

Die dritte Folge erfährt ihren jähen Abschluss durch die Niederlage der keltisch-irischen Kirche im Streit um den Ostertermin auf der Synode von Whitby (664) im heutigen Yorkshire und durch die danach sich auch in Irland ausbreitende verheerende Pest, die wegen des Abkehrens von der Tradition der Väter von einigen Gläubigen als Strafe des Himmels angesehen wurde. In dieser Zeit setzte zunehmend die Gründung neuer Klöster an entlegenen Orten, insbesondere auf Inseln vor der Westküste des Landes, ein, um den betriebsamen Großklöstern zu entgehen und in der Abgeschiedenheit ein anachoretisches Leben anzustreben. Die römische Kirche gewann stärkeren Einfluss auf das religiöse Leben, und ihre Riten begannen sich mit den Gewohnheiten der altirischen monastischen Kirche zu vermischen.

Soweit die Ausführungen zu diesem aufschlussreichen Katalog der irischen Heiligen. Wir wollen uns nun einigen Heiligen der monastischen Kirche Irlands des 6. Jhs. und den von ihnen gegründeten Klöstern näher zuwenden. Dazu geben wir zunächst auf der folgenden Seite einen Überblick über berühmte Klöster, deren geografische Lage zum großen Teil auch auf der Überblickskarte des mittelalterlichen Irlands aufzufinden sind (Seite 98).

Laufende Nr./ Zeit der Gründung	Name des Gründers / der Gründerin (mit Todesjahr)	Name des Klosters (*irisch*)/ Lage, Provinz
1*/ um 490	Brigid (Naomh Brid) († ca. 525)	Doppelloster Kildare (*Cell-Dara*) / Meath
2*/ um 490	Énda mac Conaill († 530)	Killeany (*Cell-Enda*) auf Inishmore, Aran-Insel / Connacht
-----------------	--	--
3*/ um 490	Monenna (Moninne, Darerca) († ca. 517)	Nonnenkloster Killeevy (*Cell-Sléibhe-Cuillinn*) / Ulster
4*/ um 500	Buíte († ca. 520)	Monasterboice (*Mainister Buíte*) / Meath
5*/ um 500	Ita (Íte) († ca. 570)	Nonnenkloster Killeedy (*Clúain credal* oder *Cell-Íte*) von südlich Newcastel West / Munster
6/ nach 500	Ailby († 530)	Emly (*Imblech-Ibair*) westlich von Tipperary / Munster
7*/ 520	Finnián nac Findloga († ca. 550)	Clonard (*Clúaín Iráird*) / Meath
8/ um 520 (?)	Senán mac Geirrcin	Iniscathy (*Inis-Cathaig*) Scattery Island, Co. Clare / Munster
9/ um 525	Tigernach († 549)	Clones (*Clúain-eórs*) in Monaghan / Ulster
10*/ um 540	Finnian von Moville († ca. 589)	Moville (*Mag-bile*), Co. Down / Ulster
11*/ 548 (?)	Kieran (Ciaran mac int Shair) († ca. 549	Clonmacnoise (*Clúain-moccu-Nois*) am Shannon / Connacht
12/Mitte 6. Jh.	Brendan (Brénaind) († vor 600)	Birr (*Biorra*) / Leinster
13*/ Mitte 6. Jh.	Kevin (Coémgen) († 578?)	Glendalough (*Glenn-dá-locho*) / Meath)
14/ Mitte 6. Jh.	Molua (Mo Lúa moccu Óche († 609)	Killaloe (*Cell-da-Lúa*) am Lough Derg / Munster
15/ Mitte 6. Jh.	Rúadán ma Fergusa	Lorrha (Lothra) am Lough Derg / Munster
16*/ um 555	Comgall moccu Aridi († ca. 602)	Bangor (*Bend-chor*) / Ulster
17*/ um 560	Brendan (Brénaind) († ca. 570)	Clonfert (*Clúain-ferta*) / Connacht
18*/ 563	Columba (Columb-cille) († 597)	Iona (*Hi*)
19/ vor 580	Kenneth (Cainnech moccu Dállan) († um 600)	Aghaboe (*Achad-bó*) bei Kilkenny / Munster
20/ um 580	Caimin († 644?)	Inis Celtra, auch Holy Island (*Inis Cealtra*) am Lough Derg / Connacht

Ausgewählte irische Klostergründungen von 490 bis zum Ende des 6. Jhs. (nur ungefähre Zeitangaben; Nummer mit Zeichen* wird näher besprochen)

Von den hier zusammengestellten 20 Heiligen mit ihrem jeweils wichtigsten Kloster sind 12 mit dem Zeichen * gekennzeichnete Namen zur detaillierten Darstellung ausgesucht. Die Klöster werden nun nach äußeren Merkmalen folgendermaßen gruppiert:

I. Nonnenklöster, hier die von Frauen gegründeten Klöster. Das sind:
1* Kildare gegründet von Brigid, 3* Killeevy von Monenna, 5* Killeedy von Ita;

II. Klöster, deren Gründer Patrick unmittelbar nachfolgten:
2* Killeany auf Inishmore gegründet von Enda, 4* Monasterboice von Buíte;

III. Klöster, die durch Gründer und schulische Ausbildung eine große Ausstrahlung besaßen und weithin bekannt wurden:
7* Clonard begründet von Finnian, 10* Moville von Finnian (II), 11* Clonmacnoise von Kieran, 13* Glendalough von Kevin, 17* Clonfert von Brendan;

IV. Dazu gehören auch die zwei folgenden Heiligen mit ihren Klöstern, die außerdem noch wichtige Missionsaufgaben erfüllten:
16* Bangor, gegründet von Comgall und 18* Iona (Hy) von Columba.

Wir möchten auf die meisten der ausgewählten Heiligen und ihre Klostergründungen erst im nächsten Kapitel näher eingehen und zunächst die genannten Nationalheiligen St. Brigid von Kildare (1*) und St. Columba von Iona (18*) wegen ihrer herausragenden Bedeutung ausführlich behandeln. Beide werden dann später zusammenfassend nochmals gewürdigt.

1. Die Nationalheilige St. Brigid

Die lebendige Geschichte der Irischen Kirche mit ihren vielen Heiligen legt ein beredtes Zeugnis ab über die allgemeine Hochschätzung ihrer führenden Vertreter, die sich um ein tugendsames, heiliges Leben in der Nachfolge Jesu Christi bemühten. Die Verehrung konzentrierte sich vor allem auf die Orte des Wirkens der Heiligen und auf die überlieferten Sterbetage, die in den Heiligenkalender aufgenommen wurden. In Anbetracht der spärlichen schriftlichen Überlieferungen aus dem frühen Mittelalter wurden Einzelheiten aus dem Leben der Heiligen zunächst häufig mündlich weitergeben und im Laufe der Zeit vielfach mit weiteren, teils phantasievollen Details ausgeschmückt.

Derartige Wundererzählungen sind nicht einfach als naive Phantasiegebilde abzutun; vielmehr sind sie als Ausdruck des lebendigen Glaubens jener Zeit in Irland einzuschätzen. Seit Ende des 7. Jhs. bilden sie in den Hagiographien den hauptsächlichen Inhalt der Vitae. Hagiographien sind jene Schriften, die sich mit dem Leben und den Taten der Heiligen befassen sowie von den Wundern und Legenden erzählen, die sich um die Heiligen ranken. Derartige Schriften bedürfen nach historisch-wissenschaftlichen Kriterien stets einer kritischen Sichtung und Bewertung, werden jedoch den theologischen Werken des frühen Mittelalters durchaus zugeordnet. Sie sind für die Geschichte der frühen Irischen Kirche von großer Bedeutung, weil sie oft bis dato unbekannte Details aus dem Leben der Heiligen enthalten.

In der zweiten Hälfte des 7. Jhs. wurden die ersten Hagiographien für die drei Nationalheiligen Irlands geschrieben. Diese sind neben St. Patrick, dessen Leben und Werk bereits ausführlich dargestellt wurde, St. Brigid und St. Columba (oder Columcille), die nun gewürdigt werden sollen. In der folgenden Übersicht sind die Verfasser der Hagiographien zusammengestellt.

Nationalheilige (Lebensdaten)	**Jahr** der Hagiographie	**Verfasser**	**Zusammenhang**
(1) St. Brigid (ca. 450–525)	ca. 650	Cogitosus († 680)	in Verbindung mit Bischof Aed v. Slébte (Sletty)
(2) St. Brigid	nach 650	St. Últan v. Árd-mBrécain († ca. 660)	Bischof von Meath
(3) St. Patrick (ca. 390–463)	vor 700	Tirechán	Impuls von Últan
(4) St. Patrick	um 700	Muirchú	Impuls von Aed und Cogitosus
(5) St. Columba (ca. 521–597)	ca. 690	Adomnán († 704)	Abt von Iona

Übersicht: Hagiographische Schriften über die drei Nationalheiligen Irlands.

Beginnen wir mit St. Brigid (irisch *Naomh Bríd*) von Kildare (ca. 450–ca. 525), der wohl geheimnisvollsten Gestalt unter allen irischen Heiligen überhaupt, über deren Biographie und Wirksamkeit, anders als bei St. Patrick, keine eigenen Aufzeichnungen vorliegen. Zum Leben der Heiligen sind erst etwa anderthalb Jahrhunderte nach ihrem Tod zwei Schriften verfasst worden:

1. Die ältere Schrift stammt von Cogitosus. Sie trägt den Titel: *Vita Sanctae Brigidae* mit dem späteren Zusatz *Trias Thaumaturga*, der auf die „wundertätige Hl. Dreifaltigkeit" hinweist, die dieser *Vita* zufolge im Leben der Heiligen zu großer Wirksamkeit gelangt ist. Sie enthält vorzugsweise eine Sammlung von Wundern mit wenigen Anmerkungen zum Leben der Heiligen. Die Schrift wurde von Cogitosus († 680), *dem sündigen Nachkommen* (*engl.* „descentant") von Bischof Aed von Slébte (Sletty in Leinster), wie sich der Verfasser selbst bezeichnet,[110] im Kloster zu Kildare um das Jahr 650 geschrieben und ist somit das älteste hagiographische Werk Irlands überhaupt. Cogitosus gilt als geistlicher Vater oder spiritueller Führer von Muirchú, der um das Jahr 700 eine *Vita S. Patricii* verfasste (s. Übersicht 4.1). Die Schrift ist in ca. 60 Abschriften

erhalten; sie wurde erstmals im Jahr 1647 in Louvain (Belgien) im lateinischen Original herausgegeben.[111]

2. Eine zweite, ähnlich gestaltete Schrift mit dem gleichen Titel *Vita Sanctae Brigidae* – wobei später den beiden Schriften noch die falsche Nummerierung *Secunda* bzw. *Prima* gegeben wurde – wird St. Últan († ca. 660), Bischof von Ardbreccan (Ard-mBrecáin) in Meath, zugeschrieben. Das Werk ist in ca. 25 Abschriften erhalten; die älteste Hs. ist um 850 geschrieben.[112] Der Verfasser St. Últan von Meath war der geistliche Lehrer von Tírechán, der vor 700 über das Leben von St. Patrick geschrieben hatte. Offenbar waren sich Cogitosus und Últan über die geistliche Nähe Brigids zu Patrick einig und gaben entsprechende Impulse, sich näher mit dem Leben von St. Patrick zu beschäftigen, an ihre Schüler weiter (s. Übersicht).

Der Anlass für die Niederschrift der beiden *Vitae* über Brigid könnte kirchenpolitischer Art gewesen sein. Offenbar sollte zu dieser Zeit die Bedeutung von Brigids Kloster besonders hervorgehoben werden, wird es doch bereits im Vorwort von Cogitosus als *Haupt beinahe aller irischen christlichen Kirchen mit der Vorherrschaft über alle Klöster der Iren* bezeichnet.[113] Tatsächlich spielte es im kirchlichen Leben Irlands im 7. Jh. als Wallfahrtsort eine herausragende Rolle, wie aus der *Vita* von Cogitosus hervorgeht:

> *Wer kann die Massen und zahllosen Menschen zählen, die aus allen Provinzen hinströmen, einige wegen des reichlichen Festessens, andere wegen der Heilung ihrer Beschwerden, andere um den Festzug der Massen zu beobachten, andere wiederum mit großen Geschenken und Gaben, um der feierlichen Zelebrierung von Saint Brigid beizuwohnen. Sie ist befreit von Sorge, befreit von der Last des Fleisches und ist dem Lamm Gottes in die himmlischen Wohnungen gefolgt, als sie am 1. Tag des Monats Februar eingeschlafen ist.*[114]

Dieser Tag, der 1. Februar eines Jahres, schloss an das Fest *Imbolc* an, das in vorchristlicher Zeit nach der dunklen Zeit des Winters als

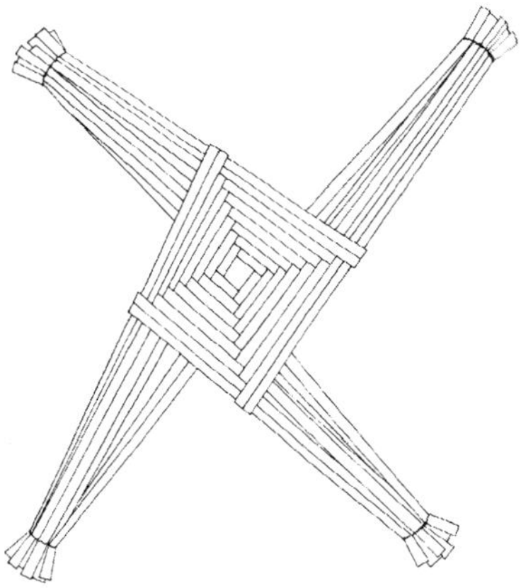

Das aus Binsen geflochtene St. Brigid-Kreuz.

ein rituelles Licht- und Reinigungsfest zum keltischen Frühlingsanfang gefeiert wurde. Der 1. Februar wurde als der nunmehr der Heiligen Brigid gewidmete Festtag am Vortag von Maria Lichtmess mit neuem Leben erfüllt[115] und in den christlichen Festtagskalender aufgenommen, wodurch dieses keltische Jahreszeitenfest im Übergang der „Nacht" zum „Morgen" überleben konnte. Charakteristisch für das Brauchtum war der Ritus der *durchwachten Nacht*, der kalendarisch genau festgelegten Nacht, an der alle teilnahmen, um durch bestimmte Rituale einen Schutz für die Menschen vor bösen Mächten aufzubauen. Ursprünglich wurde in dieser Nacht in ländlichen Gegenden die Rückkehr der keltischen Göttin Brigit gefeiert. In christianisierter Form wurde im Hauskult zum Schutz des Hauses eine Strohpuppe hergestellt oder aus Binsen ein St. Brigid-Kreuz angefertigt, um das zuvor gereinigte Haus vor Sturmschäden und anderen Gefahren zu schützen.[116] Dieses Kreuz soll St. Brigid zuerst für ihren sterbenden Vater geflochten haben, um ihm die christliche Botschaft nahezubringen.

Es war ursprünglich eine Swastika (d. i. ein altindisches Sonnen- und Fruchtbarkeitszeichen), die im Kult der Göttin Brigit Symbol für die Sonne und für die Zunahme von Licht und Wärme war. Im keltischen Glauben hat das göttliche Feuer, welches das Leben bringt und erhält, denselben kosmischen Ursprung wie die Sonne.[117] So liegt dem Kreuz von St. Brigid letztlich ein uraltes Sonnensymbol zugrunde.

Bereits hier fällt die Nähe der christlichen Heiligen zur keltischen Göttin Brigit ins Auge. Es wurde sogar vermutet, dass charakteristische Züge der keltischen Gottheit BRIGIT auf ST. BRIGID übertragen wurden, um die zu jener Zeit noch fortwährende Lebendigkeit der keltischen Religion für das Christentum fruchtbar zu machen. Bereits der Name der Heiligen erinnert an den Namen der heidnischen Göttin BRIGIT (oder Brighid), der „Hoheit" oder „Erhabenheit" bedeutet. Brigit ist die große Muttergöttin der Inselkelten, Tochter des höchsten Gottes DAGDA innerhalb des *Tuatha Dé Danann*, des keltischen Pantheon im vorchristlichen Irland. Verwandte Züge zur Muttergöttin sind in zahlreichen keltisch geprägten Bräuchen von ST. BRIGID unverkennbar, die gegen Ende des 5. Jhs., als der römisch-katholische Einfluss von Britannien und Gallien merklich nachließ, stärker hervortraten.

Folgen wir nun einzelnen Stationen im Leben von ST. BRIGID und geben dabei besonders auf keltische Einflüsse acht. Den genannten *Vitae* zufolge hat die keltische Umgebung von Anfang an den Lebensweg von Brigid beeinflusst. Sie wurde um das Jahr 450 in Foughart (Forchart) bei Dundalk (Co. Louth) als Tochter des keltischen Prinzen DUBTACH von Leinster in der Sippe der Echtech und seiner christlichen Dienerin BROCCA (Broiceseach) geboren. Von Dubtachs eifersüchtiger Frau soll sie bald nach der Geburt an die Familie eines druidischen Priesters verkauft und von diesem erzogen worden sein. Dort soll sie von einer Kuh mit roten Ohren ernährt worden sein, weil sie keine andere Nahrung vertrug. Nach keltischer Überlieferung sind rotohrige Kühe übernatürlichen Ursprungs. Die Farbe rot weist auf Macht hin; dementsprechend geben Kühe mit roten Ohren besonders viel Milch.[118]

Von Geburt an wurde Brigid als heilig angesehen. Bereits im kindlichen Alter galt sie als besonders selbstbeherrscht und tugendsam und zeigte sich barmherzig gegenüber den Armen und Kranken. Jede mildtätige Gabe vermehrte sich, wie etwa Butter, die, so viel sie auch davon an die Armen ausgab, ihr auf wunderbare Weise wieder ersetzt wurde.[119]

Am Ende des Mädchenalters oder schon als junge Frau wurde sie vermutlich von St. Patrick getauft.[120] So schreibt der Heilige in seiner *Confessio* über eine Taufe, die auf Brigid zutreffen könnte:

„Et etiam una benedicta scotta genetiua nobilis pulcherrima adulta erat quam ego baptisavi et post paucos dies una causa venit ad nos insinuavit nobis responsum accepisse a nuntio dei et monuit eam ut esset virgo xristi et ipsa deo proximaret."

Und da war auch eine gesegnete Irin, von edler Abstammung, überaus schön, eben erwachsen, die ich getauft habe. Nach wenigen Tagen kam sie aus einem (bestimmten) Grund zu uns und teilte uns mit, dass sie eine Botschaft von einem Boten Gottes erhalten hätte, und er wies sie an, eine Jungfrau Christi zu werden und so in die Nähe Gottes zu kommen.[121]

Verweilen wir noch kurz bei diesem Text von St. Patrick, den der Heilige nur wenige Jahre vor dem Ende seines Lebens geschrieben hat. Patrick spricht hier von einer gesegneten irischen Adligen, die er getauft habe und die ihm bald danach mitteilte, sie habe sich aufgrund einer göttlichen Botschaft zu dem Leben einer „Jungfrau Christi" entschlossen. Brigid mag bei diesem Entschluss etwa 14 Jahre alt gewesen sein. Das war zu dieser Zeit durchaus ein heiratsfähiges Alter.

Lassen sich hieraus Rückschlüsse auf die Lebensdaten der beiden Heiligen ziehen? Das angenommene Alter von Brigid von 14 Jahren würde bedeuten, dass entweder St. Brigid vor dem Jahr 450 geboren wurde oder St. Patrick erst einige Jahre nach 460 gestorben ist. In den späteren *Annalen* irischer Klöster wird als Datierungen vermerkt: St. Brigid sei zwischen 439 und 456 geboren[122] und St. Patrick zwischen 461 und 489, oder sogar erst 496, gestorben[123]. Ist Patrick vielleicht im Jahr 463 gestorben (Variante 1) und hat er seine „Confessio" etwa zwei, drei Jahre zuvor geschrieben, dann ist Brigid um das Jahr 445 geboren. Ist Brigid jedoch um das Jahr 450 geboren (Variante 2), dann ist Patrick erst nach 465 gestorben.

Variante 1	**Variante 2**
Patrick ca. 463 gestorben dann ist Brigid ca. 445 geboren	Brigid ca. 450 geboren dann ist Patrick nach 465 gestorben

Rückschlüsse auf die Lebensdaten von St. Patrick und St. Brigid unter der Annahme, dass Patrick die Heilige getauft hat.

Die Annahme der Taufe Brigids durch Patrick wird noch von der Überlieferung gestützt, dass sich beide gut gekannt haben sollen. So soll Brigid dem Heiligen von ihren Träumen erzählt und ihre Vision von der Zerstörung der keltischen Kirche, die allerdings erst Jahrhunderte später erfolgte, mitgeteilt haben.[124] Aus dem „Book of Armagh" erfahren wir von der heiligen Freundschaft zwischen beiden Heiligen:[125]

„Inter sanctum Patricium Brigitanque Hibernesium columnas amicitia caritatis inerat sancta, ut unum cor consiliumque haberent unum.
Christus per illum illamque virtutes multas peregit."

Zwischen St. Patrick und Brigid, den Säulen des irischen Volkes, bestand eine heilige Freundschaft der Liebe, wie wenn sie nur ein Herz und einen Plan hätten.
Durch ihn und durch sie hat Christus viele große Werke ausgeführt.

Ihren Entschluss, Nonne zu werden, teilte Brigid unserer Auffassung nach bereits dem Heiligen Patrick mit. Ob sie sich dann einem bereits bestehenden Konvent anschloss, ist nicht bekannt, aber doch anzunehmen. Einige Jahre später, dann wohl nach dem Ableben von Patrick, wurden ihr von Bischof Mac Caille, einem Schüler Patricks, in der Erteilung der Profess der Schleier und das weiße Gewand der Nonne überreicht. Vom heiligen Ritual der Ewigen Profess berichtet Cogitosus:[126]

Sie berührte mit ihrer Hand das hölzerne Piedestal des Altars.
Das Holz schlug daraufhin aus und grünt bis zum heutigen Tag.

Etliche Jahre vor 500, etwa um das Jahr 490, ließ sich St. Brigid im heutigen County Kildare in der Ebene des Liffey-Flusses nieder, um für sich und ihre Mitschwestern ein Kloster zu gründen. Davon handelt eine immer wieder erzählte Wundergeschichte. BRIGID ging zum König von Leinster, um ihn um ein Stück Land, das ihr für den Bau ihres Klosters besonders geeignet erschien, zu bitten. Der König lehnte ab, willigte aber schließlich in ihren für einen Scherz gehaltenen Vorschlag ein, ihr so viel Land zu überlassen, wie ihr schwarzer Mantel bedecken würde. Doch wie sehr erstaunte der König, als er sehen musste, wie nach einem Gebet der Heiligen zu Gott der Mantel sich auszubreiten begann und bald eine große Fläche Land bedeckte.[127] Doch musste der König sein Wort halten.

So konnte ST. BRIGID an einem ehemals heiligen Platz der Druiden das Kloster von Cill-Dara oder Kildare (d. i. Kirche im Eichenhain) als ein in sich getrenntes Doppelkloster für Nonnen und Mönche und damit das erste Frauenkloster Irlands überhaupt gründen. Außerdem wurde für das Kloster eine große Kirche (basilica maxima) erbaut. Nach dem Bericht von Cogitosus trennte in der Kirche eine Mauer Mönche und Nonnen. Die Altäre befanden sich an der Ostseite des Gebäudes, und die Außenwände wurden durch kleine viereckige Fenster unterbrochen.[128]

Mit der einzigartigen Stellung und Wirksamkeit als Äbtissin ihres sich rasch entwickelnden Klosters verhalf sie den irischen Nonnen neben den bis dahin dominierenden Klosterbrüdern und Heiligen zu einem ebenbürtigen Rang. Damit änderte sich in der frühen irischen Kirche allmählich grundlegend die Geltung der Stellung der Frau. Brigid gab das überragende Beispiel einer selbstbewussten religiösen Frau ab, dem bald andere junge Frauen aus angesehenen Familien folgten.[129] In kluger Voraussicht bewältigte sie die Verwaltungsaufgaben innerhalb und außerhalb des Konvents, überwachte den klösterlichen Wirtschaftsbereich und traf in allen Einzelheiten Vorsorge für das Wohl und Seelenheil ihrer Schwestern im Konvent.[130]

Ihr zur Seite stand der zuvor als Einsiedler lebende CONLETH (Conlead) (†519), den Brigid als geeignete christliche Persönlichkeit zum Bischof weihen ließ. Er übernahm die Leitung des Männerklosters, so dass das Doppelkloster gemeinsam von der Äbtissin und dem Bischof geführt wurde. Conleth war zudem ein hervorragender Künstler der Metallbearbeitung. In Kildare gründete er eine der keltischen Tradition folgende Schule für Metallarbeiten, in der heilige Gefäße für den liturgischen Gebrauch entstanden, und ein scriptorium, in dem biblische Handschriften abgeschrieben und ausgemalt wurden.

An den Aktivitäten von St. Brigid wird besonders deutlich, wie die ersten Heiligen Irlands einzelnen religiösen Bräuchen der Kelten eine christliche Sinngebung zu erteilen suchten. Keltische religiöse Rituale wurden in die christliche Liturgie integriert und blieben so ohne Verbot vonseiten der christlichen Kirche weiter über Jahrhunderte bewahrt. Für diese besondere Form der Christianisierung Irlands bietet die Anlehnung von St. Brigid an die keltische Muttergöttin Brigit ein herausragendes Beispiel.

So setzte die Heilige in Kildare den Kult des *Ewigen Feuers* der keltischen Göttin Brigit fort. Das Feuer, abgeleitet von der kosmischen Urquelle Sonne, galt den Kelten als das eigentliche Lebenselement, so wie die bewegte Flamme Symbol des Lebens ist. Der Rangordnung nach das höchste der vier klassischen Elemente Erde, Luft, Wasser und Feuer, war es das eigentliche Attribut der Göttin Brigit. Dem unentwegt unterhaltenen rituellen Feuer wurde eine reinigende Kraft zuerkannt; demgemäß durfte es nur von Jungfrauen, im religiösen Kult von Kildare als Heiliges Feuer nur von Nonnen gehütet werden. Dort soll es rund 1000 Jahre bis zur Aufhebung des Klosters durch Heinrich VIII. (1509–1547) gebrannt haben.

In Kildare blieb das Heilige Feuer hinter einer dichten Weißdornhecke verborgen. Sie sollte besonderen Schutz bieten; denn der Weißdorn scheint mit seinen Dornen undurchdringlich zu sein und galt mit seinen weißen Blüten im keltischen Baum-Alphabet als Symbol für Keuschheit und Reinheit.[131] Eine derartige Hecke, auch als „Druidenhecke“ bezeichnet, wird in einem zauberischen Wettkampf eines Druiden mit dem dritten Nationalheiligen Irlands St. Columba erwähnt und dort als ein magisches Hindernis eingesetzt.[132]

Von den keltischen, häufig auf natürliche Gegebenheiten bezogenen religiösen Bräuchen zu überlieferten Wundergeschichten aus dem frühen, noch keltisch beeinflussten Christentum ist es nur ein kleiner Schritt. Noch immer spielt die lebendige Natur eine wichtige Rolle, doch nun ist der Bezug auf den einen Gott stets gegenwärtig. In den Wundern manifestiert sich für den Gläubigen die Kraft Gottes. Cogitosus schreibt dazu: *Alle Dinge sind jenen möglich, die glauben*[133], entsprechend dem Wort Jesu im Evangelium nach Johannes: *Wer an mich glaubt, wird die Werke, die ich vollbringe, auch vollbringen, und er wird noch größere vollbringen.* (Joh 14,12)

Aber ebenso deutlich hebt Cogitosus in den wunderbaren Handlungen von St. Brigid mit den Werken des Schöpfers ihren Naturbezug hervor, wenn er über die Heilige schreibt:

> *Durch die sichtbaren Kreaturen pries sie den unsichtbaren Schöpfer aller Dinge, für den alle beseelten Dinge Subjekt sind und für den alle Dinge leben, so wie es in der Rezitation des Gottesdienstes gesagt wird. Aus all dem geht deutlich hervor, dass alles in der Natur, wilde Tiere, Vieh und Vögel, ihrer Macht untertan war.*[134]

So konnte alles, was St. Brigid unternahm, gut gedeihen.

Ihre gläubige Achtsamkeit gegenüber der Schöpfung zeigte sich besonders in Brigids einfühlsamen Umgang mit Kühen, die sich der Heiligen willig fügten. So wird von einer Wunderkuh berichtet, die Brigid so viel Milch gab, wie die Heilige es wünschte, so dass sie jedes Gefäß damit füllen konnte. Cogitosus berichtet über einen überraschenden Besuch von Bischöfen bei Brigid, die Heilige aber nicht genug zu essen für sie hatte:[135]

> *Da kam ihr Gottes vielfältige Kraft in ihrem Überfluss wie gewöhnlich zur Hilfe, so wie Brigids Not es erforderlich machte. Sie melkte ein und dieselbe Kuh im Gegensatz zur üblichen Praxis dreimal am Tag –*

und dies zum Erstaunen aller.

Dazu ist noch anzumerken, dass im keltischen Glauben die Kuh als besonderes Attribut der Muttergöttin gegolten hat, hier also dieses Merkmal der keltischen Göttin Brigit auf St. Brigid übertragen ist.

St. Brigid vertrat in ihrem Leben in achtsamer Weise die christlichen Tugenden, wie Demut, Erbarmen und Nächstenliebe. Als junge Frau hat sie das Ansinnen der Verwandtschaft, sie zu verheiraten, zurückgewiesen und die monastische Tugend der Jungfräulichkeit beherzigt. In der Vita beschreibt Últan ihre Reaktion mit den Worten:[136]

> sie würde eher vorziehen, ihr leibliches Auge zu verlieren als das der Seele; und sie liebte die Schönheit der Seele mehr als die des Körpers *[magis elegit oculum perdere corporalem, quam animae; et plus amavit pulchritudinem animae quam corporis]*.

Die große Verehrung der Heiligen in Irland rührt letztendlich daher, dass sie in einen engen Zusammenhang mit der Gottesmutter Maria gebracht und als *Maria der Gälen* bezeichnet wurde. Diese Verknüpfung hing sicherlich mit dem keltischen Glauben an die Reinkarnation zusammen. In diesem in der frühen irischen Christenheit noch lebendigen Glauben wurde in Brigid die wiedergeborene Maria gesehen. Diese gläubige Ehrerbietung gegenüber St. Brigid ist selbst für die irisch-christliche Volksfrömmigkeit ungewöhnlich. In dieser Gläubigkeit ist der gewöhnliche Ablauf aufeinander folgender Ereignissen in der üblichen Abfolge von Vergangenheit, Gegenwart und Zukunft aufgehoben. Auf der spirituellen Ebene der Wirklichkeit erscheinen die Geschehnisse in einer anderen zeitlichen Dimension. Die Vergangenheit ist nicht wirklich vergangen und im religiösen Glauben weiterhin präsent. Dann wird auch die Wiederkehr Marias in St. Brigid plausibel, nicht in der Wesensgleichheit, aber doch in einigen mehr äußerlichen Grundzügen. So wurde Brigid auf einer Synode in Irland von einem dort anwesenden Bischof für die Jungfrau Maria gehalten, die er in einem Traum zuvor erblickt hatte. Bei der Ankunft Brigids auf der Kirchenversammlung soll der Bischof ausgerufen haben: „Das ist Maria, die ich geschaut habe, weil ich ihre Gestalt genau erkenne.“[137]

Die Deutung von BRIGID als Maria der Gälen wurde zudem noch von einer zeitgenössischen theologischen Lehre begünstigt. Zu der Zeit, als BRIGID ihre segensreiche Tätigkeit ausübte, erreichte Irland die Lehre des NESTORIUS († 451), des früheren Bischofs von Konstantinopel. NESTORIUS hatte sich gegen den aufblühenden Kult, die Jungfrau MARIA als Gottesmutter zu verehren, gewandt. Er vertrat die Überzeugung, JESUS habe nicht allein eine göttliche, sondern ursprünglich auch eine menschliche Natur. Maria sei daher nicht als Gottesgebärerin (*Theotókos*), sondern als Christusgebärerin (*Christotókos*) anzusehen. Maria wurde von Nestorius als die heilige Frau gesehen, die den Menschen JESUS gebar, in dem dann der göttliche Logos inkarnierte. Zwar wurde diese Lehre auf dem Konzil von Ephesos im Jahr 431 als häretisch verurteilt, jedoch in Irland nicht verworfen. In der irischen Volksfrömmigkeit wurde ST. BRIGID als wiedergeborene Gottesmutter MARIA wahrgenommen mit nachvollziehbaren menschlichen Zügen.

Einer anderen die Inkarnation beachtenden Annahme zufolge wurde in ST. BRIGID eine wiedergeborene Zeitgenossin Marias erkannt. Nun wurde sie in der irischen Volksfrömmigkeit für die inkarnierte Tochter jenes Wirtes gehalten, der die Hl. Familie nicht in sein Haus ließ. Die Tochter steht dann Maria im Stall bei der Geburt des Jesus-Kindes bei und wird die Amme des heiligen Kindes.[138]

Von einer Hebamme oder Amme in diesem Zusammenhang ist in der Heiligen Schrift nirgendwo die Rede. Wurde zu dieser Zeit in Irland vielleicht noch aus anderen Schriften das christliche Heil verkündet? So wird in dem apokryphen Evangeliums des JAKOBUS, möglicherweise eines Sohnes des hl. JOSEF aus erster Ehe, davon berichtet, dass Josef für das Jesus-Kind eine Hebamme fand:[139]

Josef sprach zur Hebamme: „Maria ist meine Verlobte, aber sie hat vom Heiligen Geist empfangen, nachdem sie im Tempel des Herrn aufgezogen wurde“ Und die Hebamme ging mit ihm. (Danach) sprach die Hebamme: „Erhoben ist meine Seele, heute, da meine Augen Wunderbares geschaut haben, heute, da Israel das Heil geboren ist.“

Die Tätigkeit von St. Brigid war überaus erfolgreich. Kildare besaß als ein Zentrum für das religiöse Leben und der Kunst bereits zu ihrer Lebzeit eine große Anziehungskraft für Gläubige, für Studierende und für Verehrer der Heiligen, so dass sich das Kloster immer mehr vergrößerte und zu einer Domstadt anwuchs. In dem Scriptorium wurde das prächtig ausgemalte „Book of Kildare“ hergestellt, das vermutlich mit der Aufhebung des Klosters durch die englische Invasion Anfang des 16. Jhs. vernichtet wurde. Von Kildare aus wurden etliche neue Töchterklöster gegründet. So entstand ein Klosterverband mit der Mutterkirche, eine Parochie (paruchia), ohne dass diese einen eigenen Orden gebildet hätten. St. Brigid wurde schließlich als die Generaloberin der irischen Klöster angesehen.

Sie starb um das Jahr 525 und wurde neben Bischof Conleth in einem Grabmal am Altar der großen Kirche bestattet. Ihre Gebeine sollen gegen Ende des 12. Jhs. neben St. Patrick in der Kathedrale von Downpatrick südlich von Belfast beigesetzt worden sein. Von der späteren Verehrung der Heiligen legen noch zahlreiche Kirchen, Schreine und heilige Brunnen, die ihren Namen tragen, Zeugnis ab. Bis heute ist Kildare am 1. Februar eines Jahres Ziel vieler Wallfahrer geblieben. Vor wenigen Jahren erst wurde ein neuer Pilgerweg eingerichtet, der von Brigids Schrein und Quelle (Brigid's well) in Nähe ihres Geburtsortes auf Foughart Hill (Co. Louth) über den alten Sitz der irischen Hochkönige Tara nach Kildare führt. Seit 2012 findet nun alljährlich zu Beginn des Sommers eine organisierte Pilgerwanderung statt.[140]

Es haben sich zahlreiche Gebete und Gedichte aus früheren Jahrhunderten erhalten, die Brigid gewidmet sind. Darunter findet

Kathedrale von Kildare, die wohl an der Stelle der ehemaligen Abtei von St. Brigid steht, und Rundturm.

sich auch ein Gedicht, das von einer humorvollen Frau Kunde gibt. Wir stoßen hier auf ein seltenes Beispiel dafür, dass auch Humor und Lachen zum christlichen Zeugnis gehören.[141] Aus diesem St. Brigid zugeschriebenen Gedicht über ein himmlisches Bierfest seien die folgenden Verse zitiert:

Ich möchte einen großen See von Bier haben
für den König der Könige;
ich möchte die ganze Familie des Himmels
daraus trinken sehen in alle Ewigkeit;

Ich möchte die Männer des Himmels
in meinem Haus zu Gast haben;
große Fässer des Friedens
möchte ich ihnen anbieten;

Ich möchte austeilen
aus den Gefäßen der Liebe;
ich möchte Krüge der Gnade haben
für die ganze Gemeinschaft;

Ich möchte die drei Marien sehen,
die glorreichen, allseits bekannten;
ich möchte das Volk des Himmels da haben
von allen Ecken und Enden.[142]

Die gläubige Verehrung der Heiligen in Irland ist bis heute lebendig geblieben. St. Brigid-Kreuze werden noch immer zum Schutz vor Unwetter und anderen Gefahren besonders in Häusern der westlichen Landesteile aufgehängt, und noch immer wird sie zum Schutz und Beistand angerufen, so wenn die folgenden Verse gesprochen werden:

Brigid, Tochter Dugalls des Braunen,
Brigid der Mäntel, des Torfhaufens, der geflochtenen Zöpfe,
Brigid der Weissagungen ...
Brigid, eigener Haarzopf Mariens, Nährmutter Christi,
jeden Tag und jede Nacht, in der ich St. Brigids Herkunft spreche,
werde ich nicht getötet, nicht verwundet, nicht beraubt werden,
nicht wird mich die Sonne, das Feuer verbrennen,
nicht wird mich das Wasser, der Sumpf ertränken ...
nicht wird der Nachtmahr, der Schwarzschlaf,
der Zauberschlaf auf mir liegen
ich bin unter dem Schutze meiner heiligen Maria
und meine geliebte Gefährtin ist Brigid.[143]

Eine Würdigung von St. Brigid in Versform, vermutlich von Bischof St. Últan geschrieben, ist in rudimentärer Form als ein „Abecedar“ erhalten. Dabei handelt es sich um einen Hymnus mit drei Strophen, die hier mit den drei aufeinander folgenden Buchstaben X, Y, Z beginnen und vier Langzeilen mit je 16 Silben besitzen. Wir zitieren den Text in der lateinischen Fassung[144] und anschließend in einer deutschen Übersetzung.

Xristus in nostra insula, quae vocatur Hibernia,
Ostensus est hominibus maximis mirabilibus,
Quae perfecit per felicem caelestis vitae virginem,
praecellentem pro merito magno in mundi circulo

Ymnus iste angelicae summeque sanctae Brigitae
fari non valet omnia virtutum mirabilia,
quae nostris nunquam auribus si sunt facta, audivimus,
nisi per istam virginem Mariae Sanctae similem.

Zona sanctae militae sanctos lumbos praecingere
haec consuevit diurno nocturno quoque studio.
Consummato certamine sumpsit palmam victoriae
refulgens magno splendore ut Sol in caeli culmine.

Christus auf unserer mit Hibernia benannten Insel,
hat sich den Menschen mit ausnehmend großen Wundern gezeigt,
vollbracht durch die gesegnete Jungfrau von himmlischem Leben,
die sich äußerst verdienstvoll hat auf dem Erdkreis hervorgetan.

Dieser Hymnus für die engelhaft höchste heilige Brigid
vermag nicht alles Wunderbare der Vorzüge zu sagen,
das, wenn geschehen, wir niemals hörten mit eigenen Ohren,
außer durch die der Heiligen Maria ähnlichen Jungfrau.

Mit Gürtel des frommen Tuns die heilige Lenden umgürten,
daran war sie mit Eifer gewohnt am Tage wie auch des Nachts.
Im vollbrachten Wettstreit hat sie die Palme des Sieges erlangt,
strahlend in großem Glanz wie die Sonne am Gipfel des Himmels.

3. Der Nationalheilige St. Columba (Columcille)

Der dritte Nationalheilige Irlands *St. Columba* (ca. 521–597), von dem nun die Rede sein soll, wurde rund 60 Jahre nach dem Ableben von St. Patrick geboren und war wenige Jahre alt, als St. Brigid starb. Den Lebensdaten nach haben also diese irischen Nationalheiligen Columba nicht unmittelbar beeinflusst, wie sie ebenso kaum ein nachahmenswertes Vorbild für ihn sein konnten. Die Erinnerung an Patrick setzte erst mit den von Tirechán und Muirchú geschriebenen *Vitae* um 700 ein, also erst hundert Jahre nach der Lebenszeit von Columba, und von St. Brigid hätte Columba zwar Kenntnis erhalten können, doch Einzelheiten über ihr Wirken waren ihm vermutlich kaum bekannt. Denn auch über Brigid wurden die ersten *Vitae* erst lange nach seinem Tod geschrieben.

In einigen äußeren Merkmalen sind die Biographien von Patrick und Columba deutlich konträr zueinander verlaufen: Patrick stammte aus Britannien, war der gehobenen Mittelschicht zugehörig und litt unter seiner mangelnden Bildung. Dagegen war Columbas Heimat Irland; er gehörte einem Clan des Hochadels an und genoss eine ausgezeichnete Bildung, wodurch er bereits in seiner Jugend zu einem selbstbewussten Menschen geformt wurde. Doch finden sich auch überraschende Übereinstimmungen in ihren Lebensgeschichten: Beide Heilige verließen ihre heimatliche Umgebung, um auf der jeweils anderen Seite der Irischen See in einem fremden Land zu missionieren. Und beide waren bei dieser großen Aufgabe von der Liebe und Gerechtigkeit Gottes beseelt, aber auch in ihrem Herzen von der Sehnsucht nach ihrem Heimatland erfüllt.

St. Columba hat selber Verse über seine Heimat *Erin* – gälisch für Irland – hinterlassen. Doch die meisten Gedichte, die seine Sehnsucht nach Irland zum Ausdruck bringen, sind zu späterer Zeit von anderen verfasst und wurden dem Heiligen nur zugeordnet. Hier seien als Beispiel von Columbas eigener Dichtkunst Verse wiedergegeben, die er als Abt seines Klosters auf der Insel Iona vor der Küste von Alba (heute: Schottland) verfasst hat. Sie

Nationalheilige Irlands	**Lebensdaten**
St. Patrick	ca. 390–ca. 463
St. Brigid	ca. 450–ca. 520
St. Columba	ca. 521–597

Übersicht: Ungefähre Lebensdaten der drei Nationalheiligen Irlands.

sprechen von seiner inneren Zerrissenheit in der Fremde wie auch von seiner Sehnsucht nach seinen irischen Klöstern in Durrow (Provinz Leinster) und Derry (Provinz Ulster):

„*My heart is broken in two for love of my beautiful land. If death should suddenly take me, the cause of grief is my home.*	„Gebrochen ist mein Herz in zwei Teile aus Liebe für mein schönes Land. Wenn der Tod mich plötzlich nehmen würde, die Ursache des Grams ist meine Heimat.
If all Alba were mine, from its centre out to its coast, I would gladly exchange it for a field in a valley of Durrow or Derry.	Wenn auch ganz Alba mein wäre, von der Mitte bis zu seiner Küste, würde ich es frohen Sinnes eintauschen für ein Feld in einem Tal von Durrow oder Derry.
Carry westwards my blessing, to Eire carry my love. Yet carry also my blessing east to the shores of Alba." [145]	Trage westwärts meinen Segen nach Irland, trage meine Liebe. Doch trage meinen Segen auch nach Osten zu den Küsten von Alba."

Noch 500 Jahre später sind Verse geschrieben, von denen man meinen könnte, Columba wäre der Verfasser gewesen. Denn darin wird Comgall († 603) erwähnt, mit dem der Heilige befreundet war und der das Kloster Bangor (Provinz Ulster) östlich vom heutigen Belfast gegründet hat. Außerdem wird in dem Gedicht *Navan*,

der Königssitz von Ulster in der Nähe von Armagh, angeführt. Daraus seien die folgenden Verse zitiert:[146]

Ein graues Auge gibt es,
das wird auf Erin zurückschauen,
nie wieder wird es erblicken
die Männer Erins und seine Frauen.

Ich spanne meinen Blick über das Meer
von den festen eichenen Bohlen,
viele Tränen sind in meinen klaren, sanften, grauen Augen,
wenn ich auf Erin zurückschaue.

Mein Gemüt ist auf Erin gerichtet,
auf Loch Lene, auf Linny,
auf das Land, wo Ulstermänner sind,
auf das sanfte Munster und auf Meath.

Trag meine Grüße dahin
zu Comgall des ewigen Lebens,
trag meine Grüße dahin
zum erlauchten König des schönen Navan.

Was bedeutet dieser *Abschiedsgruß von ColumCille*? Was hat es mit seiner Sehnsucht nach Erin, der geliebten Heimat, auf sich? Zur Beantwortung dieser Fragen wollen wir uns nun mit der Lebensgeschichte von St. Columba beschäftigen und einige biographische Stationen näher betrachten.

Die älteste *Vita* über Columba wurde von Adomnán († 704), einem seiner Nachfolger als Abt von Iona, etwa hundert Jahre nach dem Tod des Heiligen geschrieben. Sie gilt als das einzige hagiographische Werk, das einige historisch glaubwürdige Details über Columbas Leben enthält. Diese *Vita Columbae* ist – wie so oft bei den später geschriebenen *Vitae* der Heiligen – keine wirkliche Biographie, sondern betont die Manifestationen der übernatürlichen Kräfte in St. Columbas Prophezeiungen, seinen bewirkten Wundern und seinen Visionen.[147] Dementsprechend ist das Werk in drei Teile gegliedert:

– Buch I, mit 50 kurzen Kapiteln: *Prophetische Offenbarungen;*
– Buch II, mit 46 kurzen Kapiteln: *Göttliche Wunder;*
– Buch III, mit 23 teils längeren Kapiteln: *Engelsvisionen.*

Die Vita ist in der Handschrift von Dorbbéne († 713 auf Iona) in der Stadtbibliothek von Schaffhausen (Schweiz) erhalten sowie in der British Library (London) in drei weiteren Manuskripten aus dem 12. Jahrhundert. Wir folgen der englischen Übertragung aus dem Jahr 1991, der die Hs. von Schaffhausen zugrunde liegt.[148]

Im Vorwort der *Vita* schreibt Adomnán in Erwartung der Endzeit von einer wunderbaren Prophezeiung über die Geburt von Columba und legt St. Patricks Schüler Mauchte (Mochta) († ca. 534), dem Abt vom Kloster Louth, die folgenden Worte in den Mund:[149]

> *In den letzten Jahren der Welt wird ein Sohn geboren werden mit dem Namen Columba, der durch alle Provinzen der Inseln des Ozeans berühmt und die letzten Jahre des Erdkreises hell erleuchten wird, ein Mann, Gott sehr nahe und von hohem Verdienst vor Gott.*

Der Name „Columba" (Taube) ist in der Hl. Schrift nicht nur Sinnbild des Heiligen Geistes, sondern auch ein einfacher und unschuldiger Vogel, so wie ihn Jesus zum Vergleich heranzog, als er seine Jünger aussandte, das Evangelium zu verkünden (Matthäus 10,16): *Seid klug wie die Schlangen und arglos wie die Tauben.*

Columba der Ältere – im Gegensatz zu Columban dem Jüngeren, der rund 20 Jahre später geboren wurde und in Gallien und Norditalien missionierte – wurde nahe dem heutigen Ort Glencolumbcille am Lough Akibbon (Co. Donegal) um 525 geboren. Mütterlicherseits stammte er aus einer mit dem Königshaus von Leinster verwandten Sippe und war väterlicherseits in der männlichen Linie ein Nachfahre aus dem berühmten Geschlecht *Niall von den neun Geiseln.* Ein Hochkönig dieses Geschlechts wird mit der Versklavung des jungen Patrick in Verbindung gebracht. Der ursprüngliche Name von Columba war Cremthamm oder Crimt-

St. Columba (Columcille).
Kirchenfenster in Iona Abbey.

hann (Fuchs); Columba war der klösterliche Name, ebenso Colum cille, d. i. Taube der Kirche. Sicherlich war Columba von Geburt an durch seine Zugehörigkeit zum Hochadel in den äußeren Lebensumständen begünstigt. Er wurde christlich erzogen, genoss eine umfassende schulische Bildung und entwickelte frühzeitig ein reges Interesse an schönen Künsten, insbesondere an Poesie und Buchmalerei.

Wenn wir seine Persönlichkeit kurz umreißen, so kommen wir etwa zur folgenden Charakterisierung: Sein Leben verlief in einer Spannung von signifikanten Gegensätzen: von Leidenschaft und Selbstverleugnung, von Tatkraft und kontemplativem Innehalten. Er war tief gläubig, doch zugleich waghalsig in seinem Tatendrang. Seine unterschiedlichen Aktivitäten kennzeichnen den Gründer zahlreicher Kirchen und Klöster, den demutsvollen Missionar wie auch den Gelehrten, Poeten und Politiker.

Einen Großteil seiner Jugend verlebte Columba in einem noch immer stillen, weiten Tal, dem nach ihm benannten Glencolumbkille (Gleancholimcille), wo er sein erstes Kloster errichtet hat. Noch immer wird hier alljährlich am 9. Juni der Festtag des Heiligen gefeiert. Zahlreiche Pilger unternehmen eine Wallfahrt auf dem etwa 5 km langen, nur schwer begehbaren Weg, dem *Turas Cholmcille*. Dieser Weg führt an steinernen Resten einer von ihm errichteten Kirche vorbei und steigt hinauf in ein gebirgiges Gebiet unmittelbar am Atlantik, bis hin zur obersten Station von *Columcille's Well*, der nach Columba benannten heiligen Quelle.

Vermutlich hat auch COLUMBA mit seiner Ausbildung früh begonnen. Traditionell wurden nach dem Vorbild der Druiden die Knaben von Kindheit an religiös erzogen; sie wurden dann bei Begabung und bei entsprechendem Eifer zu Mönchen weiter gebildet. Auch COLUMBA trat früh in ein Kloster ein, wahrscheinlich schon mit 15, 16 Jahren. Seine Ausbildung erfolgte zunächst in der Klosterschule von Moville (Co. Down) bei ST. FINNIAN († 579), der wie viele andere Iren auch in dem von ST. NINIAN († 432) gegründeten Kloster auf der Halbinsel Whithorn im südwestlichen Schottland studiert hatte. Diese klösterliche Anlage mit der *Candida Casa* (Weißes Haus) hatte Ninian um 400 nach dem Vorbild von ST. MARTIN von Tours († 397) errichtet. Das „Weiße Haus" war ganz aus Naturstein gebaut und mit einem weißen Kalküberzug versehen. Bereits dem Äußeren nach sollte es das christliche Ideal der „Reinheit der Seele" zum Ausdruck bringen.[150] Während seines Studiums in Moville nahm Columba auch Unterricht bei dem Barden (*fili*) GEMMA, der ihm die Welt der Poesie erschloss. Columba soll selber zahlreiche Hymnen in irischer Sprache verfasst haben. Jedenfalls war er ein bedeutender Vertreter irischer Geistigkeit, der in einem „Amra", einem Lobgesang der Barden (*filid*), auch als Dichter und Gelehrter gefeiert wurde. Darüber später mehr.

Im Alter von etwa 20 Jahren verließ Columba als Diakon Moville und ging nach Clonard am Fluss Boyne (Co. Meath), nicht weit von dem durch ST. CIARAN um 545 gegründeten Kloster Clonmacnoise gelegen, einem späteren Zentrums des Glaubens und der Gelehrsamkeit der keltisch-irischen Kirche. In Clonard hatte

Glencolumbkille (Gleancholimcille), das weite Tal an der Westküste Donegals, wo St. Columba einen Teil seiner Jugend verbrachte.

ein anderer St. Finian († 549) im Jahr 520 eine strenge Schule gegründet. Dieser Finian verfolgte in seinem religiösen Erziehungsprogramm das Leitbild eines asketischen Lebens, das er bei St. Enda († ca. 530) auf den Aran-Inseln kennen gelernt hatte. Er vermittelte zudem das im Kloster Llancarfan (Südwales) erworbene theologische Wissen. Bei Finian erfuhr Columba die Zucht strikter Bußvorschriften und lernte die gleichermaßen für die keltische Kirche von Irland und Wales verbindliche Messliturgie kennen. In Clonard wurde Columba zum Priester geweiht. Er wurde später zu der Gruppe der „Zwölf Apostel von Irland" gezählt, die aus der Schule von St. Finian hervorgegangen waren und zu denen u.a. noch St. Brendan von Clonfert und St. Comgall von Bangor gehörten. Nach einem weiteren Studienaufenthalt in Glasnevin bei St. Mobhi nahe der späteren Stadt Dublin gründete Columba mit Hilfe seines wohlhabenden Clans eigene Klöster, so in Kells (Co. Meath, in Leinster) und später noch in Durrow (Dair-mag) (Co. Offaly ebenfalls in Leinster), die beide wegen ihrer reich illustrierten Evangelienbücher aus dem 7./8. Jh. (Book of Durrow, Book of

Kells) berühmt geworden sind. Seine ganze Liebe galt jedoch dem Kloster in Derry (Daire Cagaich = Eichengehölz) am Lough Foyle (Provinz Ulster), das er an dem Ort eines früheren Druidischen Heiligtums errichtete.

Er hatte sich bereits zu dieser Zeit zu einer bekannten Persönlichkeit der irischen Kirche entwickelt. Die segensreiche Tätigkeit Columbas ließ den Ruhm des Heiligen und seine Wundertaten die Jahrhunderte bis in unsere Zeit überdauern. Noch im 16. Jahrhundert wurde bei den Franziskanern in Killiney südlich von Dublin ein Manuskript über das Leben von St. Columba zusammengestellt. Darin ist auch die folgende Legende von der Vertreibung von Dämonen aus seiner Heimat aufgenommen worden:[151]

Nachdem der hl. Patrick auf dem Berg Cruachan Aigle (Croagh Patrick, Co. Mayo) die Dämonen vertrieben hatte, flüchteten etliche von ihnen nach Norden und kamen auch in das weite Tal von Gleancholmcille, wo sie ständig einen dichten Nebel entstehen ließen. Aus dem Fluss, der die Grenze nach Norden markiert, machten sie einen Feuerstrom, den niemand bei Gefahr seines Lebens passieren durfte. Durch eine Botschaft Gottes erfuhr Columba von diesem Umstand.

Mit einigen seiner Brüder eilte er an diesen schrecklichen Ort und segnete den Strom, so dass schließlich der böse Zauber aus dem Tal entwich und damit auch der Nebel. Sodann warf er, wie ihm die göttlichen Boten geraten hatten, einen runden grünen Stein und seine eigene Handglocke nach den Dämonen, die daraufhin entsetzt die Region verließen und sich auf einem Felsen im Atlantischen Ozean gegenüber der westlichen Landspitze niederließen. Damit noch nicht genug der Vertreibung, ließ der Heilige die Dämonen in Fische verwandeln.

Er ließ sie auf einem Auge blind werden und kennzeichnete sie mit roter Farbe, damit kein Fischer sie fangen und essen würde. Auf wunderbare Weise kehrte die Glocke zurück, versank jedoch in den tiefen Grund des Landes, wo sie sich noch heute befinden soll.

Der Atlantik an der Landspitze von Glencolumbkille.

An dieser Stelle möchte der Autor wie schon in dem Buch über den hl. Patrick seine Darstellung unterbrechen und über ein eigenes Erlebnis auf einer Wanderung durch diese Region vom Mai 2014 berichten. Da ist es mir geschehen, dass sich in dieser gebirgigen Region bei Sturm, Regen und aufziehendem Nebel die Wege verschieben und ich den rechten Pfad verloren habe.

Ich gerate an die aufragende Landspitze, wo das Meer in Sturmesgewalt gegen die Klippen schlägt und der Wind über die steilen Bergeshöhen hinwegfegt. Ich stolpere über Moorlöcher und Torfgruben, auf den Lippen ein Gebet an den Heiligen, der hier vielleicht auch einmal umhergeirrt ist, ehe er die Dämonen vertrieben hat. Noch beschwichtigen meine frommen Worte nicht den Aufruhr der Elemente, doch helfen sie dem Wanderer, seine innere Ruhe wieder zu gewinnen und endlich auch den richtigen Weg zu finden. Ich danke dem Heiligen für seinen Beistand, da bricht die Sonne durch und das Land, gesegnet vom hl. Columba, erstrahlt in allen Farben des himmlischen Lichtes.

Im Alter von etwa 42 Jahren hat COLUMBA Irland verlassen. Über den Grund seines Exils ist die folgende, jedoch historisch nicht gesicherte Begebenheit überliefert: Schon frühzeitig hatte er ein besonderes Interesse an den in den Klosterstuben ausgemalten Psaltern und Bibel-Handschriften entwickelt. Das war der Hintergrund für einen heftigen Streit mit ST. FINNIAN von Moville wegen eines Psalters; denn während eines Aufenthalts bei ST. FINNIAN kopierte COLUMBA heimlich einen dort ausgemalten Psalter. Der Abt fühlte sich hintergangen und wollte seinem Gast die Kopie nicht überlassen. Es kam zu einer Klage vor dem Hochkönig DERMOT, der den Streit zugunsten von ST. FINNIAN entschied mit der Begründung, die Abschrift gehöre zum Buch wie ein Kalb zur Mutterkuh. COLUMBA akzeptierte jedoch dieses Urteil nicht, das bald von dem gesamten Clan der berühmten O'Neills als Schande empfunden wurde. Sie bildeten eine Streitmacht gegen den König, und so soll wegen des Bücherstreites im Jahr 561 bei Drumcliff (Co. Sligo) an den Hängen des Tafelberges Benbulben eine Schlacht gegen DERMOT stattgefunden haben, in der viele Menschen getötet wurden. Aufgrund seines Frevels sollte COLUMBA auf der Synode von Meltown (Provinz Meath) aus der Kirchengemeinschaft ausgeschlossen werden. Nur die Intervention seines Freundes BRENDAN von Birr verhinderte die Exkommunikation. Die Begegnung beider wird von Adomnán lebensnah beschrieben: Als Brendan in Meltown Columba kommen sah, verneigte er sich und küsste ihn ehrfurchtsvoll. Dann sagte Brendan, der erste unter den damals lebenden irischen Propheten:[152]

Ich habe einen Pfeiler erblickt, feurig und hell. Heilige Engel begleiten ihn auf seinem Weg. Daher wage ich nicht, diesen Mann zu demütigen, von dem ich sehe, dass er von Gott dazu bestimmt ist, ein Führer in dem Leben der Völker zu sein.

Schließlich ging Columba, nachdem sein Seelenfreund MOLAISE ihn ermahnt hatte, so viele Seelen für Christus zu gewinnen, wie Menschen in der furchtbaren Schlacht von Cuil Dremhue getötet wurden, ins Exil nach Schottland. St. Columba war von gläubiger Reue erfüllt und ging seinen Weg des Exils in Buße und Sühne.

Die *peregrinatio*, eine Art Pilgerschaft ins Ausland, war seit Beginn des 6. Jhs. eine Form der klösterlichen Buße, gehörte aber bald zum Ideal des irischen Mönchtums. Sie wurde von den Mönchen zumeist freiwillig als „weißes Martyrium" ausgeführt im Gegensatz zum „roten Martyrium", bei dem der Glaubensbote bereit ist, für die Liebe zu Christus und seiner Botschaft alles hinzugeben und zu ertragen, am Ende sogar den Tod. Im „weißen Martyrium" war der Mönch willens, um der Liebe Gottes willen jegliche Entbehrung auf sich zu nehmen, sich von allem Vertrauten zu trennen, besonders von der heimatlichen Umgebung, und eine neue Heimat zu suchen. Er war weder Flüchtling noch Wallfahrer, sondern suchte in der neuen Umgebung eines fremden Landes seinen Seelenfrieden.

Die *peregrinatio* wurde nach dem Vorbild Abrahams ausgeführt, der „dem Ruf folgte, wegzuziehen in ein Land, das er zum Erbe erhalten sollte; und er zog weg, ohne zu wissen, wohin er kommen würde" (Hebr 11,8).[153] Die klassischen Verse finden sich im Buch Genesis (Gen 12,1–2):

> *Der Herr sprach zu Abram: Zieh weg aus deinem Land, von deiner Verwandtschaft und aus deinem Vaterhaus in das Land, das ich dir zeigen werde... Ein Segen sollst du sein.*

Diese Verheißung empfängt Abraham, der seinem Glauben folgt und *Ja* sagt zu dem Wort Gottes, aufbricht und den Weg ins Unbekannte geht, doch in der Gewissheit von Gottes Nähe und Führung.

Auch der hl. Columba vertraute der göttlichen Verheißung und nahm als einer der ersten irischen Mönche das weiße Martyrium auf sich. Wie Abraham wurde er zum Segen für das neue Land, das er betrat.

Von der *peregrinatio* des hl. Columba sprechen die folgenden, ihm zugeordneten Verse:

„The path I walk, Christ walks it
May the land in which I am
be without sorrow.
May the Trinity protect me
where ever I stay
Father, Son and Holy Spirit.
Bright angles walk with me
dear presence – in every dealing…
May every path before me be smooth,
man, woman and child
welcome me." [154]

„Den Weg, den ich gehe, geht Christus
Möge das Land, in dem ich nun bin,
ohne Sorgen sein.
Möge die Trinität mich schützen,
wo immer ich mich aufhalte,
Vater, Sohn und Hl. Geist.
Strahlende Engel mögen mich begleiten
liebe Gegenwart – bei jeder Handlung…
Möge jeder Weg vor mir sanft sein,
mögen Mann, Frau, Kind
mich willkommen heißen."

Mit zwölf seiner Schüler segelte St. Columba von Derry auf Umwegen zu der kleinen Insel Iona (irisch Hy) an der Westküste Schottlands. Iona – *hebräisch* Taube[155] – gehörte zu dem kleinen Königreich Dál Riata, das von Conall, dem Sohn von Comgall regiert wurde und wo sich bereits einige irische Christen niedergelassen hatten. Die 12 Gefährten, die mit Columba Irland verließen, sind bei Adomnán namentlich aufgeführt. Das sind u. a. sein Diener und Gefährte Diormit, der anwesend war, als Columba starb; zwei Söhne seines Freundes Brendan: Baithéne oder Conin, direkter Nachfolger von Columba als Abt auf Iona, und dessen Bruder Cobthach sowie Columbas Onkel Ernán, der auf der Insel starb. Iona wurde von Columba auch deswegen gewählt, weil Irland von dort aus nicht mehr gesehen werden konnte und so eine Bedingung des „Weißen Martyriums" erfüllt war.

Zu dieser großen Wende im Leben von St. Columba seien einige wichtige biographische Daten des Heiligen in einem chronologisch angeordneten Überblick auf der folgenden Seite zusammengestellt.

Auf der kleinen, nur 5 km langen und 1,5 km breiten Insel gründete St. Columba sein größtes und berühmtestes Kloster als Zentrum für die Missionierung der keltischen Stämme der Pikten im nördlichen Schottland. Eine genaue Beschreibung gibt Anderson in der Einführung zu Adomnáns Werk.[156] Die gesamte Klosteranlage umfasste eine rechteckige Fläche von etwas mehr als 8 Hektar. Das Kloster war, wie auch in Irland üblich, umgeben von einer

Jahr (ungefähr)	**Alter** (ungefähr)	**Ereignis**
521		Geburt nahe Glencolumbkille (heute Co. Donegal)
537	16	Eintritt in die Klosterschule Moville von St. Finnian
541	20	im Kloster Clonard von St. Finian
546	25	Aufenthalt in Glasvenin (heute Co. Dublin)
Jahre danach		Gründung eigener Klöster
560	39	mutmaßlich Kopie eines Psalters bei St. Finnian u.
561	40	Bücherstreit; mutmaßlich Schlacht von Cuil Dremhue
563	42	Peregrinatio (Exil) nach Iona/ Westküste Schottlands
573	52	Iona wird Columba als Eigentum übergeben
575	54	Besuch in Irland; Teilnahme an der Konferenz der Könige in Drumceath (Druim Cetta) bei Derry.
ca. 585	76	Besuch des Klosters Clonmacnoise am Shannon
597		Tod auf Iona
ca. 7. Jh.		Amra Choluimb Chille (Lobpreisung Columbas)
um 700		Adomnán schreibt auf Iona die *Vita Columbae*

Übersicht über wichtige Daten zu Columbas Leben

Verschanzung (*vallum*), die aus einem Erdwall mit einem äußeren Graben bestand, aber eher eine symbolische als praktische Bedeutung hatte. Die meisten Häuser für die Mönche und Gäste waren aus Holz gebaut. Die Brüder lebten in kleinen Gebäuden einzeln oder zu zweit und kamen in einem zentralen Gemeinschaftshaus zusammen. Über Columba wird berichtet, das er in einem separaten Haus auf einem Stein schlief mit einem weiteren Stein als Kopfkissen, der später sein Grab markierte. Eine erste Kapelle aus Holz wurde später durch eine steinerne Kirche ersetzt. Ein Hospiz wird mehrmals als Haus für die Gäste erwähnt, die normalerweise drei Tage auf Iona bleiben durften.

ADOMNÁN schreibt über das Wesen und die Tätigkeit von St. Columba:

> *„Colummcille hatte das Angesicht eines Engels. Er war sprachgewandt und groß im Rat. Niemals ließ er ungenützt eine Stunde vorübergehen, ohne dass er betete, las oder schrieb oder irgendeine andere Arbeit verrichtete. Die Beschwernis des Fastens und Wachens ohne Unterbrechung hielt er Tag und Nacht durch... Zu allen zeigte er sich in seiner Liebe klar und heilig, weil er sich in der Tiefe seines Herzens an dem Wohlgefallen des Hl. Geistes freute."*[157]

ST. COLUMBA kam als Priester und Abt nach Iona, war aber kein Bischof. In seiner Mönchskirche, die der irischen Tradition folgte, war das Oberhaupt stets ein Priester. Die Messe wurde offenbar nur an Sonn- und Feiertagen oder aus Anlass des Todes eines Klosterangehörigen zelebriert und noch nicht in römisch-katholischer Form. Zwar blieb auch in der Messfeier bei Columba die Eucharistie das zentrale Geschehen, doch war diese ein Teil einer eigenständigen Liturgie. In ihrem Zentrum stand, was auch frühirische Hochkreuze zum Ausdruck bringen, weniger die Passionsgeschichte mit dem Leiden und Opfertod Jesu, als vielmehr der auferstandene, den Tod besiegende Christus.[158]

So wurde in der altirischen Kirche Ostern als das höchste Fest gefeiert, als das Fest des Sieges Christi über den Tod. Hier macht sich zweifellos der Einfluss der Ostkirche bemerkbar, der sich ebenso darin zeigt, dass die Schriften des Evangelisten JOHANNES auch im frühchristlichen Irland höchste Geltung besaßen. *Jesus ist Christus,* heißt es im ersten Johannes-Brief (1 Joh 5,1). *Christus ist die wahre Sonne, die niemals untergeht*[159] – dieser christlichen Verheißung von ST. PATRICK ist auch Columba gefolgt.

Von den Mönchen auf Iona wurden neben der Einhaltung der monastischen Pflichten gleichermaßen körperliche und handwerkliche Arbeit wie auch geistige Leistungen gefordert. Dazu gehörten landwirtschaftliche Tätigkeiten, Fischereiarbeiten und die Herstellung von Geräten für den häuslichen und kirchlichen Gebrauch, zudem aber auch das Abschreiben und die Illumination von Manuskripten, die besonders in der Schule von Columba zu einer hohen Kunstfertigkeit entwickelt wurde.

St. Columba kam vor allem als Missionar nach Iona, um – wie der Benediktiner und Kirchenhistoriker Beda Venerabilis († 735) schrieb –

> *das Wort Gottes in den Ländern der nördlichen Pikten zu verkündigen, also in den Gegenden, die durch steile und Furcht erregende Bergzüge von den südlichen Gebieten getrennt sind.*[160]

Mit dem Namen „Pikten“ (lateinisch: *Picti*) wurde eine Anzahl keltischer Stämme im heutigen Schottland nördlich des Hadrianwalls bezeichnet. Sie wurden von den Iren *Cruithni*, das Volk der Designs, nach den von ihnen angefertigten Figuren genannt, die vorwiegend auf Steine eingraviert wurden.[161] Wie Irland wurde auch das piktische Gebiet nicht von den Römern erobert, so dass sich auch hier die alte Kultur Jahrhunderte lang unbeeinflusst von außen entwickeln konnte. Teile der Westküste Schottlands standen unter irischem Einfluss, so auch das dort gegründete kleine schottische Königreich Dalriada oder Dál Riata. Dál Riata war ursprünglich ein aus dem Reich Ulaidh hervorgegangenes kleines Königreich im Nordosten Irlands (Co. Antrim). Bereits im 5. Jh. hatte es eine Dynastie und ein Königreich gleichen Namens an der Küste von Argyll (Airer Gídel = „Land der Iren“) gegründet, das dem Hochkönig von Irland tributpflichtig war (vgl. Karte Piktenland). Zu den Herrschern des schottischen Dál Riata, Conall († 574) und dessen Nachfolger Aedán (Aedhán mac Gabhráin; † ca. 608), hielt Columba von Anfang an engen Kontakt. So konnte er sein hohes Ansehen als Nachkomme aus dem königlichen Ge-

Das Piktenland (nach: Duncan Jones, Edinburgh 1998).

schlecht der nördlichen Ui Néill für die Sicherung der politischen Machtstellung des kleinen Königreiches Dál Riata in Schottland einsetzen. Zudem lag Iona besonders günstig, um neben Dál Riata das südlicher gelegene Strathclyde und die nördlichen Gebiete der Pikten sowie die benachbarten Inseln leicht zu erreichen. Die Insel hatte also auch als Missionszentrum für das nordwestliche Schottland eine geographisch vorzügliche Lage.[162]

Zu dieser Zeit regierte Brude (Bride mac Maelchon, † 584) als mächtiger König der Pikten in der Nähe des heutigen Inverness. Er hatte offenbar im Jahr 563, als Columba Iona erreichte, noch die Oberhoheit über Argyll inne; denn er übereignete später dem Heiligen die Insel.[163] Über Columbas Antrittsbesuch bei Brude überlieferte Adomnán in seiner *Vita Columbae* die folgende Begebenheit: Als der Heilige das königliche Festungswerk betreten wollte, öffnete Brude in seinem Stolz nicht das Tor. Dann schreibt Adomnán:[164]

> *Als das der Mann Gottes bemerkte, ging er mit seinen Gefährten zu den Türen und machte zuerst über ihnen das Zeichen des Kreuzes. Dann klopfte er und legte seine Hand auf sie. Und sogleich wurden die Riegel kräftig aufgezogen, und die Türen öffneten sich in großer Geschwindigkeit. Sobald sie geöffnet waren, trat der Heilige mit seinen Begleitern ein.*

Daraufhin kam der König samt seinem Rat den Besuchern entgegen und begrüßte den Heiligen mit großer Ehrerbietung. Columba erhielt vollends das Wohlwollen von Brude durch das ebenfalls von Adomnán erzählte Steinwunder, das offenbar in keltischer Tradition stand. Als der Heilige mit dem König am Fluss Ness weilte, nahm Columban einen weißen Stein, wohl um Brude von der Kraft des christlichen Glaubens zu überzeugen. Der Heilige segnete den Stein und setzte ihn wieder in das Wasser, der nun zum Erstaunen des Königs nicht unterging. Brude behielt den Stein als ein Arzneimittel für die Heilung seines todkranken Erziehers Brochain.[165]

Am selben Fluss traf Columba ein andermal auf das Ungeheuer von *Loch Ness*, und dieses Ereignis ist wohl die aus der *Vita* von Adomnán bekannteste Begebenheit. Als Columba mit seinen Gefährten den Fluss überqueren wollte, kam ihnen ein See-Ungeheuer entgegen. Es tötete einen der sie begleitenden Pikten und griff einen Schüler Columbas an, der wagemutig in der Mitte des Stromes schwamm, um ein Boot von der anderen

Piktisches Symbol des See-Ungeheuers
(Duncan Jones, 1998, p. 30).

Seite des Flusses zu holen. Da hob der Heilige seine Hand und machte das Zeichen des Kreuzes und verbannte das Ungeheuer in die Tiefen von Loch Ness.[166]

St. Columbas Wirken war in jeder Hinsicht segensreich, ob er nun die Pikten missionierte, als Diplomat zwischen den keltischen Stämmen Schottlands vermittelte oder mit dem König der Pikten Verhandlungen führte. In missionierten Gebieten ließ er Kirchen bauen und gründete etliche Klöster, auch auf benachbarten Inseln, so auf Plena, Hinbu und Skye.[167] Indem er sich den Gewohnheiten der keltischen Gesellschaft anpassen konnte und ihren Bedürfnissen nachkam, war seine Tätigkeit in jeder Hinsicht erfolgreich, sei es als Abt auf Iona, als christlicher Missionar im Piktenland oder als kundiger politischer Unterhändler im Verkehr mit den schottischen Königen und bald auch, wie wir gleich erfahren werden, mit dem Hochkönig von Irland. Doch stets fand er noch Muße, sich der umgebenden Natur zu widmen und die Schöpfung in ihren vielfältigen Hervorbringungen zu würdigen, so in einigen ihm zugeschriebenen Versen voller Melancholie:

“On some island I long to be,
a rocky promontory, looking on
the coiling surface of the sea.

„Auf irgendeiner Insel möchte
ich ein felsiges Vorgebirge
sein und schauen auf die rol-
lende Oberfläche der See.

To see
the waves, crest on crest
of the great shining ocean, composing
a hymn to the Creator, without rest.

Sehen
die Wellen, Kamm auf Kamm,
des großen, glänzenden Oze-
ans, dichten eine Hymne auf
den Schöpfer, ohne Rast.

To see
without sadness the strand
lined with bright shells, and birds
lamenting overhead, a lonely sound.

Sehen
ohne Traurigkeit den Strand,
gezeichnet von hellen Mu-
scheln, und Vögel, die über
mir klagen, ein einsamer Laut.

To hear
the whisper of small waves
against the rocks, that endless sea-sound
like keening over graves.

Hören
das Flüstern kleiner Wellen
gegen die Felsen, jenen end-
losen Klang der See, wie Weh-
klagen über Gräbern.

To watch
the sea-birds sailing
in flocks, and most marvellous
of monsters, the turning whale.

Zuschauen
den Seevögeln, die segeln in
Schwärmen, und dem wun-
derbarsten der Monster, dem
wendigen Wal.

To see
the shift from ebbtide
to flood and tell my secret name:
“He who set his back on Ireland.”[168]

Sehen
den Wechsel von Ebbe zu Flut
und verraten meinen gehei-
men Namen: „Derjenige, der
Irland den Rücken zukehrte.“

Und so überkam ihn, wenn er am Meeresstrand saß und dem Spiel der rollenden Wogen zusah, die Sehnsucht nach Irland, seinem unvergesslichen Heimatland.

Doch hat St. Columba, wie schon oben angedeutet, Irland wiedergesehen. Verbürgt ist für das Jahr 575 seine Teilnahme an einer vom irischen Hochkönig Aed einberufenen Versammlung in Druim Cetta (Drum Ceata) nahe Derry, auf der Streitfälle des Landes behandelt und neue Rechtverordnungen für Irland beschlossen werden sollten. Über Columbas bedeutungsvolle Aktivitäten auf dieser Zusammenkunft soll nun näher berichtet werden.

Ein erster Grund für seine Anwesenheit in Druim Cetta waren die schon kurz umrissenen strittigen Fragen zwischen dem schottischen Dál Riata und Irland, vor allem die Tributzahlungen und die noch immer bestehende Abhängigkeit von Irland. Aedan mac Gabrain, seit dem Tod seines Vetters Conall 574 König von Dál Riata, war ebenfalls auf der Versammlung anwesend, um die Streitpunkte klären zu lassen. Er hatte von Columba auf Iona die Weihe zum neuen König erhalten und wurde von dem Heiligen nach Druim Cetta begleitet.

Daher gehörte es zur ersten Aufgabe von Columba, in den strittigen Fragen zwischen dem schottischen Dál Riata und Irland zu vermitteln. Seinem überzeugenden Auftreten als Unterhändler gelang es, die Modalitäten eines dauerhaften Friedens zu klären und die politische Unabhängigkeit des kleinen Königreiches vom Mutterland vorzubereiten.

Ein weiterer Grund für Columbas Aufenthalt in Druim Cetta betraf das Königreich Ossory in der irischen Provinz Leinster.[169] Cennfaelad, der König von Ossory, hatte seinen Sohn Scandlán Mór wegen eines nicht näher bekannten Streitfalles als Unterpfand in die Hand von Hochkönig Aed gegeben. Columba war Bürge dafür, dass Scandlán zum Ende des Jahres freigelassen und gegen neun andere Geiseln ausgetauscht werden sollte. Das geschah jedoch nicht. Scandlán blieb, angekettet in einer eigens über ihm aus Flechtwerk errichteten Hütte ohne Ausgang, Gefangener des Hochkönigs. Über eine Öffnung wurde ihm spärliche Nahrung gereicht.

Columba war von diesem Unrecht an Scandlán sehr erschüttert. Er setzte in Druim Cetta alles daran, die Freilassung des Prinzen zu erreichen, die dem Heiligen auf wunderbare Weise auch gelang: Des Nachts wurde Scandlán in der Hütte von Engeln befreit, emporgehoben und zu Columba getragen. Hier segnete er den Prinzen mit den Worten:

My blessing will long remain,
as it had been joined thou wilt not be sad
and food to (thy) race purely,
if my tribute remain lastingly.
A blessing from me on the Ossorians,
on their fair purity with sense:
blessing to sea and to land from me
on their king obedient to me.[170]

Mein Segen wird lange Bestand haben,
wie er (dir) gefolgt war, dass du nicht bekümmert bist,
und Nahrung, makellos, für deine Familie,
wenn meine Hochachtung beständig bleibt.
Segen von mir über das Volk von Ossory,
über seine deutliche Unschuld mit Bedeutung:
Segen über Meer und Land von mir,
über ihren König, der mir ergeben ist.

Ein dritter Grund für Columbas Teilnahme an der Versammlung von Druim Cetta war die Notlage der seit keltischer Zeit umherwandernden Sänger, der Barden. König Aed, der von ihnen mit Spottliedern bedacht wurde, wollte dem unbotmäßigen Umherziehen der bardischen Dichter ein Ende bereiten und sie des Landes verweisen. Zu dieser Zeit wanderten die Barden in Gruppen von je 30 in Irland umher, und was immer sie in einem Stammesgebiet verlangten, musste ihnen gegeben werden. In Erläuterungen zu ihrem weiter unten noch näher beschriebenen Preislied für Columba, dem *Amra Choluimb Chille*, wird von seltsamen Besonderheiten der Barden gesprochen:[171]

Der erste Poet, der in ein Haus ging, begann mit einem Lied und der letzte antwortete ihm, dann sangen alle gemeinsam weiter. Sie trugen ein großes Gefäß mit sich, „Caldron of Greed" (Kessel der Gier) genannt, der aus blassem Silber gefertigt war und neun Ketten aus Bronze besaß. Darin trugen sie alles Gold und Silber davon, das sie für ihre Darbietungen erhielten.

Auf der Versammlung von Druim Cetta gelang es Columba, die traditionelle Bedeutung der Dichter und Sänger für das geistige Leben Irlands hervorzuheben und so die Auflösung der alten Ordnung der Barden als Nachfolger der keltischen filid durch den irischen König zu verhindern. Von Columba ist ein Lied überliefert, das er König Aed vorträgt. Darin führt der Heilige aus, dass irdische Schätze wenig Bestand haben und dass der wahre Reichtum für das Leben in der Kunst der Barden liegt. Es ist dem wohl, dem Loblieder gesungen werden, so dem Königssohn Cormac, doch voller Gram ist der, der Spottlieder ertragen muss. Der schwierige Text des Liedes lautet:[172]

Schön Cormac zerstörte Schäbigkeit:
frisch sind seine Lobgesänge, verblasst seine Reichtümer.
Dies ist, was ich im Kreis der Lehre erkannt habe:
gesegnet ist, wer gepriesen wird, leidvoll,
wer verspottet wird, o Aed

Rein der Lebenssaft, der aufgesogen wird
aus edlen Sprüchen:
leidvoll dem bedeutungslosen Land, das Spott ertragen muss!
Eine Leiter von Gastlichkeiten, ein gefälliger Lauf,
(wenn) die Lebenden sagen:
die Reichtümer des Lobliedes existieren noch immer.

Fair Cormac destroyed niggardliness:
fresh are his praises, faded his treasures.
This is what I have read in the circle of science:
blessed is he who is praised, woe is him who is satirised, O Aed.

Fair the sap that is sucked from noble sayings:
woe to the inconspicuous land is satirised!
A ladder of hospitalities, a fair course: the living say:
the treasures of praise still exist.

Columba erreichte auch in dieser schwierigen Frage sein Ziel: Es wurde festgelegt, neue Zentren für die Bardenschulung einzurichten; so dass eine alte keltische Errungenschaft auch zur Zeit der altirischen Kirche noch über Jahrhunderte erhalten bleiben konnte.[173] Ihrerseits mussten die Barden gewisse Einschränkungen hinnehmen und durften nur noch in kleineren Gruppen umherziehen. St. Columba erwies sich ein weiteres Mal als der bedeutendste Repräsentant der keltisch-irischen Kultur und als der große geistige Führer der irischen Christenheit des 6. Jhs.

Aus Dankbarkeit begann der blinde Dallán, der erste unter den Poeten Irlands, ein Loblied auf den Heiligen zu dichten. Jedoch rezitierte Dallán nur das einleitende Gebet dieser *Amra*; denn Columba gestattete dem Dichter nicht, noch mehr vorzutragen. Diese Gebetsworte sind aus der späteren, nach Columbas Tod geschriebenen Version überliefert. Sie lauten:[174]

Gott, Gott, ich sollte Ihn anflehen,
ehe ich in Seine Gegenwart gehe.

God, God I should beseech Him,
before I go into His presence. (S. 149)

(Wie) ein Streitwagen durch die Schlacht:
{so möge meine Seele zum Himmel gehen
durch den Kampf mit Dämonen}[175]

(Like) a chariot thro' battle: (S. 149)
{so may my soul go to heaven
thro' the battles of demons}

Möge der Gott des Himmels mich nicht
in der Schar [von Dämonen] lassen,
in der ein Schreien ist wegen der Größe ihrer Sorge.

May the God of heaven not leave me
in the band wherein there is outcry
on account of the greatness of the sorrowing (S. 155)

Großer Gott, bewahre mich vor dem Überfluss des Feuers,
lange Blicke von Tränen!

Great God to save me from the fiery abundance,
long looks of tears! (S. 155)

Gott, der Gerechte, der wahrhaft Nahe,
der von dem Himmelland aus Wolken
meine zwei Schreie hört[176]
{Gott ist überall und (doch) wohnt Er nicht überall,
sondern (nur) an zwei Orten, nämlich im Himmel
und im Herzen der Gerechten;
und der Herr ist all denen nahe, die ihn anrufen,
d. h. dem Schrei meines Körpers und meiner Seele,
hinter den Wolken im Himmelsland}

God the righteous, the truly-near,
who from the heaven-land of clouds
hears my two cries (S. 157)
{God is everywhere, and (yet)
He does not dwell everywhere,
but (only) in two places, to wit, in heaven and
in the heart of the righteous; and the Lord is near
unto all that invoke Him, i.e. my two cries,
i.e. the cry of my body and of my soul
behind clouds to the land of heaven.}

St. Columba war sehr gerührt, doch sollte Dallán erst nach Columbas Tod den Lobpreis weiter dichten. Dallán würde dann drei Zeichen wahrnehmen, dass er die Amra dichten könnte:

1. Einen Reiter auf einem scheckigen Pferd, der ihm den Tod des Heiligen mitteilen würde.

2. Das erste Wort, das der Reiter sagen würde, soll der Beginn des Lobliedes sein.

3. Dallans Augen sollen wieder sehen können, solange er die Amra schreiben würde.[177]

In der Tat ist die *Amra* erst nach dem Tod des Heiligen weiter gedichtet oder sogar erst neu verfasst worden. Sie ist hier als ein großartiges Beispiel altirischer Dichtkunst im Anhang auszugsweise wiedergegeben.

Wie Adomnán berichtet, ging St. Columba um das Jahr 585 ein weiteres Mal nach Irland, vor allem um das Kloster Clonmacnoise zu besuchen. Es war dies das wohl bedeutendste irische Kloster. Es war von Ciaran, der wie Columba bei dem schon erwähnten St. Finian von Clonard und bei St. Enda seine Ausbildung erhalten hatte, um das Jahr 545 gegründet worden. Als Abt Alither erfuhr, dass sich Columba Clonmacnoise näherte, ließ er die Mönche zusammenrufen. Sie bildeten ein Spalier und geleiteten den Heiligen ehrfurchtsvoll zur Begrüßung in die Kirche.[178]

Obwohl St. Columba viel umherreiste, widmete er sich mit großem Elan auch seinem eigenen Kloster auf Iona. Mit Terz, Non, Vesper und Nocturne wurden mindestens vier Gebetszeiten eingehalten, zu denen alle Arbeiten unterbrochen wurden. Hinzu kam die Eucharistiefeier sonntags um 12 Uhr; ob die Messe auch unter der Woche gefeiert wurde, ist nicht sicher. Am Mittwoch und Freitag fasteten die Mönche bis nach der Non (3 Uhr nachmittags). Gäste blieben zumeist drei Tage lang; Pilger, die das monastische Leben näher kennen lernen wollten, verbrachten einige Monate auf Iona. Unter ihnen waren oft erfahrene Handwerker, wie Eisenschmelzer und Holzarbeiter, die in den Werkstätten des Klosters bei den feinen künstlerischen Arbeiten mithalfen. Eines Tages erklärte Columba einem seiner Brüder:[179]

Klosterruine von Clonmacnoise mit Rundturm.

Von nördlichen Regionen Irlands wird ein Gast ankommen, sehr müde und matt, ein Kranich, hin und hergeschüttelt vom Wind infolge der großen Luftzirkulationen. Er wird so erschöpft sein, dass er neben dir niederfällt und oberhalb der Küste liegen bleibt. Gib Acht, heb ihn sachte hoch und trag ihn zu dem nahen Haus. Nimm ihn als einen Gast auf... Nach drei Tagen wird er sich erholt haben und nicht länger auf Pilgerfahrt bei uns sein. Er wird mit wieder gewonnener Stärke zu dem lieblichen Landstrich von Irland zurückkehren, aus dem er zuerst kam. Ich gebiete dir das ernsthaft, weil er von dem Gebiet unserer Väter kommt.

Was hat es mit diesem ungewöhnlichen Gast auf sich? Spricht dieser genaue Auftrag Columbas an seinen Mitbruder von der großen Liebe des Heiligen zu allen Geschöpfen, von seiner Sehnsucht nach dem Heimatland, aus dem sich ein geflügelter Bote einstellen wird? Oder könnte vielleicht diesem besonderen Ereignis ein anderes legendäres Geschehen zugrunde liegen? Wir blenden nochmals auf die königliche Versammlung von Druim Cetta zurück.

Als der Heilige in Druim Cetta erschien, war anfangs König Aed von dessen Kommen wenig erfreut; denn er fürchtete ihn als Vertreter des schottischen Dál Riata, als Anwalt des eingekerkerten Scandlán und vor allem als Freund der Barden. So erhob sich zunächst niemand in dem Saal, um Columba zu begrüßen, ja, Aeds Sohn Cormac rief dem Heiligen sogar einige unhöfliche Worte zu. Endlich trat Domnall, ein anderer Sohn des Königs, auf ihn zu und hieß ihn willkommen. Der Heilige segnete Domnall daraufhin und sicherte ihm nach dem Tod von Aed die Königswürde über Irland zu. Dieser Segen missfiel der anwesenden Königin, der Stiefmutter von Domnall, die sich, unterstützt von ihrer Dienerin, darüber empörte und Columba beleidigte. Darauf ließ der Heilige die beiden Frauen in Kraniche verwandeln.[180]

Hierzu ist zu bemerken, dass die Erzählung von der Verwandlung in Vögel eine inselkeltische Tradition besaß; zudem galten Vögel als Nachrichtenübermittler und Boten. Der Kranich hatte in Irland ein negatives Omen und galt als Schimpfwort für ein böses

Weib.[181] Ist es möglich, dass – wenn wir diese legendäre Geschichte fortschreiben – der ungewöhnliche Gast von Iona die verwandelte Königin war, die in Reue die Insel des Heiligen aufsuchen wollte? Dann würde die große Fürsorge Columbas für die auch seelisch erschöpfte Königin dafür sprechen, dass er ihr vergeben hatte und sie bald von ihren Qualen erlöst sein würde.

Kurze Zeit vor seinem Tod besuchte St. Columba die arbeitenden Brüder im westlichen Teil der Insel. Er sprach mit ihnen von seinem bevorstehenden Ableben und segnete sie. Am Tag vor seinem Ende kam wie ein gehorsamer Diener ein weißes Pferd zu ihm, das üblicherweise die Milchgefäße zwischen der Weide und dem Kloster hin und hertrug. Das Pferd legte den Kopf an die Brust des Heiligen und begann zu trauern, so als ob es wüsste, dass Columba bald von ihm gehen würde. Es weinte heftig und ließ wie ein Mensch den Tränen freien Lauf. Als die Brüder das Pferd wegscheuchen wollten, ließ es der Heilige weinen und sprach zu ihnen die von Adomnán überlieferten Worte:[182]

Ecce tu, homo cum sis et rationalem animam habeas, nullo modo scire de meo exitu potuisti, nisi quod tibi ego ipse nuper manifestaui. *Huic vero bruto et inrationali animanti, quoquo modo ipse conditor uoluit, egresurum a se dominum manifeste reuelauit.*	Sieh, du Mensch, wenn du auch einen vernünftigen Geist hast, könntest auf keinen Fall etwas von meinem Abschied wissen, wenn ich es dir nicht neulich mitgeteilt hätte. Aber diesem schwerfälligen und unvernünftigen Tier hat der Schöpfer, auf welchem Wege er wollte, deutlich gemacht, dass sein Herr es verlassen würde

Adomnán kommentierte diesen erstaunlichen Abschied des weißen Pferdes mit den Worten:

Ich glaube, dass jede lebende Kreatur vor Gott verständig ist mit solcher Wahrnehmung der Dinge, wie sie der Schöpfer selbst verfügt hat.

Die Kirchentür von Glencolumbkille mit dem Bild des weißen Pferdes.

Columba segnete noch das Pferd, das sich traurig von ihm entfernte. Dann sprach er den Segen über sein Kloster. Schließlich ging er in die Kirche und sank am Altar zum Gebet nieder, wo er am folgenden Tag, am 9. Juni 597, starb. Die Klage über den Tod dieses großen Heiligen breitete sich über die gesamte keltisch-irische Christenheit aus. Ein posthumes, dem Barden DALLÁN zugeschriebenes Loblied, die *Amra Choluimb Chille*, würdigte Columba mit bewegenden Worten. In einer zusammenfassenden deutschen Übertragung daraus heißt es:[183]

„Mit Tränen sind meine Augen gefüllt,
so stehe ich nahe dem Gott der Wahrheit,
dass Er höre, wie ich in Trauer zum Himmel rufe:

Unser Seher lebt nicht mehr,
verloschen ist das Licht der Seelen,

der uns am Leben erhielt, er ist dahin!
Es starb unser gerechter Führer,
er musste gehen, der Zeuge des Wortes,
der Weise, der die Ängste tilgte,
der Unnachgiebige, der die Wahrheit wusste,
der Lehrer, der die Stämme der Welt gewann.
Wir sind wie Harfen ohne Saiten,
wie ein Kloster ohne Abt ...

Priester zu sein, war seine Berufung.
Gutherzig war er, gern suchten Große seinen Rat,
Hilflosen gewährte er Schutz, Armen eine Hütte.
Trägheit bedrückte ihn, bereitete ihm Schmerz.
Von dieser Taube, die unser Land beschützt,
erhoffen wir Segen und himmlisches Manna!
Er erniedrigte sich selbst,
doch Christus erhob ihn zur Schar der Gerechten.
Hundert Kirchen hallen wider
vom Gebet seiner Mönche.

St. Columba, der dritte Nationalheilige Irlands, verband wie kein anderer irischer Heiliger vor ihm, seine religiösen Aufgaben mit politischen Angelegenheiten, jedoch ohne dass es im Wirkungsbereich der keltisch-christlichen Kirche bereits zu einer Symbiose von Staat und Religion gekommen wäre. In ehrenvoller Erinnerung geblieben ist Columba oder Columcille als erfolgreicher Missionar der Pikten und ebenso als Mentor und Angehöriger der Barden. Ihm wurden zahlreiche Hymnen und Gebete zugeschrieben, darunter als berühmtestes Gedicht der lateinische Hymnus „Altus prosator“. Darin wird in kunstvollen, nach Silben genau gebildeten Verszeilen in 23 Strophen à 6 oder 7 Zeilen eine christliche Kosmogonie wie eine Art frühes „Verlorenes Paradies“ dargestellt: von der Schöpfung Gottes über Luzifers Fall bis hin zur Apokalypse.[184]

Hieraus sei die erste Strophe (stanza) mit 7 Zeilen à 16 Silben in Latein und in deutscher Übersetzung wiedergegeben:[185]

Erhabener Schöpfer, alt an Tagen und ungezeugt,
ohne Ursprung von Urbeginn war er und ohne Urgrund.
Er ist es und wird es noch sein ohne Ende
von Ewigkeit zu Ewigkeit.
Mit Ihm ist Christus, der eingeborene Sohn,
und der Heilige Geist,
gleich ewig in Herrlichkeit immerwährender Göttlichkeit.
Nicht drei Götter nehmen wir an,
sondern von einem Gott sprechen wir
in festem Glauben an die drei Personen höchster Herrlichkeit.

Altus prosator, vetustus dierum et ingenitus
erat absque origine primordii et crepidine
est et erit in saecula saeculorum infinita;
cui est unigenitus Christus et Sanctus Spiritus
coaeternus in gloria Deitatis perpetuae.
Non tres deos deprominus sed unum Deum dicimus
salva fide in personis tribus gloriossimis.

Neuere Untersuchungen von Stil, Sprache und Quellen des Hymnus haben jedoch gezeigt, dass diese Verse wohl auf Iona geschrieben, jedoch erst nach 650 im 7. Jh. entstanden sind, also nicht von Columba stammen.[186] Authentisch für Columba dürfte dagegen ein anderer in Lateinischer Sprache geschriebener Text sein, der unter dem Titel *„In te Christe"* überliefert ist.[187] Dem Inhalt und der literarischen Form nach ist er eher kein Hymnus, sondern eine *lorica,* ein Schutzgebet an die Heilige Dreifaltigkeit. Der Text besteht aus 8silbigen Zeilen mit Endreim, wobei das Schlusswort einer Zeile zumeist vier oder drei Silben aufweist. Dieses mit reichen Attributen für den Vater und für Christus versehene Gebet wirft ein helles Licht auf den tiefen Glauben des bedeutendsten irischen Abtes von Iona.

Darum sei abschließend für dieses Kapitel diese ehrfurchtsvolle Huldigung Gottes von St. Columba vollständig in Latein und in einer deutschen Übersetzung wiedergegeben.

In te Christe	Christus, bei dir
In te Christe credentium	Christus, bei dir ist Erbarmen
miseraris omnium	für alle Gläubigen.
tu es deus in saecula	Du bist Gott
saeculorum in gloria	im Ruhm für ewige Zeiten.
Deus in adiutorium	Gott, gib acht
intende laborantium	auf den Beistand für die Leidenden
ad dolorum remidium	auf ein Heilmittel gegen Kümmernisse,
festina in auxilium	eile zur Hilfe!
Deus pater credentium	Gott, Vater der Glaubenden,
Deus vita uiuentium	Gott, Leben der Lebenden,
Deus deorum omnium	Gott aller Götter,
Deus uirtus uirtutium	Gott, Tugend der Tugenden
Deus formator omnium	Gott, Bildner von allem,
Deus iudex iudicium	Gott, höchster Richter,
Deus princeps principium	Gott, allererster Ursprung
elementorum omnium	aller Elemente,
Deus opis eximiae	Gott von außerordentlicher Macht,
celestis Hierosolymae	des himmlischen Jerusalem,
Deus rex regni in gloria	Gott, König der Herrschaft in Herrlichkeit,
Deus ipse victoria	Gott, leibhaftiger Sieg,
Deus aeterni luminis	Gott des ewigen Lichtes,
Deus inenarrabilis	unbeschreiblicher Gott,
Deus altus amabilis	erhabener, liebevoller Gott,
Deus inaestimabilis	unschätzbarer Gott,
Deus largus longanimis	Freigebiger, langmütiger Gott,
Deus doctor docibilis	Gott, gelehrter Lehrer,
Deus qui facit omnia	Gott, der alles macht,
noua cuncta et uetera	alles Neue und Alte,
Deus patris in nomine	Gott, gib im Namen des Vaters
filiique sui prospere	und seines Sohnes,

Sancti Spiritus utique	wie auch des Heiligen Geistes Gedeihen,
recto uado itinere	der rechten Furt unterwegs!
Christus redemptor gentium	Christus, Erlöser der Völker,
Christus amator uirginum	Christus, Freund der Jungfrauen,
Christsus fons sapientium	Christus, Quelle der Weisen,
Christus fides credentium	Christus, Vertrauen der Glaubenden,
Christus lorica militum	Christus, Schutzschild der Krieger,
Christus creator omnium	Christus, Schöpfer von allem,
Christus salus uiuentium	Christus, Heil der Lebenden
et vita morientium	und Leben der Sterbenden,
coronavit exercitum	er hat gekrönt unsere geistliche Übung
nostrum cum turba martyrum	mit der Schar der Märtyrer.
Christus crucem ascenderat	Christus hat das Kreuz bestiegen,
Christus mundum saluarat	Christus hat die Welt gerettet,
Christus et nos redemerat	Christus hat auch uns erlöst,
Christus pro nobis passus est	Christus hat sich für uns aufgetan,
[panderat]	Christus hat die Unterwelt
Christus infernum penetrat	durchdrungen,
Christus caelum ascenderat	Christus ist zum Himmel aufgestiegen.
Christus cum Deo sederat	Christus hat sich zu Gott gesetzt,
ubi nunquam defuerat	wo er (doch) niemals abwesend war.
Gloria haec est altissimo	Dieser Ruhm gebührt Gott, dem Allmäch-
Deo Patri ingenito	tigen, dem Vater, dem Ungeborenen,
honor ac summo Filio	und Ehre dem höchsten Sohne,
unico unigentio	dem einzigartigen Christus,
Spirituique obtimo	und dem äußerst gütigen,
Sancto perfecto sedulo	vollkommenen, emsigen Heiligen Geist!
Amen fiat perpetua	Amen, es geschehe in fortdauernden,
in sempiterna saecula	immerwährenden Zeiten!

Anhang: Amra Choluimb Chille

Lobhymne auf Columcille

Nach der irisch-englischen Ausgabe von Whitley Stokes (aus: *Revue Celtique*, Paris 1899), auszugsweise in der englischen und in deutscher Übersetzung wiedergegeben. Eine weitere Fassung im irischen Originaltext und mit englischer Teilübersetzung ist in: „Irish Liber Hymnorum“ (London 1898) enthalten.[188] Der Ausgabe von Stokes liegt die älteste erhaltene Abschrift der „Bodleian Library, University Oxford“ (Rawlingson B. 502), aus dem 12. Jh. zugrunde. Daher bezeichnet Stokes diese Hs. als „The Bodleian Amra Choluimb Chille“. Diese Eulogie ist erst nach Columbas Todesjahr 597 gedichtet worden. Die in der Hs. vollständig erhaltene *Amra* ist in 10 Kapitel mit 145 Abschnitten gegliedert, die Stokes durchnumeriert hat. Die Kapitel tragen lateinische Überschriften; sie seien nun in Latein und Deutsch wiedergegeben.

Die Kapitel der Lobhymne

I De annuntatione obitus Coluim cille et de dolore maximo Scotorum, et de mestitia omnium rerum in morte Columbae	1. Über die Nachricht von Columb cilles Tod und über die überaus große Trauer der Iren, und von der Sorge für alle Dinge bei Columbas Tod
II De ascensione illius in caelum et de saeculo et de positione eius	2. Über seine Himmelfahrt, seine Welt und Stellung
III De regione ad quam pervenit Columb cille et de pluribus gradibus eius	3. Über die Region, in die Columb cille gekommen ist und über seine vielen Ränge

IV De passionibus eius in terra, et de odio eius apud Diabulum	4. Über seine Leiden auf Erden und über seinen Widerwillen gegen den Teufel
V De sapientia et de indulgentia illius	5. Über seine Weisheit und Güte
VI De admiratione et de caritate et de abstinentia eius	6. Über seine Verehrung, Liebe und Enthaltsamkeit
VII De prudentia eius et lectione et sapientia	7. Über seine Klugheit, Lesung und Weisheit
VIII De commemoratione eius laudis a rege Nepotum Neill, i.e. ó Aed mac Anmerech	8. Über die Erwähnung seines Lobes durch König Húi Néill, i.e. Aed mac Anmere
IX De tristitia et de luctu Nepotum Neill in morte Columbae	9. Über die Betrübnis und Trauer von Húi Néill bei dem Tod von Columba
X De consummatione laudis Columbae	10. Über den Abschluss des Lobliedes für Columba

Es folgt nun ein Auszug aus den im Original in altirischer Sprache verfassten Versen der 145 Abschnitte – davon fünf Verse (115–119) von König Aed – in der englischen Übersetzung von Stokes (mit Seitenangabe) und in deutscher Übersetzung. Mehr als 50 Jahre nach Stokes hat *Vernam Hull* die *Amra* nochmals durchgesehen und einige Korrekturen in der Übersetzung angebracht[189], die hier berücksichtigt werden und mit den hochgestellten Indices H...H am Beginn und Ende der neuen Eintragung versehen sind.

Über die literarische Qualität der Verse äußerte sich Stokes negativ, während spätere Einschätzungen zu einer anderen Bewertung kommen, handelt es sich doch um archaische Verse von hoher Dichtkunst. Hull hält den Text zur Hauptsache für dunkel und schwer verständlich, und weist darauf hin, dass spätere Kommentatoren ihn kaum verstanden haben können. Für das Metrum der *Amra* ist, wie überhaupt für altirische Dichtung, die Anzahl der Silben in den einzelnen Zeilen wie auch im letzten Wort einer Zeile der in irischer Sprache geschriebenen Verse von besonderer Bedeutung. Ebenso spielt die Alliteration eine große Rolle, wie beispielsweise bei den folgenden Versen in der irischen Originalfassung:

1. *Dia Dia dorrogus rétias inna gnuis* (p. 148)
6. *Ni disceoil dúe Neill* (p. 156)
85. *Ba din no nochtaib / Ba did do bochtaib* (p. 268) (Vers mit Lautmalerei).

Es ist unmöglich, diese Metrik in der Übersetzung wiederzugeben. Die hier in geschweifte Klammern {...} hinzugefügten Erläuterungen (das Glossar) sind nicht von DALLÁN verfasst, sondern erst zu späterer Zeit geschrieben, vermutlich vom Schreiber dieser Hs. Auch sie werden nur auszugsweise wiedergegeben. Die eckigen Klammern [...] kennzeichnen eigene kommentierende Beifügungen.

Die Verse der Lobhymne (Auszug)

Capitulus I	**1. Kapitel**
6. Not newless (is) the House of Niall (p. 157)	**6.** Nicht ohne Neuigkeit ist das Haus Neill [Etwas Ungewöhnliches ist geschehen]
13. He that [H]preserved the living[H] has died (p. 163)	**13.** Er, die Lebenden behütet hat, ist gestorben
14. For unto us he was our chieftain of the needy (p. 163) {he was certain to take pity on our need has died}	**14.** Denn für uns war er unser Haupt des Bedürftigen {er hatte Erbarmen mit unserer Not, als er starb}
15. For unto us he hath died he who was messenger to God (p.163)	**15.** Denn für uns ist er gestorben, er, der ein Bote zu Gott war
19. The whole world it was his (p. 165)	**19.** Die ganze Welt war sein [Sein Geist umfasste die ganze Kultur, sein Herz Gott und die Schöpfung]
20. 'Tis a harp without a *céis*, 'tis a church without an abbot (p. 165)	**20.** Es ist (wie) eine Harfe ohne Steg, so ist eine geistliche Gemeinschaft ohne Abt
Capitulus II	**2. Kapitel**
23. He kept watch as long as he existed (p. 167) {Clearly he used to lie in the sand, in his bed after great toil, the num-	**23.** Er hielt Wache, so lange er lebte {Zweifellos lag er für gewöhnlich in dem Sand, in seinem Bett nach schwerer Arbeit, die Zahl seiner

ber of his ribs thro' his raiment was manifest, provided the wind would blow it.}

27. He was an eminence learned in the book of law (p. 169)

28. The land in the North blazed (p.169), His (was) the district Occidens (p.171)
{he illuminate or inflamed or benefited lands and districts}

29. Together Oriens blazed (p. 171)

30. From body-restrained clerics (p. 171)
{from the clergy whom he taught by heart when he sent them to (pope) Gregory}

32. God's angles (came) at the time he upraised himself (p. 171)

Capitulus III

33. He came to the laudations (made) by hosts, (by) archangels (p. 173)
{Dear the angel of colloquy, Axal venerable, noble, so that he comes from my god with a gifted host of angels to benefit (?) me.}

34. He has reached the country (where) night is not seen at all (p. 173)

36. He has reached the plains where the *mos* is that melodies are not born (p. 175)

Rippen war durch die Kleidung sichtbar, vorausgesetzt, der Wind würde durch sie blasen.}

27. Er war eine Eminenz, erfahren in dem Buch des (göttlichen) Gesetzes

28. Das Land im Norden flammte auf, sein (war) das Gebiet „der Westen"
{er erleuchtete oder förderte Länder und Gebiete} [Er missionierte im schottischen Hochland, doch seine Heimat blieb Irland]

29. Gemeinsam flammte „der Osten" auf

30. Durch körperbeherrschte Kleriker
{durch die Kleriker, die er (die Hymne *Altus Prosator)* auswendig (zu sprechen) lehrte, als er sie zum Papst Gregor sandte}

32. Gottes Engel kamen zu der Zeit, als er auferstand

3. Kapitel

33. Er kam zu den Lobgesängen der Heerscharen, der Erzengel

{Lieb der Engel des Gespräches, Axal,[190] ehrwürdig, großmütig, so dass er von meinem Gott kommt mit einer erlesenen Schar von Engeln, um mir wohlzutun}.

34. Er hat das Land erreicht, wo überhaupt keine Nacht gesehen wird

36. Er hat die Ebenen erreicht, wo die friedvolle Sitte herrscht, dass Wohlklänge nicht geboren werden. [Bereiche ewiger himmlischer Harmonien]

Capitulus IV

40. He was a horror to the Devil (p. 177)
{to the Devil or to *De-mal,* i.e. god of malum, or to *Dé-mál,* i. e. to the king of demons, who used to be always tempting Columba}

41. to whom celebration (of mass) was a hanging up (p. 177)
{Columba's celebration was a halter to the Devil. For the space of a mile and a half Columba's voice at celebration was manifest}

45. Knowledge of the Godhead was granted to him (p. 179)
{i.e. from God's Son he received that}

49. He forbad performances of choral songs by vast assemblies (p. 181)

Capitulus V

50. A course of grace he ran (p. 249)

51. Instead of hatred well-doing (p. 249)

53. [H]By (his) sagacity he made clear commentaries[H] (p. 253)

54. He ascertained the psalms (p. 253)
{he separated them under titles and arguments}

55. He made books of law known, books *ut* Cassian loved (p. 255)

57. The books of Solomon he followed them (p. 255)

4. Kapitel

40. Er war dem Teufel ein Gräuel
{dem Teufel oder *De-mal,* d. h. dem Gott des Bösen oder dem König der Dämonen, der Columba immer in Versuchung führen wollte}

41. für den die Feier (der Messe) Flucht bedeutete
{Columbas Feier war ein Strick für den Teufel. Über eine Entfernung von anderthalb Meilen war Columbas Stimme bei der Feier vernehmbar}

45. Ihm wurde sein Wissen von Gott gewährt
{d. h. von Gottes Sohn erhielt er sie}

49. Er untersagte Aufführungen von Chorälen bei großen Versammlungen
[Aufgrund der Erfahrung der Versammlung von Druim Cetta]

5. Kapitel

50. Er durchlief einen Weg der Gnade

51. Anstelle von Hass Wohltaten

53. Durch seinen Scharfsinn gab er deutliche Kommentare
[Durch seine klaren Erläuterungen machte er die Texte der Hl. Schrift verständlich]

54. Er verglich die Psalmen
{er ordnete sie nach Überschriften und Themen an}

55. Er machte Bücher des Gesetzes bekannt, Bücher wie Cassian (sie) liebte[191]

57. Er folgte den Büchern von Salomon [d. h. Teilen der Bücher der Lehrweisheit des AT]

59. He divided a division with figure between the books of the Law (p.257)
{i.e. he divided a division with allegorising between the books of reading or of lex, i.e. he used to distinguish history and sense, morality and mystical interpretation}

60. He read mysteries of great sages among schools of Scripture (p.257)
{when he was learning the Scriptures among schools he read science till he knew the great mysteries}

61. And he connected the mutual movement of the moon about the course of the sun (pp. 257, 259)
(i.e. moon before sun from the first to the fifteenth, and moon behind sun from the fifteenth to the first}

62. [H]He ran a course with the rayed sun[H] (p. 259)
{[H]i.e. he followed the course of the sun by its rays[H]}

63. and the course of the sea (p.259)

Capitulus VI

65. Who hath been, who will be, alive that would be as marvellous as he, the great sage, on the countries in the north-west? (p. 261)

66. He that knew not falsehood was lecturing until now (p. 261)

71. He gave up his eye's desire (p. 263)
{i.e. he sold for sake of God everything}

81. He was a physician at the heart of every sage (p. 267)

59. Er sonderte eine Gruppe mit Illustration unter den Büchern des Gesetzes ab
{d. h. er sonderte eine Gruppe mit allegorischer Darstellung ab unter den Büchern der Lesung oder des Gesetzes, d. h. er unterschied Geschichte und Sinn, Moralität und mystische Deutung}

60. Er las die Mysterien großer Weiser bei den Schulen der Hl. Schrift
{als er die Schriften bei den Schulen studierte, erhielt er Kenntnis, bis er die großen Mysterien verstand}

61. Und er verknüpfte die wechselseitige Bewegung des Mondes in bezug auf den Lauf der Sonne
{ d. h. der Mond vor der Sonne vom ersten bis zum 15. Tag [Vollmond], und der Mond nach der Sonne vom 15. bis zum ersten Tag [Neumond] }
[er kannte die Entstehung der Phasen des Mondes]

62. Er durchlief die Bahn mit der Strahlen aussendenden Sonne
{er folgte dem Lauf der Sonne durch ihre Strahlen}

63. und die Strömung des Meeres

6. Kapitel

65. Wer ist gewesen, wer wird lebend sein, der so wunderbar sein würde wie er, der große Weise, in den Ländern im Nordwesten?

66. Er, der Falschheit nicht kannte, predigte bis jetzt

71. Er gab das Begehren seiner Augen auf
{d h. er gab Gott zu Liebe alles weg}

81. Er war ein Arzt am Herzen jedes Weisen

82. Our diadem of colloquies, who used to converse,
it was abstinence of which he died (p. 267)
{i.e. he died of thirst, i.e. he died of a longing for drink, for in the year he died he used to partake of liquor or food only on Saturday and on Sunday}
85. To the naked he was a shelter, to the poor he was a nurse (p. 269)
{i.e. as to clothing for them against cold, as to food he was a consolation to living bodies}
87. From Columba (came) the discipline of tribes (p. 269)
89. Christ will take him into service among the righteous (p. 269)
{i.e. among angels and archangels}
90. because of the long periods that he had displayed (p. 269)
{i.e. because of the long time that he was exhibiting here, i.e. his devotion}

Capitulus VII.

91. Wise (is) the sage who reached the track of the Four (p.271)
{the track of the four evangelists}
93. [H]He was a guardian of a hundred churches, a draught upon completion of offering [H](p.271)
{*ut dicitur*: A land full of graves, at which kings leave a robe; an abbot of a hundred churches to which a billow comes; a head in a cowl of satin (passing) by us}

97. He used to perform no fasting that was not according to the (heavenly) King's law (p.273)
{i.e. he fasted not on Sundays}

82. Unsere Hoheit der Zusammenkünfte, die zu sprechen pflegte,
es war Enthaltsamkeit, woran er starb
{er starb an Durst, d. h. er starb an dem Verlangen zu trinken; denn in dem Jahr, als er starb, nahm er Flüssigkeit oder Nahrung nur samstags und sonntags zu sich}
85. Den Nackten war er ein Schutz, den Armen eine Amme
{d. h. er bekleidete sie gegen Kälte, in bezug auf Nahrung war er den lebenden Körpern ein Trost}
87. Durch Columba (kam) die Schulung der Stämme
89. Christus wird ihn in den Dienst nehmen bei den Gerechten
{d. h. bei den Engeln und Erzengeln}
90. wegen der langen Perioden, die er ausgebreitet hat
{d. h. wegen der langen Zeit, die er hier vorgelegt hat, d. h. seine Frömmigkeit} [in der Grundlegung des christlichen Glaubens]

7. Kapitel

91. Weise (ist) der Kluge, der die Spur der Vier erreicht
{die Spur der vier Evangelisten}
93. Er war ein Wächter von hundert Kirchen, ein Zug bei der Erfüllung des Opfers
{*wie es heißt*: Ein Land voll von Gräbern, auf dem Könige eine Robe lassen [wo viele Könige begraben sind]; ein Abt von hundert Kirchen, zu dem eine Woge kommt, ein Kopf in einer Kutte aus Satin, (die vorbeigeht) bei uns}
97. Er führte kein Fasten durch, das nicht dem Gesetz des (himmlischen) Königs entsprach
{d. h. er fastete nicht an Sonntagen}

99. Living his name. Living his soul (p. 275)	**99.** Lebendig sein Name. Lebendig seine Seele
100. because of the multitude that he caused (to be) under the holy law (p. 275)	**100.** wegen der Menge, die er veranlasste, unter dem heiligen Gesetz zu sein
103. He quelled his niggardliness (p. 277) {*ut dixit poeta*: Are ye pleased when truth is told you? Whither love goes treasures go; to one who is dear niggardliness (*neoit*) is not shown.}	**103.** Er bezwang seine Knauserei [Er war großzügig] {*wie der Dichter gesagt hat*: Gefällt es dir, wenn Wahrheit dir gesagt wird? Wohin Liebe geht, gehen Schätze; an einem, der teuer ist, wird Geiz nicht sichtbar}
105. No whit of jealousy he takes away, no whit of envy he takes away (pp. 277, 279)	**105.** (Selbst) wenig Eifersucht, (selbst) wenig Missgunst nimmt er hinweg [Er duldete keine Art von Missgunst]
108. Through the idolatrous folk, he meditated on (their) evil (p. 279)	**108.** Wegen des Volkes, das an Götzen glaubte, sann er über (ihr) Übel nach
110. A long battle, He sought after truth, He used to fight against the Flesh (pp. 279,281)	**110.** Ein langer Kampf: Er suchte nach Wahrheit, er kämpfte gegen das Fleisch
113. He was buried before age, before debility (p. 281) {*ut dicitur*: Noble the guest who reached Iona, a man who was thrice buried, Columba, the pure heart, the son of the King of heaven and earth}	**113.** Er wurde vor der Zeit begraben, vor der (Alters-)Schwäche {*wie gesagt wird*: Edel der Gast, der Iona erreichte, ein Mann, der dreimal begraben wurde, Columba, das reine Herz, der Sohn des Königs von Himmel und Erde} [„dreimal begraben“: aus Irland verbannt; auf Iona ins Grab gelegt; vermutlich später nach Downpatrick umgebettet][192]
114. For dread of the infernal regions into Alba (he went) (p. 281)	**114.** Aus Furcht vor den höllischen Sphären (ging er) nach Schottland hinein
Capitulus VIII.	**8. Kapitel**
115. [H]Aed vowed (pledged) the steadfast song, which was composed (for going) to heaven, to the mighty champion of all people[H] (p. 283)	**115.** Aed vertraute auf (verpflichtete) das getreue Lied, das geschrieben wurde für die Himmelfahrt, für den großen Meister aller Menschen

{i.e. Aed, son of Anmere, gave seven *cumals* (twenty one cows) to the Blind one (Dallán) for inserting his name in this eulogy of Columba, and Aed charged Dallán that this song should be more steadfast than any song}

116. Not undear (p.283)

117. Not trifling. He flattered not (pp.283, 287)

120. From men he went away, [H]he rightly sat beside God[H] (p.401)

121. For pomp, for splendour, Conall's descendant in (his) monastery distributes pure hospitality (p.401)

123. [H]In the grammar of Greece he conversed with an angel of ex-Gaul[H] (p.403)

{[H]i.e. an angel who formerly as a human being inhabited the southern region of Gaul, where Greek was spoken[H]}

126. He was no increase to the world: he was constant to the remembrance of the Cross (p.405, 407)

{never came hither to the world one who would more constant to the recollection of the Cross of the Son of God}

129. [H]who commits no offence against the Father's course from which he died[H] (p. 407)

{d. h. Aed, Sohn von Anmere, gab dem Blinden sieben *cumals* (21 Kühe) dafür, seinen Namen in diese Eulogie für Columba einzufügen, und Aed schärfte Dallán ein, dass dieses Lied unerschütterlicher sein sollte als irgend ein anderes Lied}

116. Er war nicht unbeliebt
[Er war beliebt bei Aed]

117. Es war nicht leichtfertig. Er schmeichelte nicht
[sagt Aed aus eigener Erfahrung]

120. Von den Menschen entfernte er sich, zurecht saß er neben Gott

121. Anstelle von Pomp, anstelle von Pracht bietet Connals Nachkomme in (seinem) Kloster reine Gastfreundschaft
[Connals Nachkomme Columba war auf Iona überaus gastfreundlich]

123. Über griechische Grammatik unterhielt er sich mit einem Engel von außerhalb Galliens

{ein Engel, der früher als ein Mensch den südlichen Teil von Gallien bewohnte, wo griechisch gesprochen wurde}

126. Er war kein Zugang zur Welt: er war treu dem Gedächtnis des Kreuzes

{niemals kam bisher einer zur Welt, der treuer dem Gedächtnis des Kreuzes von Gottes Sohn gewesen wäre}

129. der kein Ärgernis gegen den Weg des Vaters hinterlässt, von dem her er starb
[Er blieb im Angesicht des Todes, der ebenso Gott gewollt war, gelassen]

Capitulus IX

130. Grief broke Cond's Part through his (Columba's) going to an abode of exceeding goodness (p.407, 409)

133. He cried (like a) melodious lion in a collection of preys (p. 409)

135. (His) journey in flesh to heaven, his choice he made joy (and) summer-peace (p.411)
{i.e. he made his choice as to the land wherein are peace and joy)

137. Not (for him) the wail of a single house, not (for him) the wail of a single string (p.413)
{i.e. not in one house is there wailing for him, *sed in multis domibus*}

139. It was due: (for) the lamp of the King, of God, which was quenched (here), has reblazed (in heaven) (p.415)

Capitulus X.

140. This is the eulogy of the king that made me king, who will convoy us to Zion (p.415)

{i.e. he conferred kingship upon me, for 'tis Columba that gave me the chiefbardship (of Ireland); [and] he will protect us to the heavenly Zion}

142. May it be easy (to cast) dark faults from me (p.417)
{*ut dicitur*: Let us sing the melody the sages sang, in the way they

9. Kapitel

130. Kummer breitete sich in Cons Teil (im nördlichen Irland) aus durch (Columbas) Abgang zu einem Aufenthalt von außerordentlicher Güte
[der Himmel, ein Ort von großer Güte]

133. Er sprach laut (wie ein) wohlklingender Löwe in einer Sammlung von Raubtieren

135. (Seine) leibhaftige Reise zum Himmel, seine Wahl, er bereitete Freude und Sommerfrieden
{d. h. er traf seine Wahl für das Land, wo Frieden und Freude herrschen}

137. Nicht die Klage eines einzelnen Hauses (um ihn), nicht die Klage einer einzelnen Saite (um ihn)
{d. h. nicht in einem Haus wird um ihn geklagt, sondern in vielen Häusern}

139. Es war angemessen: (denn) die Lampe des Königs, von Gott, die (hier) gelöscht wurde, ist (im Himmel) wieder aufgeflammt

10. Kapitel

140. Das ist die Eulogie des Königs, der mich zum König [der Barden] machte, und der uns zum Zion geleiten wird

{d. h. er verlieh mir Königtum, denn es ist Columba, der mich zum Hauptbarden (von Irland) machte; [und] er wird uns beschützen bei dem himmlischen Zion}

142. Möge es leicht sein, schwere Schuld von mir zu nehmen
{*wie gesagt wird*: Lasst uns die Melodie singen, welche die Weisen

Irische Küstenlandschaft.

voiced it: would that (I were) out of my body! I would say what they have said}

144. Vast the great variation, vast, (as) of a poem (in praise) of heaven's holy lights (p. 419)

145. I have no opportunity. Not newless (p. 419).

sangen und auf dem Weg anstimmten: dann wäre das aus meinem Körper heraus! (Dann) würde ich sagen, was sie gesagt haben}

144. Ungeheuer groß die große Variation, ungeheuer (groß) die eines Gedichtes (im Lobpreis) der heiligen Lichter des Himmels

145. Ich habe keine (andere) Gelegenheit. Nicht ohne Neuigkeiten.[193]

Eingangsportal zur Ruine der Abteikirche von Clonmacnoise.

IV.
Die irische Mönchskirche des 6. Jahrhunderts

Nach der ausführlichen Lebensbeschreibung der Nationalheiligen St. Brigid und St. Columba oder Columcille knüpfen wir nun wieder an Kapitel III.1 an. Wir blenden auf die Übersicht auf der Seite 106 zurück, wo zwölf herausragende Heilige und ihre Klostergründungen mit einem Sternchen * näher gekennzeichnet sind, und folgen der dort angegebenen Einteilung dieser Klostergründer. Auf Brigid (1*) und Columba (18*) wird hier nochmals in Form von Zusammenfassungen kurz eingegangen.

1. Heilige Frauen und Nonnenklöster

Die Gründung von Nonnenklöstern im frühchristlichen Irland überrascht nicht; denn die Frau besaß bereits in der keltischen Kultur, insbesondere in der keltischen Mythologie, ein hohes Ansehen. So stammte das irische Göttergeschlecht, die *Tuatha Dé Danann,* von der Göttermutter Dana oder Anu ab, die zugleich „Irland" und die „Mutter Erde" verkörperte. Das Bild der Mutter steht traditionell für positive Lebensäußerungen, für Fruchtbarkeit, Bestandswahrung und Fürsorge. Diese besondere Wertschätzung der Frau, zumindest aus der höheren Gesellschaftsschicht des Adels, gab es in Irland also bereits zu druidischer Zeit und wurde vom keltisch-irischen Christentum bereitwillig übernommen.

Das große Vorbild für eine tugendsame Frau in frühchristlicher Zeit war natürlich die Gottesmutter MARIA. In ihrem nach den Tugenden von Glauben, Gehorsam, Reinheit und Hoffnung ausgerichteten Leben praktizierte sie kraft der göttlichen Gnade nachahmenswerte christliche Grundhaltungen schlechthin. Insbesondere war es das Ideal der Jungfrau, das jungen Frauen in Irland als Vorbild diente und sie veranlasste, abseits familiärer Bindungen den weiteren Lebensweg als Nonne einzuschlagen. Bereits ST. PATRICK sprach davon, dass sich neu getaufte Christinnen zu „Jungfrauen Christi" erklären, vielleicht sogar weihen ließen und ihre Zahl immer größer wurde.[194] Ob es bereits zu Lebzeiten Patricks zu Klostergründungen kam, ist allerdings fraglich. Aber zweifellos legte er einen Grundstein für die nachfolgende monastische Periode der altirischen Kirche, die dann etwa zwei Jahrzehnte nach seinem Tod durch ST. BRIGID und ST. MONENNA ihren Anfang nahm.

Die Gründerin eines Frauenklosters amtierte wie selbstverständlich als Äbtissin, die ihren Priester für die sakramentalen Aufgaben einsetzte und selber als Leiterin des Klosters – auch eines Doppelklosters für Nonnen und Mönche – fungierte. Ihr oblagen dann die organisatorischen, wirtschaftlichen, häuslichen und fürsorglichen Aufgaben: Sie sorgte für die ihr zum Gehorsam verpflichteten Nonnen, organisierte deren Bildung und Tätigkeit, kümmerte sich um die Landwirtschaft und knüpfte die Beziehungen nach außen, besonders auch zu anderen Klöstern. Sie trug damit Züge, wie sie zuvor der keltischen Muttergottheit zugeordnet wurden. Dementsprechend wurde in den viel später verfassten *Vitae* auch von den vollbrachten Wundern der heiligen Frauen, insbesondere in landwirtschaftlicher und häuslicher Umgebung, berichtet: so von einer Wunderkuh, von der wunderbaren Speisenvermehrung und von der Wiederherstellung eines zerbrochenen Gefäßes.[195]

Wenden wir uns nun näher den drei ausgewählten heiligen Frauen zu.

1* Die heilige Brigid von Kildare (ca. 450–ca. 525)

Die Nationalheilige Irlands ist bereits in dem vorangegangenen Kapitel ausführlich gewürdigt und dort als eine der geheimnisvollsten Persönlichkeiten der keltisch-irischen Kirche bezeichnet worden. Wer war St. Brigid wirklich? War sie vielleicht doch nur die christianisierte keltische Göttin *Brigida* oder nach dem damaligen Volksglauben die Hebamme Jesu oder gar die wiedergeborene Heilige Maria?

Doch ist sie im Herzen des katholischen Irlands bis heute lebendig geblieben und insofern als eine wirklich existente Persönlichkeit der irischen Kirchengeschichte anzuerkennen. Zweifellos ist Brigid für die Transmission keltisch-religiöser Vorstellungen in den christlichen Glauben so repräsentativ wie kaum ein anderer Heiliger der irischen Kirchengeschichte, trug sie doch charakteristische Züge der keltischen Göttin gleichen Namens und wurde von einem druidischen Priester erzogen. So sind von vornherein keltische Einflüsse auf ihr religiöses Denken und Handeln anzunehmen.

In dem im frühen 15. Jh. aus älteren Mss. kompilierten *Book of Lismore* findet sich der Bericht über eine traumhafte Vision des Pflegevaters von ihrer Taufe, an der drei Engel in weißen Gewändern beteiligt waren, über den Kopf des Mädchens geweihtes Öl gossen und – wie es dann weiter heißt –

> *in üblicher Weise den Taufritus beendeten. Der dritte Engel sagte zum Druiden, dass der Name des Mädchens Brigida sein sollte. Da erwachte der Druide und erzählte, was er gesehen hatte.*[196]

Im Traum des Druiden verbanden sich bereits keltischer Bräuche mit christlichen Ritualen, wie sie dann für zahlreiche Praktiken Brigids charakteristisch waren, so etwa im Kult des Ewigen Feuers und in ihrer religiös bestimmten Achtsamkeit gegenüber allem Lebendigen in der Schöpfung.

Brigid, dargestellt als Schutzherrin der Fischer am Fluss Boyne (Ausschnitt), Museum Drogheda, Co. Louth/Leinster.

Als Äbtissin des von ihr in einem heiligen Eichenhain der Kelten errichteten Doppelklosters von Kildare musste sie über große organisatorische Fähigkeiten verfügen wie auch spirituelle Einsichten besitzen und vermitteln können.

Brigids Popularität hält bis heute in Irland an: Sie ist die Schutzherrin der Dichter, Schmiede und Heiler, ebenso der Fischer, wie das nebenstehende Bild zeigt. Sie ist *Mary of the Gael,* Maria der Gälen; ihr Festtag, der 1. Februar, liegt unmittelbar vor Mariä Lichtmess, dem Tag des geweihten Lebens.

St. Brigid ist die bedeutendste Frau der irischen Christenheit und als Erbin keltisch-druidischer Lebensweisheit die große, in allen menschlichen Nöten vermittelnde und helfende Heilige, die noch heute um Schutz angefleht wird. Davon spricht eine Hymne auf Brigid aus dem *Book of Lismore,* die hier in Englisch und Deutsch wiedergegeben wird:[197]

Brigid, vortreffliche Frau, eine Flamme golden und wunderbar,
möge sie, die Sonne blendend, glänzend,
uns zum ewigen Königreich führen!
Möge uns Brigid vor dem Andrang von Dämonen schützen!
Möge sie vor uns die Kämpfe jeder Krankheit brechen!

Möge sie in uns die Lasten unseres Fleisches zerstören,
sie, der Zweig mit Blüten, die Mutter von Jesus,
die wahre Jungfrau, geliebt, mit unermesslicher Würde.
Möge ich immer sicher sein, mit meiner Heiligen von Leinster!

Eine der Säulen des (christlichen) Königreiches mit Patrick, dem überragenden,
sie, der Mantel über dem Bund (?), die Königin der Königinnen!
Lass unsere Körper nach hohem Alter in Sackleinen sein;
Mit ihrer Güte möge Brigid auf uns einströmen, befreie uns!

Brigit, excellent woman, a flame golden and delightful
May (she), the sun dazzling, splendid, guide us
to the eternal Kingdom!
May Brigit save us beyond throngs of demons!
May she break before us (the) battles of every disease!

May she destroy within us our flesh's taxes,
The branch with blossoms, the mother of Jesus!
The true virgin, dear, with vast dignity,
May I be safe always, with my saint of Leinster!

One of the colums of (the) kingdom with Patrick, the pre-eminent,
The vesture over liga, *the Queen of Queens!*
Let our bodies after old age be in sackcloth;
With her grace may Brigit rain on us, free us!

3* Monenna (Monínne, Darerca) von Killeevy (ca. 435–ca. 517)

Eine der ersten weiblichen irischen Heiligen war Darerca oder St. Monenna, die einige Jahre vor St. Brigid im heutigen Co. Down im Nordosten Irlands geboren wurde. Sie entstammte einer Königsfamilie und war, wie viele andere irische Heilige auch, der Adelsschicht zugehörig. Monennas Vater, ein Pikte, war König des betreffenden Territoriums, so dass sie von Kindheit an eine ausgezeichnete Bildung genoss.

Die Lebensgeschichte von St. Monenna, von Conchubranus (Conchobar) in der *Vita Sanctae Monennae* erst zu Beginn des 11. Jhs. anhand von Aufzeichnungen des 9. Jhs. aufgeschrieben, ist kaum als authentisch anzusehen. Zudem hat der Autor den Namen *Monenna* mit *Modwenna*, dem Namen einer anderen Heiligen aus dem 7. Jh., durcheinander gebracht.[198] Dennoch sind seiner *Vita* einige Einzelheiten aus dem Leben von St. Monenna zu entnehmen.

Monenna soll hiernach von St. Patrick den Schleier für das künftige Leben einer „Jungfrau Christi" erhalten haben. Ihre weitere Ausbildung wurde ihrem Onkel St. Ibar von Beg Ére in Wexford, übertragen, der bereits vor St. Patrick in Irland missioniert hatte. Zu dieser Zeit, als Frauenklöster erst im Entstehen waren, war es üblich, dass eine „Jungfrau Christi" im jugendlichen Alter noch eine zeitlang in ihrem eigenen Heim verblieb, sich hier – oft unter Führung eines Priesters – in Gebet und Studium auf ihr künftiges Leben vorbereitete und sich später anderen Frauen in einer kleinen Gemeinschaft anschloss.[199] Monennas Werdegang wurde von St. Ibar begleitet, der aber Patrick ablehnend gegenüberstand. Er wollte St. Patrick, einem Mann aus Britannien, der die irischen Traditionen wenig kennen konnte, nicht das Patronat über Irland zugestehen.[200]

Monenna ging in Begleitung von Ibar nach Leinster, lebte dort in Gemeinschaft mit anderen Schwestern, zog dann aber wieder zurück in den Norden Irlands, wo sie um 490 nahe bei der heutigen Stadt Newry am Fuße des Berges Slieve Gullion das Kloster Killevy (*Cell-Sléibhe-Cuillinn*) gründete. Auf dem Weg dorthin besuchte sie mit den sie begleitenden Schwestern St. Brigid in Kildare. Hier kam es zu einer Begegnung dieser beiden heiligen Frauen, die ihr Leben ganz in den Dienst der Botschaft Christi gestellt hatten. Monenna war die Ältere, doch Brigid die Erfahrenere, deren Ruhm sich bald über das ganze Land ausbreiten sollte.

Über Monennas Tätigkeit und Wirksamkeit ist wenig überliefert. Ihr Kloster, dem sie als Äbtissin vorstand, hatte regen Zulauf und bot als eines der ersten in Irland die monastische Lebensweise

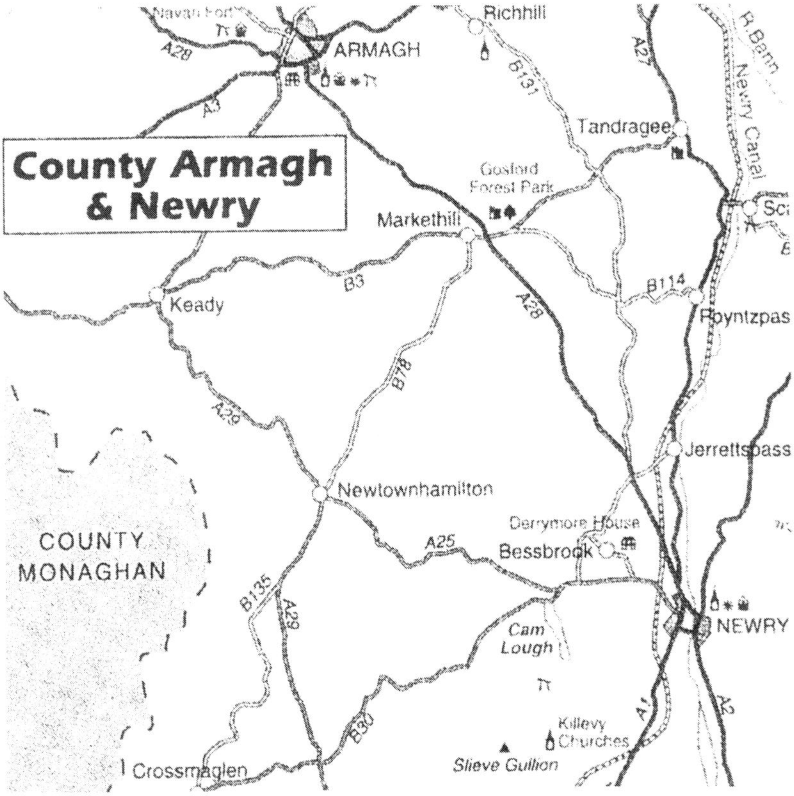

Kloster Killeevy (Killevy) bei Newry,
südöstlich von Armagh.

auch für Frauen dar, wenn auch in strenger Regelung des Gemeinschaftslebens.

Über die Heiligkeit von St. Monenna wurde ein Hymnus geschrieben, der vermutlich wie die *Vita Sanctae Monennae* von Conchubranus aus dem frühen 11. Jh. stammt. Daraus seien die folgenden Strophen in Latein – hier auch in deutscher Übersetzung – zitiert.[201]

250. In sanctae Monennae

1 Deum, deorum Dominum,
2 Regem et sponsum virginum,
3 Sempiternum, infinitum,
4 Invocemus praevalidum;
5 Sanctae Monennae meritum
6 Et nos ducat post obitum
7 In regni refrigerium,
8 **R** Quam tu, Christe perpetua
9 Collocasti in gloria.

1. Audite sancta studia
Virginum Christi milia,
Sanctae Monennae plurima,
Sana, summa, salubria,
Quam perrexit industria
Donante Christi gratia.

2. Benedicta Patricio
. . . .
Sub virginali pallio
Consecraverat Domino
Templum cordis hospitio,
Christo digna possessio.

4. Donavit illi maximam
Deus virtutum gratiam;
Certam, veram, propheticam
Futurorum scientiam,
In omni coetu gloriam,
De adversis victoriam.

5. Erat illi mirabile
De aqua vinum facere,
Petram in sal[em] efficere;
Temptata filiis satanae
Semper ditata manere
Visionis angelicae.

6. Fertur Monennae vitulus
Raptus a lupis protinus,
Egit noctem miserrimus
Inter lupis, fit pavidus;
Illa orante citius
Sanus a bestiis redditus.

250. Zu Ehren der heiligen Monenna

Lasst uns Gott, den Herrn der Götter,
den König und Bräutigam der Jungfrauen,
den immerwährenden, unendlichen,
übermächtigen, anrufen;
das Verdienst der heiligen Monenna
führe auch uns nach dem Hinscheiden
in das Labsal der Königreiches,
R *wie du (es), Christus,*
in ewiger Herrlichkeit eingerichtet hast.

1. Vernehmt die heiligen, tausendfachen
Anstrengungen der Jungfrauen Christi,
die meisten von der heiligen Monenna,
die verständigen, vorzüglichsten, Heil bringenden,
wie sie ganz der Eifer geleitet hat,
den die Gnade Christi gewährt.

2. Gesegnet ist sie durch Patrick
[der sie]. . . . .
unter dem jungfräulichen Schleier
dem Herrn geweiht hatte,
ein Tempel für die Herberge des Herzens,
ein würdiger Besitz für Christus.

4. Ihr hat Gott die größte
Gunst für Wundertaten gewährt;
für die sichere, wahre, prophetische
Kunde von künftigen Dingen,
für den Ruhm bei jeder Versammlung,
für den Sieg über die Gegner.

5. Es war ihr Wunderbares zu eigen,
aus Wasser Wein zu machen,
einen Felsen zu Salz zu machen,
versucht von den Kindern Satans (bösen Geistern)
immer makellos zu bleiben
für (ihre) die engelhafte Erscheinung.

6 Es (wurde) der Monenna ein Kalb fortgetragen,
weit weg, geraubt von Wölfen.
Es verbrachte ganz schrecklich eine Nacht,
voller Angst bei den Wölfen.
Als Monenna [für das Kalb] betete,
kehrte es im Nu heil von den Bestien zurück.

7. Gloriosum miraculum
Divulgatum per populum;
Unum occidit vitulum
Servis Dei convivium,
Fecit Monennae meritum
Vivum haberi iterum.

7. Das ruhmreiche Wunder
hat sich im Volk verbreitet.
Ein Kalb war verloren gegangen,
das mit den Dienerinnen Gottes zusammenlebte.
Es war das Verdienst von Monenna,
es lebendig wieder zu bekommen.

8. Humilis erat animo,
Excelsa tamen merito,
Terram arabat sarculo
Eremitarum studio,
Virum gerens proposito
In corpore femineo.

8. Gedrückt war der Geist,
überragend jedoch der Lohn.
Mit einer Hacke pflügte sie die Erde,
in der Sorgfalt der Eremiten,
wirkte so bei einer Sache der Männer
in Anbetracht ihres weiblichen Körpers.

12. Magnam struxit ecclesiam
in desertis egregiam,
In qua virtute maxima
Fecit laude dignissima;
Defunctam unam filiam
Suscitavit emortuam.

12. Eine große Kirche erbaute sie,
ruhmvoll in der Einöde,
in der sie bei größter Tugend
das höchste Lob (für Christus) bereitete.
Sie hat eine verstorbene Tochter
vom Tod auferweckt.

13. Narrant item de vasculo
Mirum dictu argenteo,
Magno immisso fluvio
Longo terrarum spatio;
Monennae nota superno
Transmissum est a Domino.

13. Ebenso erzählt man von einem kleinen,
wunderbesagten silbernen Gefäß,
in einem großen einströmenden Fluss
an einer entlegenen Stelle der Erde;
der Monenna bekannt, ist es
(ihr) vom himmlischen Gott übertragen worden.

14. O Christi santam virginem,
Mariae imitatricem!
O verae vitis palmitem,
Cum omni fructu arborem!
O regis sponsam sublimem,
Deo semper amabilem!

14. O heilige Jungfrau Christi,
die der Maria Nachgebildete!
O Zweig des wahren Weinstocks!
Baum mit jeder Frucht!
O erhabene Braut des Königs,
die für Gott immer Liebenswerte!

18. Stola induta gloriae,
Spe secura victoriae
Sponsum sequitur ubique
In caeli latitudine,
Electorum in ordine
Refulget solis splendore.

18. Bekleidet mit der Stola des Ruhmes,
in der sicheren Hoffnung des Sieges
folgt sie überall dem Bräutigam
in der Weite des Himmels,
in der Ordnung der Auserwählten
erstrahlt sie im Glanz der Sonne.

19. Transacta nocte media,
Voce clamante superna,
Cum lampade praelucida
Sponso occurrit obvia,
Prudens, edocta filia,
Sponsi transit ad gaudia.

19. Mitten in der Nacht,
ein Rufen von himmlischer Stimme,
mit hell leuchtender Lampe
eilt sie dem Bräutigam entgegen,
klug, eine gründlich belehrte Tochter,
geht sie hinüber zur Freude des Bräutigams.

23. Zona Christi durissima Praecinxit sancta viscera, Qua perfecta deposita Vestitur stola byssina Inter sanctorum agmina Saeculorum in saecula.	23. Mit dem dauerhaften Gürtel Christi ist (ihr) heiliger Leib umgürtet, da wo er endgültig niedergelegt ist, wird er von einem linnenen Gewand bedeckt zwischen den Scharen der Heiligen für ewig.

Anmerkungen zu diesem Hymnus

R in der Eingangsstrophe, Zeilen 8 u. 9, wird am Schluss jeder Strophe wiederholt;

die Strophen haben jeweils 6 Zeilen à 8 Silben mit zumeist zweisilbigem Endreim;

weggelassene Verse besingen überwiegend den Liebreiz Monennas und die himmlischen Freuden;

die anderen Verse berichten zumeist von der nicht ungewöhnlichen Tätigkeit einer Nonne und von einigen Wundern, die Monenna vollbracht hat;

Strophe 13 spricht in etwas rätselhafter Weise von einem silbernen, von Gott gesandten Gefäß in einem großen Fluss, vielleicht in symbolhafter Sprache von der ihr von Gott geschenkten Reinheit.

Strophe 19 schließt an Matthäus 25,6 an.

Strophe 23 verwendet das Symbol des Gürtels Christi, der Monenna nach ihrem Tod umschließt. Dieses Bild bringt nochmals die geistig-moralische Bindung der Heiligen an den Herrn zum Ausdruck.

Als *Anhang zum Hymnus* fügt der Herausgeber drei Distichen bei, die nun auch namentlich auf MODWENNA, die andere Heilige ähnlichen Namens, bezogen sind.[202] Die Verse seien wieder im lateinischen Original und in deutscher Übersetzung wiedergegeben:

Ortum Modvennae dat Hibernia, Scotia finem,
Anglia dat tumulum, dat Deus alta poli;
Prima dedit vitam, sed mortem terra secunda
Et terram terrae tertia terra dedit.
Aufert Lanfortin, quam terra Conallea profert,
Felix Burtonia virginis ossa tenet.

Den Anfang Modvennas gibt Irland, Schottland das Ende,
England gibt den Grabhügel, Gott die Weiten des Himmels;
das erste Land gibt das Leben, aber das zweite den Tod,
und das dritte Land hat Erde der Erde gegeben.
Bringt Lanfortin (sie) hervor, so trägt (sie) das Conalleische Land fort,
das glückliche Burton besitzt die Gebeine der Jungfrau.

5* Ita (auch Íte, Ide) von Killeedy/Munster (ca. 480–570)

Etwa eine Generation nach St. Brigid wurde St. Ita (auch Íte, Ide), neben der Nationalheiligen Brigid die bedeutendste Heilige der irischen Kirche, im südöstlichen Irland, dem heutigen Co. Waterford geboren. Ihr Vater war Cennfoelad oder Confhaola, der Nachfahre eines Gesetzgebers, und ihre Mutter Necta (Necht) soll eine Schwester von Brigids Mutter gewesen sein.[203] Demnach sind Ita und Brigid trotz des Altersunterschieds Nichten gewesen.

Bereits in jungen Jahren wurde Ita getauft und fühlte sich bald berufen, eine Nonne zu werden. Zu der Berufung ist zu bemerken, dass um das Jahr 500 vor allem aufgrund der überragenden Stellung und Bedeutung von St. Brigid in der keltisch-irischen Kirche junge Frauen darin unterstützt wurden, sich ganz in den Dienst der Botschaft Christi zu stellen. Die aufblühende monastische Kirche hatte die Fähigkeit von Frauen zur spirituellen Leitung erkannt und bemühte sich nun darum, junge Frauen zu ermutigen, den Schleier zu nehmen und in Gemeinschaft mit anderen „Jungfrauen Christi" ein christliches Leben in Demut und Nächstenliebe zu führen. Widerstand kam allenfalls noch immer vom Elternhaus. So wollte auch der Vater Itas die Tochter nicht freigeben, sondern nach seinem Willen verheiraten; doch sie lehnte wie schon Brigid selbstbewusst die privilegierte Heirat ab.

Augenscheinlich muss Ita nach Herkunft, Bildung und Charakter eine außergewöhnliche Frau gewesen sein, verkörperte sie doch, wie es heißt, die Tugenden „irischer Fraulichkeit", nämlich: Weisheit, Reinheit, musikalische Fähigkeit, freundliches Reden und häusliche Fähigkeiten.[204]

Diese Qualitäten kamen dem Werdegang der jungen Frau zugute. In Itas *Vita* heißt es, dass ihr ein Engel bei dem Abschied von der Familie behilflich war.[205] Bereits im Alter von 16 Jahren verließ sie die häusliche Umgebung und zog von Leinster nach dem weiter westlich gelegenen Connacht. Hier lebte sie in Gemeinschaft mit anderen jungen Christinnen. Sie legte das feierliche Gelübde einer Nonne ab und empfing mit dem weißen Schleier die Weihe als „Jungfrau Christi“. Der genaue Zeitpunkt ist nicht bekannt, ebenso wenig, ob sie einen spirituellen Führer hatte, der sie auf ihre große Aufgabe als Äbtissin vorbereitete.

Dabei ist Weisheit zu verstehen als Einsicht in ein von Gott geführtes Leben, die Reinheit als Haltung einer standhaften Seele, der die bösen Geister nichts anhaben können, und musikalische und häusliche Fähigkeiten als Eigenschaften, die Ita für ihre späteren Aufgaben als Äbtissin und Leiterin einer Klosterschule förderlich waren, während freundliches Reden als Zeichen christlicher Offenherzigkeit zu sehen ist.

In Munster (Co. Limerick), südlich der heutigen Stadt Newcastle West, gründete St. Ita ihr Kloster bei Clúain-credal (d. i. „heilige Wiese“), dem späteren Cell Die (Killeedy). Das Datum der Gründung ist ungewiss, könnte aber um das Jahr 500 liegen. Ein derart frühes Datum würde noch in die Jugend von Ita fallen, die aber durch ihre verwandtschaftliche Beziehung zu St. Brigid viel von deren monastischen Erfahrungen in Kildare erfahren konnte. Ein deutlicher Hinweis auf eine frühe Klostergründung ergibt sich schließlich aus der Einrichtung einer Schule für jüngere Knaben in Itas Konvent. Ihr berühmtester Schüler war der um 490 geborene Brendan, der dann als „Brendan der Seefahrer“ einer der populärsten Heiligen der keltisch-irischen Kirche wurde.[206] Brendan blieb vielleicht fünf Jahre an der Knabenschule Itas, und noch später soll ihm die Heilige mit klugen Ratschlägen beigestanden haben.

Die Lehre von St. Ita beherzigte drei Leitsätze:

- den Glauben an Gott mit der Reinheit des Herzens verbinden, d.h. der wahre Glaube, der den Kindern vermittelt werden soll, muss das Innerste erreichen;
- in christlichem Geist ein einfaches Leben führen, sich also in Demut mit dem zufrieden geben, was nur unbedingt zum Leben erforderlich ist, wie auch sich in acht nehmen vor eigenen Begierden und Einflüsterungen von außen;
- sich von Großherzigkeit und von Nächstenliebe leiten lassen, d.h. dem Nächsten beistehen, wo und wann immer es Not tut.

St. Íte, Glasfenster in der St. Kieran's Church, Ballylooby.

Für Ita selbst hieß das auch, als „spiritual director" offenen Herzens Suchende auf ihrem Glaubensweg zu begleiten. In dieser Funktion als geistliche Begleiterin folgte sie einer bereits in vorchristlicher Zeit in Irland bestehenden Praxis, einem jungen Menschen im Anschluss an seine Ausbildung an einer druidischen Schule als „Seelenfreund" (*anam ċara*) auf seinem weiteren Lebensweg spirituell zu begleiten und beizustehen. Durch ihren unermüdlichen Einsatz für die Pflege und Förderung des klerikalen und besonders des monastischen Nachwuchses erwarb sich St. Ita schließlich den Ruf einer „Pflegemutter (Foster Mother) der Heiligen von Irland".

Nach einem überaus arbeitsreichen, im Zeichen der Nächstenliebe achtsam geführten Leben starb Ita um das Jahr 570 in ihrem Kloster Killeedy. Für sich selbst wie auch für ihre Mitschwestern und Schützlinge waren drei religiöse Gebote verpflichtend: das nie endende Gebet, die geistliche Vertiefung in der Meditation und das asketische Leben durch Fasten. Darüber heißt es in der Jahrhunderte später geschriebenen *Vita*:

Sine impedimento in oratione et meditatione Sanctae Trinitatis persistis. Si quis enim ita fuerit Deus semper cum eo erit.[207]

(Ohne Festhalten an der Heiligen Dreifaltigkeit in Gebet und Meditation kommst du nicht voran. Wenn du dich nämlich so verhältst, wird Gott immer mit dir sein.)

2. Irische Mönchsklöster vor 500

Wie wir aus Berichten über das frühe Klosterleben in der ägyptischen Wüste erfahren konnten, tendierten bereits die ersten Mönche der Ostkirche zu einem asketischen Leben an abgeschiedenen Orten abseits der umtriebigen Welt. In Irland, einem in der ausgehenden Antike noch immer dünn besiedelten Land ohne Städte, war es im Grunde nicht erforderlich, für ein monastisches Leben abgelegene Orte abseits der heimatlichen Umgebung aufzusuchen. Dennoch verbreiteten die Festlichkeiten in adligen Kreisen wie auch Fehden zwischen verfeindeten Clans immer wieder eine merkliche Unruhe in der Region. Die jungen Männer, die zu einem vertieften christlichen Leben bereit waren, lebten zunächst unter der Leitung eines spirituellen Führers zusammen. In der Frühzeit der Klöster war es allerdings nicht so leicht, für die geistliche Begleitung einen ausgebildeten Kleriker zu finden. An einem abgeschiedenen Ort wurden dann die Zellen um eine kleine Kapelle herum errichtet. So begann das zönobitische Mönchsleben als ein gemeinschaftliches spirituelles und doch arbeitsreiches Leben. Frühe Klostergründungen erfolgten mit Vorliebe an Orten keltischer Heiligtümer, an denen mit Einverständnis der früheren Nutzer dann die Andachten und Messfeiern der Christen zelebriert wurden. Auch auf diese Weise wurden keltisch-religiöse Stätten gewaltlos in das Christentum überführt. Für die neuen Klöster stellten in dem betreffenden Stammesgebiet die Adligen, die zum neuen Glauben konvertiert waren oder ihn zumindest tolerierten, geschützte Orte zur Verfügung.[208]

In der frühen zönobitischen Form lebten die Mönche noch einzeln in ihren getrennten Zellen und kamen, auch wenn sie ein Schweigegebot vereinbart hatten, zu gemeinsamen Mahlzeiten zusammen. Von dieser monastischen Mischform handelt ein überliefertes scherzhaftes, aber doch charakteristisches Kuriosum dreier Anachoreten, die sich in die Einsamkeit zurückgezogen und strenges Schweigen vereinbart hatten. Am Ende des ersten gemeinsamen Jahres erlaubte sich der Älteste zu sagen:

„Das Einsiedlerleben ist ein gutes Leben." Ein Jahr später soll ein anderer Eremit geantwortet haben: „Ja". Am Ende des dritten Jahres empörte sich der dritte Mönch: „Wenn man hier nicht ruhig leben kann, kehre ich in die Welt zurück." [209]

Wie übertrieben diese Begebenheit auch dargestellt ist, wirft sie doch ein treffendes Licht auf das ernsthafte, bereits von strengen Regeln bestimmte Bemühen um ein spirituelles Leben in Klausur und Askese.

Mit St. Patrick nahm das monastische Leben in Irland seinen Anfang. Der Heilige weihte zahlreiche junge Christen zu Mönchen und Nonnen, ohne dass zu seiner Zeit schon Klöster gegründet wurden. So wurde das monastische Ideal bereits von Patrick vertreten, doch erst eine Generation später wurde in Irland damit begonnen, es in die Praxis umzusetzen. Die entscheidenden Impulse für den Beginn des monastischen Lebens kamen von der *Candida Casa*, dem „Magnum Monasterium" im südwestlichen Schottland, und aus dem jungen walisischen, von St. Cadoc gegründeten Kloster Llangarvan.

Von den frühen Mönchsklöstern in Irland seien nun zwei bedeutende Beispiele ausgewählt und näher dargestellt: das auf der Aran-Insel Inishmore von St. Enda gegründete Kloster Killeany und das von St. Buíte († ca. 520) gegründete Doppelkloster Monasterboice in Nähe der heutigen Stadt Drogheda.

2* Énda mac Conaill von Aran (450–ca. 530)

Killeany (*Cell-Enda*), das älteste Mönchskloster und zugleich die älteste Klosterschule Irlands, wurde von St. Énda vermutlich schon vor 490 auf Inishmore (*Inis Mór, Ára-mór*), der größten der drei Aran-Insel gegründet.

Diese Inselgruppe ist in der weiten Galway-Bucht vor der Westküste Irlands gelegen und etwa 50 km von der Stadt Galway entfernt. In geologischer Hinsicht bilden die Inseln die Fortsetzung eines Kalkstein-Sockels des Burrens (Co. Clare), eines Gebietes südöstlich von Galway.

Inmitten der endlosen Weite und Einsamkeit des atlantischen Ozeans gelegen, bieten die Inseln landschaftlich einen nahezu trostlosen Anblick. Konnten denn große Steinblöcke und karge Felsen, die nur wenig fruchtbaren Landstriche und das stürmische, oft mit heftigen Regengüssen daherkommende Wetter die geeigneten Voraussetzungen für ein monastisches Leben sein?

Über die Unwirtlichkeit dieser Landschaft bemerkte der vielleicht bedeutendste irische Dramatiker *John M. Sygne* (1871–1909), der um das Jahr 1900 die Inseln mehrmals für längere Zeit besuchte, in einem Buch über die Aran-Inseln:[210]

> *Eine Woche mit jagenden Nebeln liegt hinter uns und hat mich in eine seltsame Stimmung versetzt, als sei ich verbannt und preisgegeben. Fast jeden Tag wandere ich auf der Insel umher, doch nirgends kann ich etwas anderes entdecken als eine Anhäufung von Felsbrocken, den Gürtel der Brandung und dahinter die stürmischen Wellen.*

Schon bedingt durch die schwierigen insularen Lebensumstände war mit der Gründung der Mönchsiedlung Killeany durch Énda eine streng geregelte Ordnung für das monastische Leben erforderlich. Doch gerade die Anforderungen der harten Askese in der Abgeschlossenheit von der Welt entsprachen durchaus dem frühchristlichen Ideal des Weltverzichts, wodurch die buß-

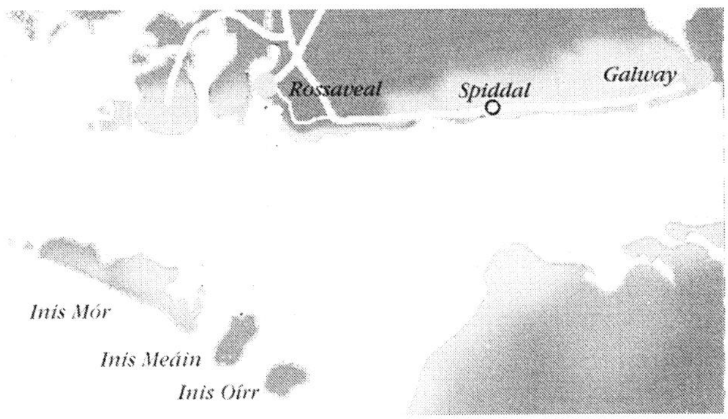

Die Aran-Inseln vor der Galway-Bucht (nach: Aran magic. Island Ferries.)

fertige Gemeinschaft von Killeany eine große Anziehungskraft gewann.

Wenden wir uns nun dem Leben von St. Énda zu. Auch für Endas nähere Lebensumstände sind wir auf Mitteilungen angewiesen, die erst viel später aufgeschrieben wurden und deren hagiographischer Charakter unverkennbar ist.

Wie viele andere Heilige Irlands war auch St. Énda königlicher Abstammung.[211] Er wuchs in der Provinz Ulster auf und war in jungen Jahren offenbar an Kämpfen gegen benachbarte Clans beteiligt. Seine Schwester Fanchea, die den Schleier einer „Jungfrau Christi“ genommen hatte, soll ihn davon überzeugt haben, seine Waffen niederzulegen und sich taufen zu lassen. Über diesen bedeutsamen Vorgang wird berichtet, dass Énda der Aufforderung seiner Schwester nur folgen wollte, wenn sie ihm ein junges Mädchen aus ihrer Gemeinschaft zur Frau geben würde. Doch noch vor der Eheschließung starb die ihm zugesicherte Jungfrau. Daraufhin nötigte ihn Fanchea, den Leichnam des Mädchens anzuschauen. Damit wollte die ältere, lebenserfahrene Schwester ihren Bruder darüber belehren, dass auch er einmal den Tod und das göttliche Gericht zu erwarten habe. So ließ Énda sich schließlich taufen.[212]

Seine priesterliche Ausbildung erhielt Énda vorwiegend in der dem heiligen Martin geweihten Candida Casa in Galloway im südwestlichen Schottland. In diesem „Magnum Monasterium“, dem für das aufbrechende monastische Leben in Irland wichtigsten Kloster, erkannte er, wie notwendig eine strenge Klosterregel für ein asketisch und geordnet geführtes monastisches Leben war. Nach der Priesterweihe in der Candida Casa war für Énda der Weg eines keltisch-irischen Heiligen endgültig vorgezeichnet. Von seinem Schwager, dem bereits zum Christentum konvertierten König Aengus (*Oengus mac Nadfroich*) von Munster, erhielt Énda für das von ihm auf Inishmore vorgesehene Kloster ein Gebiet zugewiesen. Aengus starb vermutlich im Jahr 489, also müsste die klösterliche Ansiedlung Killeany auf der Insel vor 489 begonnen worden sein.[213]

Inishmore war aufgrund der schwierigen Lebensumstände zu dieser Zeit nur wenig besiedelt. Die Errichtung des Klosters Killeany muss eine mühsame und langwierige Arbeit gewesen sein. Als Baumaterial für die bienenkorbähnlichen Einzelzellen der Mönche auf Inishmore stand nur Stein zur Verfügung und nicht auch Flechtwerk von Bäumen und Sträuchern wie auf der grünen Hauptinsel.

Doch führten gerade die beschwerlichen Umstände auf Inishmore zu einer engen monastischen Gemeinschaft, die unter Éndas strenger Regel willig die Einfachheit des asketischen Klosterlebens erduldete. Diese Klosterregel ist, wie auch die meisten anderen Regeln früh-mittelalterlicher irischer Klostergründungen, nicht bekannt. Sie dürfte aber, ausgehend von den monastischen Tugenden und Gelübden, eine genaue Ausführung über die alltäglichen Aufgaben und Pflichten der Mönche wie auch einen Kodex der drohenden Strafen bei Verfehlungen enthalten haben. Die Brüder führten ein entbehrungsreiches Leben mit teils schwerer Arbeit bei der Errichtung der klösterlichen Siedlungen und bei den mühevollen Feldarbeiten zwischen den Steinen, eingedenk des Paulus-Wortes:[214]

> *Gott hat uns dazu berufen, heilig zu sein... Setzt eure Ehre darein, euch um die eigenen Aufgaben zu kümmern und mit euren Händen zu arbeiten, wie wir euch aufgetragen haben.*

Das geistliche Leben war erfüllt von andachtsvollen Studien der Heiligen Schrift und von Gebeten einer naturnahen Spiritualität

Ruinen der Klosterkirche von Killeany auf der Insel Inishmore.

angesichts der stürmischen Gewalten des Meeres und im Anblick der überwältigenden Schönheit der Schöpfung. 1400 Jahre später hat *John M. Synge* sein Erleben der Naturelemente auf Aran mit den Worten beschrieben:[215]

> *Bei Sonnenuntergang öffneten sich die Wolken, und der Sturm wurde zum Orkan. Purpurne Wolkenbänke erstreckten sich über den Sund, wo von Westen ungeheure Wogen heranrollten... Die Bucht war eine einzige grüne Raserei, und Connemaras Berge im Osten waren lila und rot angehaucht. Diese Welt stummer Gewalten beeindruckte mich unsagbar, und jetzt um Mitternacht, bei nachlassendem Wind, zittere ich noch immer und bin vor Freude trunken."*

So lebten die Mönche auf Inishmore abgeschieden in ihrem Refugium. Aus ihren in stiller Zufriedenheit ausgeführten Tätigkeiten erwuchs unter der klugen und vorausschauenden Leitung St. Éndas ein wichtiges Pilger- und Missionszentrum mit weiteren monastischen Gemeinschaften, die sich um eigene Kirchen gruppierten. Im Laufe der folgenden Jahre wurde Inishmore von immer mehr gelehrigen Schülern aufgesucht. Zu den bekanntesten Besuchern gehörten Cieran von Clonmacnoise und Finnian von Clonard, dann einige Zeit später Finnian von Moville, vermutlich auch Columcille und Brendan der Seefahrer, der auf Aran für den göttlichen Schutz auf hoher See im Gebet gedankt haben soll.

Letztlich ist aus authentischen Quellen jedoch wenig über das monastische Leben auf der Insel überliefert. Doch dürften auf Inishmore keltische Bräuche das monastische Leben stark beeinflusst haben, zumal steinerne Bauten auf der Insel, wie das mächtige Ringfort *Dun Aengus*, von der keltischen Geschichte unübersehbar Zeugnis ablegen. Das Fort gilt als Refugium der *Fir Bolg*, eines frühkeltischen, in Irland nicht endgültig assimilierten Stammes.

Schließen wir mit einem irischen Ackersegen, der zum lebendigen Volksgut gehört:[216]

Nun will ich gehen, die Saat zu segnen.
Mit heiligem Wasser will ich sie besprengen
im Namen des Vaters, der alles Gute gibt,
im Namen des Sohnes, der allem Leben verleiht,
im Namen des Geistes, der alles mit Segen erfüllt.
Ich werfe den Samen in die gute Erde,
mögen die Stürme sie verschonen.
Nichts soll auf den Felsen fallen und nichts am Weg verdorren.
Ich gehe nun, die Saat zu segnen, anrufend die Dreieinigkeit:
Gott gebe Wachstum für alles, was unter der Sonne ist.

4* Buíte mac Brónaigh (Búithe) von Monasterboice (Mainister Búíte) († ca. 529)

Eines der ältesten Klöster Irlands ist Monasterboice, nördlich der heutigen Stadt Drogheda (Co. Louth) in einem weiten Tal gelegen und von mäßig ansteigenden Hügeln umschlossen. Es wurde von St. Buíte, einem Zeitgenossen der heiligen Brigid, in dem Gebiet seines eigenen Clans im östlichen Meath nicht weit von der Irischen See um das Jahr 500 gegründet. *Buíte* ist die irische, *Boice* die englische Form des Lateinischen Namen Boecius und hat zur Bildung des Klosternamens „Monasterium Buíte" geführt. Unter Buítes Leitung entwickelte sich das Kloster zu einem wichtigen spirituellen Zentrum der keltisch-irischen Kirche.

Es wurde bald zu einem der frühen Doppelklöster erweitert, deren Ursprung im ägyptischen Mönchtum liegt. Doch während in Ägypten, wie etwa in Tabenessi, und anfangs auch in Irland bei St. Brigid die Teilklöster für Mönche und Nonnen räumlich nicht getrennt waren, legte St. Buíte größten Wert auf eine Trennung. Denn im 6. Jh. war die Einrichtung von Doppelklöstern aus moralischen Gründen umstritten, und es gab sittenstrenge Vorbehalte. Dazu heißt es in der *Vita* über Buíte:[217]

> *Monalium quoque monasterium in remoto fieri a loco virorum ipse ordinavit, ne in aliquo fama castitatis laedetur.*
>
> (Auch hat er selbst angeordnet, das Kloster der Nonnen vom Ort der Männer entfernt zu errichten, damit nicht bei irgendjemand der Ruf der Keuschheit [des Klosters] beschädigt werde.)

Über das Leben von St. Buíte liegen nur Mitteilungen aus späterer Zeit vor, die sich jedoch auf ältere Quellen stützen konnten. Demnach kam auch Buíte aus der gesellschaftlichen Oberschicht. Er hatte adlige Eltern (*generosis parentibus ortus*), die bereits dem Christentum angehörten. Sie lebten an einem entlegenen Ort, und aus Angst vor räuberischen Überfällen hatten sie die Gewohnheit, die Nächte nach Möglichkeit unter freiem Himmel zu verbringen. Über die Nacht von Buítes Empfängnis wird von einem wunderbaren Geschehen in der *Vita* erzählt: Es war eine sternklare Nacht, Stille überall, vielleicht ab und zu ein Tierlaut; die künftigen Eltern schliefen nicht. Da sahen die Wachenden einen Stern, der in feurigem Schein vom Himmel herabfiel und in das Innere der künftigen Mutter eindrang (*sub divo vigilantibus, stella igneo fulgore coruscans e celo descendens visa est os matris intrare*).[218]

Für die um das Seelenheil ihres Kindes besorgten Eltern war es schwierig, für die Taufe des Neugeborenen in der Abgeschiedenheit ihres Ortes einen Priester zu finden. Zu dieser Zeit – gegen Mitte des 5. Jahrhunderts – hatte St. Patrick seine intensive Missionstätigkeit längst begonnen, jedoch gab es noch immer zu wenig Priester im Land. Doch wie erstaunten die Eltern, als im nahe gelegenen Hafen unbekannte Kleriker per Schiff anlegten und ein freundlicher Priester sogleich bereit war, das Kind zu taufen. Er erklärte, Gott habe sie eigens zu der Taufe an diesen Ort gesandt. Dann prophezeite er, dass Buíte einmal groß sein werde bei Gott und den Menschen. Ihm sei ein außerordentliches Leben zugedacht, und seine Lehre werde vielen von Nutzen sein.

Auch über Buítes christliche Erziehung wird dann in der *Vita* näheres mitgeteilt. Er besuchte das Kloster Llandoff von Teilo (Tillianus) in Wales – und nicht in Italien, wie es in der *Vita* heißt – wo er sich einige Jahre aufhielt, dort das monastische Leben kennen lernte und die Heiligen Schriften studierte. Zum Priester geweiht, missionierte er kurze Zeit bei den Pikten im heutigen Schottland und gründete schließlich nach seiner Rückkehr um das Jahr 500 das Kloster Monasterboice, das ein wichtiges irisches Studien- und Missionszentrum wurde und bis zum 12. Jh. seine Bedeutung behielt.

Über Buíte sind, wie bei anderen irischen Heiligen auch, zahlreiche Wundergeschichten aufgeschrieben, die – wie schon früher ausgeführt – nicht einfach übergangen werden sollten, weil sie auf Besonderheiten seines Lebens und Charakters aufmerksam machen könnten. Hier sei noch von einem Erlebnis des Heiligen mit einem Wolf berichtet.[219]

Klosterruinen von Monasterboice.

Einmal, als St. Buíte in seinem Kloster in Klausur war, schlich sich ein Wolf an die Viehherde heran, raubte ein Kalb und tötete es. Es gab ein lautes Geschrei, und der Heilige schaute nach der Ursache dieses Lärms. Da sah er nahebei den Wolf, der die Flucht ergreifen wollte und den Wall, der die Klosteranlage umgab, übersprang. Dabei sprang er auf einen großen Dorn, der eine Pfote durchbohrte und den Wolf derart festhielt, dass er nicht flüchten konnte. Als nun der Heilige herbeieilte, bemerkte er, dass der Wolf seine Wildheit vollständig abgelegt und als Zeichen der Sanftmut seine Ohren gesenkt hatte. St. Buíte hatte Mitleid mit dem Räuber, zog den Stachel aus dem Fuß des Wolfes heraus und machte über die Wunde das Zeichen des Kreuzes, die sich daraufhin sogleich schloss.

Damit ist diese Erzählung aber noch nicht zu Ende. Der Wolf eilte davon und brachte nach einiger Zeit zum Erstaunen der Brüder ein Hirschkalb herbei, das er dem Kloster überließ, so als ob er sich bedanken und den angerichteten Schaden wieder gutmachen wollte. Offenbar hatte die Milde von Buíte die Wildheit des Wolfes besänftigt und in dem Tier ungeahnte seelische Regungen geweckt.

Am 7. Dezember 521 soll St. Buíte gestorben sein. An seinem Sterbetag soll er noch prophezeit haben, dass am selben Tag Columba geboren werde und 30 Jahre später sein Grab besuchen würde.[220] Zu späterer Zeit, als das Kloster weiter aufblühte, wurden dort einige bemerkenswerte Monumente errichtet, die zum Teil noch erhalten sind und zum Nachruhm dieser heiligen Stätte beigetragen haben.

Dazu gehören zwei gut erhaltene, reich geschmückte Hochkreuze mit Reliefdarstellungen aus dem Alten und Neuen Testament.

Das *Hochkreuz*, eine seit dem 7. Jahrhundert in Irland nachweisbare Besonderheit der irischen Devotionalien, ist in den Klöstern erst nach 700 ausgestaltet und aufgestellt worden. Es gehört somit nicht unmittelbar zur Frühgeschichte der keltisch-irischen Kirche, verweist aber mit den konstitutiven Elementen – dem hohen Schaft oder Monolith als Träger, dem ornamentalen Schmuck und den Figuren, vor allem aber mit dem „Keltischen Kreuz“ – in die Frühzeit.[221]

Das *Keltische Kreuz*, das heilige Symbol der keltisch-irischen Christenheit schlechthin, trägt einen das Kreuz umschließenden Ring, so als ob das Kreuz in seiner Symbolkraft den gesamten Erdkreis umschlösse. Vielleicht hat es sich ursprünglich aus der keltischen Sonnensymbolik entwickelt und wurde von der irischen Kirche in der Christus-Deutung als wahre Sonne übernommen. Doch ebenso lassen sich die zwei ersten griechischen Buchstaben im Wort Christus, X (Chi) und P (Rho), zu dieser Kreuzesform zusammenführen. Letztlich aber symbolisiert der Ring um das Kreuz über Irland hinaus die in Jesus geeinte Christenheit. In ritueller Hinsicht dienten die im Freien aufgestellten Hochkreuze der Andacht und inneren Sammlung etwa bei Begräbnissen, wobei die Reliefdarstellungen mit den biblischen Bildern die christliche Unterweisung von schriftunkundigen Christen unterstützen konnten.

Christusbild auf der Westseite des Hochkreuzes von Monasterboice.

Als Beispiel eines berühmten Hochkreuzes soll nun das ursprünglich dem hl. PATRICK gewidmete, gut 5 Meter hohe Muiredach-Kreuz von Monasterboice aus dem frühen 10. Jh. betrachtet werden. Es weist einen reichen Bilderschmuck auf und wird MUIREDACH († 922), einem Abt des Klosters, zugeordnet. Anhand einer schematischen Darstellung seien die nicht immer eindeutigen Reliefdarstellungen der Ost- und Westseite des Hochkreuzes erläutert.[222]

Das Kreuz steht auf einem Sockel (*10, 1w*) und trägt auf der Westseite darüber (*2w*) die Inschrift: „ORDO <oder OROIT> MUIREDACH LAS NDERNAD IN CHROS <oder CHROSSA>", in der Bedeutung von *Ein Gebet für Muiredach, der dieses Kreuz machen ließ*. Der Schaft ist in mehrere Felder mit Darstellungen biblischer Szenen unterteilt.

Monasterboice. Hochkreuz des Muiredach (frühes 10. Jh.).
Links: Ostseite, rechts: Westseite (Commissioners of Public Works in Ireland).

Die *Ostseite* zeigt in den Feldern *20-40* Darstellungen aus alttestamentarischen Erzählungen: Feld *20* den Sündenfall (links) und daneben den daraus folgenden Brudermord Kains an Abel; in Feld *30* neben zwei Propheten (?) ganz rechts DAVID, der Goliath (auf den Knien) bezwungen hat; und in Feld *40* schlägt MOSES Wasser aus einem Felsen. Feld *50* zeigt die Anbetung des Jesus-Kindes durch die Drei Hl. Könige, die sich von der Seite her auf die Heilige Familie zubewegen. Im Zentrum (*70*) steht der glorifizierte CHRISTUS, darunter in Feld *60* der in Irland hoch verehrte Erzengel

Schematische Darstellungen des Muiredach-Kreuzes von Monasterboice. Links: Ostseite, rechts: Westseite (nach Ziegler 1984, S. 105).

Michael als Seelenwäger, und darüber (*80*) schwebt der Hl. Geist. Das Hochkreuz wird oben von einer Art Reliquienschrein abgeschlossen; dort sind in Feld *90* die Wüstenväter Antonius und Paulus, Ahnherren des monastischen Lebens, dargestellt. *Die Westseite* besitzt auf dem Schaft drei Felder (*3w-5w*), die sich auf Jesus und seine Leidensgeschichte beziehen könnten. Im Zentrum (*6w*) steht der gekreuzigte Christus, zu beiden Seiten links und rechts sind Schwamm- und Lanzenträger zu erkennen, darüber (7w) am Haupt Christi zwei Engel. Den Abschluss der Westseite (8w) bildet eine biblische Szene mit Moses, der von seinem Bruder Aaron und dem Helfer Hur gestützt wird (nach: *Exodus 17,12*). Weitere biblische Reliefdarstellungen mit verschiedenen Ornamentmotiven schmücken die schmäleren Nord- und Südseiten des Muiredach-Kreuzes von Monasterboice.

Monasterboice besaß ein eigenes „Book of Monasterboice", das jedoch verloren gegangen ist und zum Teil in das bereits mehrfach genannten *Book of Lismore* übertragen wurde.

Das Kloster wurde mehrfach erweitert, jedoch Ende des 11. Jhs. teilweise niedergebrannt. Es soll noch bis zum 12. Jh. von Mönchen bewohnt worden sein, bis Mellifont Abbey, das erste Zisterzienserkloster in Irland, nicht weit von Monasterboice errichtet wurde. Heute werden noch Teile des früheren Klostergeländes als Friedhof genutzt. Die ältesten Gräber stammen, soweit erkennbar, aus dem 18. Jahrhundert.

3. Bedeutende Klostergründungen des 6. Jahrhunderts

Nach den Jahrzehnten des Übergangs zur monastischen Kirche in Irland erfolgte im Verlauf des 6. Jhs. ihr unkontrollierter Ausbau und Triumph gegenüber den vagen Ansätzen der Bischofskirche. Wie in dem Selbstlauf einer großen Idee, die sich überall ausbreitet, wurden mit der weiteren Christianisierung des Landes neue Klöster gegründet. Beinahe jede Kirche wurde nun das Zentrum einer klösterlichen Ansiedlung.

Mit der Gründung der Klöster entstanden ebenso neue Klosterschulen, die besonderen Wert auf den theologischen Unterricht legten. Die Knaben und Mädchen sollten zum Lesen und zur Frömmigkeit geführt werden. Dazu heißt es über das Studium der *Heiligen Schrift* in einer späten, aber überaus bedeutsamen Sammelschrift alter theologischer Klosterschriften aus dem 14. Jh., dem *Lebar Brece (Leabhar Breac)* oder Buch von Don Doighre am Shannon (Co. Galway):[223]

Die Heilige Schrift gehört zu den edelsten Geschenken des Hl. Geistes, wodurch die Unwissenheit erleuchtet, jede irdische Trauer getröstet, jedes geistliche Licht angezündet und jede Schwachheit gestärkt wird... Sie ist Mutter und freundliche Ernährerin für jeden, der sich in ihre Betrachtung versenkt.

Von den Evangelien erfreute sich das *Evangelium nach Johannes* besonderer Wertschätzung. Für diesen nicht von außen gesteuerten geistlichen Aufbruch lässt sich in den anfangs kleinen spirituellen Gemeinschaften eine tiefe Sehnsucht nach der lebendigen Gegenwart Gottes vermuten. Dafür sind spätere Berichte über mystische Erfahrungen in Meditationen, Träumen und Visionen der Heiligen besonders kennzeichnend. In den ersten Jahrzehnten des 6. Jhs. übte zudem die hl. BRIGID († um 525) einen segensreichen Einfluss auf neu entstehende Klöster aus, wodurch der Marienkult zum Leben erweckt wurde. Neben der Heiligen Schrift wurden zu dieser Zeit auch apokryphe Schriften gelesen.

So wurde das vermutlich erst im 2. Jh. aufgeschriebene *Protoevangelium des Jakobus,* aus dem in der Liturgie der Ostkirche rezitiert wurde, auch in Irland besonders beachtet, vor allem wegen der ehrfurchtsvollen Darstellung der Gottesmutter MARIA und ihrer Familie. „Protoevangelium“ bedeutet „erstes Evangelium“, das von einem Geschehen erzählt, das in den kanonischen Evangelien nicht enthalten ist. Im *Protoevangelium des Jakobus* wird beispielsweise darüber berichtet, wie am ersten Geburtstag Marias von ihrer Familie ein Festmahl gegeben wird und sie von ihrem Vater JOACHIM den Priestern vorgestellt wird. Die Priester segnen dabei das Kind mit den Worten:[224]

Gott unserer Väter, segne dieses Mädchen und gib ihm einen Namen, der ewig genannt wird von allen Generationen!

In sozialer Hinsicht wurde die rasche Entwicklung der monastischen Kirche von der Stammesstruktur der Gesellschaft besonders begünstigt. War innerhalb eines Stammesgebietes der Adel für das

Christentum gewonnen, dann war es naheliegend, dort auch ein regionales religiöses Zentrum zu schaffen. Unter dem Einfluss der Ostkirche, vor allem der koptischen Kirche Ägyptens, und besonders befördert durch die Verbreitung der Schriften von JOHANNES CASSIAN über das klösterliche Gemeinschaftsleben, wurden Einzelheiten des monastischen Lebens der Wüstenväter zunehmend in Irland bekannt. Ein zönobitisches Leben in selbst gewählter Armut und Askese in der Nachfolge JESU erschien nun als Erfüllung des christlichen Ideals schlechthin. War der Clan bereit, die äußeren Bedingungen für eine neue Klostergründung zu erfüllen, wurde der potentielle, derselben Großfamilie angehörige Klostergründer, etwa durch die Stiftung des künftigen Klostergebietes, tatkräftig unterstützt. Die Ländereien verblieben im Besitz des Klosters, damit immer noch auch des Clans, und gingen nun von dem Gründer und damit zumeist auch ersten Abt des Klosters auf den Nachfolger über.

Anders als im früheren Römischen Imperium bildete sich in Irland kein Staatschristentum heraus. Die alte Stammesordnung bestand weiterhin, und keltisch-religiöse Bräuche wurden entweder nicht angetastet oder wurden ohne Zwang in die christliche Kirche überführt. So kam es in Irland weder zu einem Machtkampf zwischen Druidentum und Christentum, noch erlitten Heilige den Märtyrertod. Die inneren, von der Tradition begünstigten religiösen Kräfte, die das monastische Leben trugen, waren das wirkende Agens für ein lebendiges Christentum ohne übergeordnete Instanz. Der Aufbau einer umfassenden kirchlichen Organisationsstruktur mit der Bildung von Kirchenprovinzen und Diözesen hätte der Entwicklung der monastische Kirche Irlands widersprochen und wäre ihr auch nicht förderlich gewesen. Träger des kirchlichen Lebens blieben für lange Zeit die Klöster, geleitet von den Äbten, die ihre Bischöfe häufig erst einsetzten oder in der Doppelfunktion als Abtbischöfe die pontifikalen Aufgaben selber übernahmen.

Die zahlreichen Klöster existierten ohne Konkurrenz nebeneinander, unterhielten häufig sogar freundschaftliche Beziehungen zueinander und bildeten Gebetsgemeinschaften oder Gebetsbru-

Auf dem Klostergelände von Glendalough: Kirche mit Rundturm.

derschaften, wie etwa die berühmten Klöster von Clonmacnoise und Glendalough.[225] Das Keltentum blieb weiterhin lebendig. In den Klosterschulen wurde die druidische Bildungstradition nach christlichen Glaubenssätzen weitergeführt. An Stätten keltischer Heiligtümer und druidischer Bildung entstanden mit den Klöstern christliche Zentren der Bildung und Kultur. So erreichten irische Klöster vom 6. Jh. an mit ihren kunstvoll geschmückten und gestalteten Schriften in den Skriptorien und mit der handwerklichen Kunstfertigkeit der Werkstätten ein hohes Ansehen weit über Irland hinaus.

Nach dem bereits wiedergegeben *Catalogus Sanctorum Hiberniae* endete in dieser schematischen Abfolge der Heiligen Irlands die erste Folge der Klostergründungen etwa um die Mitte des 6. Jhs. Zu dieser Zeit, genauer in den Jahren 548/49 wurde das Land von der Pest heimgesucht, die zweifellos das Leben vorübergehend

Zugangsweg zum Klostergelände von Glendalough.

gelähmt und zu einem Einschnitt der monastischen Entwicklung beigetragen hatte.[226] Zur ersten Folge gehören nach der früher getroffenen Auswahl die Gründungen von Clonard (um 520) durch Finnian I (7*), von Moville (*Mag-bile*) (um 540) durch Finnian II (10*) und von Clonmacnoise (ca. 548) durch Ciaran (11*). Es ist denkbar, dass Finnian I und Ciaran der Pestwelle zum Opfer gefallen sind.

Die zweite Folge der Heiligen läuft von der Mitte bis zum Ende des 6. Jhs. und unterscheidet sich nach dem *Catalogus* von der ersten Folge vor allem darin, dass unter dem Einfluss von Britannien unterschiedliche Messordnungen im Gebrauch waren und die kirchliche Mitwirkung von Frauen sichtlich abnahm. In diesem Zeitraum wurden einige der bemerkenswertesten Klöster der gesamten irischen Kirchengeschichte gegründet, darunter – entsprechend unserer Auswahl – Glendalough (Mitte des 6. Jhs.) von Kevin (13*), Bangor (um 555) von Comgall (16*), Clonfert ((um 555) von Brendan (17*) und das Kloster auf Iona oder Hy (563) gegründet von Columba (18*). Da von Bangor bedeutende Missionen ausgingen und Iona ein großes Missionskloster war, werden 16* und 18* in einer eigenen Gruppe IV angeordnet.

Einen besonderen Raum innerhalb der keltisch-irischen Kirche nahm seit St. Patrick – auch bedingt durch die Auseinandersetzungen mit dem Arianismus in Rom – das Bekenntnis zur Heiligsten Dreifaltigkeit ein. Zum Abschluss dieser Einführung sei daher noch eine *Litanei von von der Hl. Trinität* aus dem 10 Jh. wiedergegeben, die einer früheren Zeit zuzuordnen ist.

Diese Litanei kennzeichnet die Anrufung Gottes in den drei Personen in einer nur schwach ausgebildeten Wechselrede zwischen dem Vorbeter und der Gemeinde. Sie wurde vom Irischen ins Englische übertragen und wird hier in Englisch und in deutscher Übersetzung vollständig wiedergegeben.[227]

Litany of the Trinity

Mugrón, the coarb of Colum cille, haec verba composuit de Trintate
Have mercy upon us, O God
the Father Almighty

O God of Hosts/
O high God/
O Lord of the world/
O ineffable God/
O Creator of the Elements/
O invisible God/
O incorporeal God/
O God beyond all judgment/
O immeasurable God/
O impassible (patient) God/
O incorruptible God/
O immortal God/
O immovable God/
O eternal God/
O perfect God/
O merciful God/
O wondrous God/
O dreadful God/

O God of the earth/
O God of fire/
O God of the excellent waters/
O God of the tempestuous
and rushing (?) air
O God of the many languages round
the circuit of the earth/
O God of the waves from the bottomless house of the ocean/
O God of the constellations,
and all the bright stars

O God who didst fashion the mass
and didst inaugurate day and night/
O God, who didst rule over hell,
and its rabble host/
O God, who dost govern with archangels/
O golden good/

Litanei von der Trinität

Mugrón, der coarb[a] (?) von Columba,
hat diese Worte über die Trinität ersonnen
Erbarm dich unser, o Gott,
der allmächtige Vater

O Gott der Heerscharen/
O großer Gott/
O Herr der Welt/
O erhabener Gott/
O Schöpfer der Elemente/
O unsichtbarer Gott/
O unkörperlicher Gott/
O Gott jenseits allen Urteils/
O unermesslicher Gott/
O unempfindlicher (nachsichtiger) Gott/
O ehrenwerter Gott/
O unsterblicher Gott/
O unerschütterlicher Gott/
O ewiger Gott/
O vollkommener Gott/
O gütiger Gott/
O wunderbarer Gott/
O furchtbarer Gott/

O Gott der Erde/
O Gott vom Feuer/
O Gott der vorzüglichen Gewässer/
O Gott der stürmischen
und brausenden Luft/
O Gott der vielen Sprachen
rund um den Erdkreis/
O Gott der Wogen von der bodenlosen
Behausung des Ozeans/
O Gott der Sternbilder
und all der glänzenden Sterne/

O Gott, der du die Messe gestaltet
und Tag und Nacht eingerichtet hast/
O Gott, der du herrschst über die Hölle
und ihren demagogischen Wirt/
O Gott, der du regierst mit Erzengeln/
O goldenes Gut/

O heavenly Father, who art in heaven/
Have mercy upon us
[Ad Christum haec verba pertinent]
Have mercy upon us,
O Almighty God, Jesus Christ,
Son of the living God;

O Son twice-born/
O only begotten of God the Father/
O first born of the Virgin Mary/
O Son of David/
O son of Abraham/
O beginning of all things/
O completion of the world/
O Word of God/
O Way of the heavenly kingdom/
O Life of all things/
O everlasting Righteousness/
O Image, O Likeness,
O Form of God the Father/
O Arm of God/
O Hand of God/
O Might of God,/
O Right-Hand of God/
O true Knowledge/
O true Light of love, that lighteneth every darkness/
O guiding Light/
O Sun of righteousness/
O Morning star/
O Brightness of the Deity/
O Radiance of eternal brightness,
[O Fount of everlasting life]/
O Intelligence of the mystic world/
O Mediator of all men
(of God and men)/
O promised one of the Church/
O faithful Shepherd of the flock,/
O Hope of the faithful/
O Angel of the great counsel/
O true Prophet/
O true Apostle/
O true teacher/
O High Priest,/

O himmlischer Vater, der du bist im Himmel,
Erbarme dich unser
[Auf Christus beziehen sich diese Worte]
Erbarme dich unser,
O allmächtiger Gott, Jesus Christus,
Sohn des lebendigen Gottes

O Sohn, zweimal geboren/
O einziger von Gott, dem Vater, gezeugter/
O Erstgeborener von der Jungfrau Maria/
O Sohn von David/
O Sohn von Abraham/
O Anfang aller Dinge/
O Vollendung der Welt/
O Wort von Gott/
O Weg zum himmlischen Königreich/
O Leben aller Dinge/
O ewige Gerechtigkeit/
O Bild, O Gleichheit,
O Wesen Gottes, des Vaters[b]/
O Arm Gottes/
O Hand Gottes/
O Kraft Gottes/
O Rechte Hand Gottes/
O wahres Wissen/
O wahres Licht der Liebe, die
jede Dunkelheit hell macht/
O führendes Licht,/
O Sonne der Gerechtigkeit/
O Morgenstern/
O Klarheit der Gottheit/
O Strahlenglanz ewiger Helligkeit,/
[O Quelle des ewigen Lebens]
O Klugheit der mystischen Welt/
O Mittler aller Menschen
(von Gott und Menschen)/
O du von der Kirche Angekündigter/
O getreuer Hirte der Herde/
O Hoffnung der Gläubigen/
O Engel des Großen Rates/
O wahrer Prophet/
O wahrer Apostel/
O wahrer Lehrer/
O Hoher Priester/

O Master/
O Nazarene/
O Bright-rayed/
O everliving Satisfaction (of the living)/
O Tree of life/
[O true Heaven]/
O true vine/
O Rod of the stem of Jesse/
O King of Israel/
O Saviour/
O gate of life/
O choice Flower of the field/
O Lily of Valeys/
O Rock of strength/
O Corner-stone/
O heavenly Zion/
O Foundation of the Faith/
O innocent Lamb/
O Diadem/
O gentle Sheep/
O Redeemer of the human race/
O very God/
O very Man/
O Lion/ O Calf/
O Eagle/
O Christ crucified/
O judge of doom/

Have mercy upon us
[Haec verba ad Spiritum Sanctum pertinent]/ Have mercy upon us,
O God Almighty, O Holy Spirit/

O Spirit that art highest of all spirits/
O Finger of God/
O Protector of Christians/
O Comforter of the sorrowful/
O Clement one/
O merciful Intercessor/
O Imparter of true wisdom/
O Author of the Holy Scriptures/
O Ruler of speech/
O septiform Spirit/
O Spirit of Wisdom/

O Meister/
O Nazarener/
O heller Strahlenglanz/
O ewige Erfüllung (der Lebenden)/
O Baum des Lebens/
[O wahrer Himmel]/
O wahrer Wein/
O Reis vom Stamm Jesse/
O König von Israel/
O Erlöser/
O Pforte des Lebens/
O feinste Blume des Feldes/
O Lilie der Täler/
O Fels der Stärke/
O Eckstein/
O himmlisches Zion/
O Fundament des Glaubens/
O unschuldiges Lamm/
O Diadem/
O sanftes Schaf [c]/
O Erlöser des Menschengeschlechts/
O wahrer Gott/
O wahrer Mensch/
O Löwe/
O Kalb/ O Adler/
O gekreuzigter Christus/
O Richter des Jüngsten Gerichts/

Erbarme dich unser
[Diese Worte beziehen sich auf den Heiligen Geist]/ Erbarme dich unser,
O Gott allmächtiger, O Heiliger Geist/

O Geist. der du bist der höchste aller Geister/
O Finger Gottes[d]/
O Schirmherr der Christen/
O Tröster der Bekümmerten/
O Nachsichtiger/
O barmherziger Fürsprecher [e]/
O Spender wahrer Weisheit/
O Urheber der Heiligen Schriften/
O Herrscher der Rede/
O siebenfacher Geist/
O Geist der Weisheit/

O Spirit of understanding/
O Spirit of counsel/
O Spirit of strength/
O Spirit of knowledge/
O Spirit of affection/
O Spirit of fear/
O Spirit of love/
O Spirit of grace/
O Spirit from whom is ordered
every lofty thing/
[O Spirit that burnest up guilt/
O Spirit that washest sins/

O Holy Spirit
that rulest all created things,
visible and invisible/
Have mercy upon me/
O Almighty God, the heavenly Father,
and O only begotten Son,
Have mercy upon me/
Have mercy upon me,
O Father, O Son, O Holy Spirit/
Have mercy upon me, O only God/
O God of heaven,
have mercy upon me/
Have mercy upon me, O God,
from whom and through whom is the rule
of all created things for Thee, O God./
To Thee be glory an honour
for ever and ever./ Amen./
Omnipotens Deus, etc.]

O Geist des Verstandes/
O Geist des Rates/
O Geist der Stärke/
O Geist des Wissens/
O Geist der Zuneigung/
O Geist der Ehrfurcht/
O Geist der Liebe/
O Geist der Gnade/
O Geist, von dem jeder erhabene
Gegenstand geleitet wird/
[O Geist, der du Schuld verbrennst/
O Geist, der du Sünden wäschst/

O Heiliger Geist,
der du lenkst alle erschaffenen Dinge,
die sichtbaren und die unsichtbaren/
Erbarme dich meiner/
O allmächtiger Gott, himmlischer Vater,
und O einziger eingeborener Sohn,
Erbarme dich meiner[f]*/*
Erbarme dich meiner,
O Vater, O Sohn, O Heiliger Geist/
Erbarme dich meiner, O einziger Gott/
O Gott des Himmels,
erbarme dich meiner/
Erbarme dich meiner, O Gott,
von dem und durch den ist die Ordnung
aller geschaffenen Dinge in Dir, O Gott[g]*./*
Dir sei Ruhm und Ehre
für immer und ewig./ Amen./
Allmächtiger Gott, etc.]

Anmerkungen zu der Litanei

(...) u. [...] kennzeichnen Textversionen bzw. Ergänzungen in unterschiedlichen Quellen;
Interpunktionszeichen am Zeilenende sind zumeist weggelassen;
das Zeichen / kennzeichnet das Ende einer Zeile (Zeilenfall) entsprechend der englischen Übersetzung.
Textnachweise: *a* coarb (irisch) nicht übersetzbar; *b* Hebr 1,3 u. Phil 2,6; *c* Jes 53,7; *d* Luk11,20; *e* Röm 8,26 (*nicht wörtl.*).
f Wendung von der 3. Person Plural *unser* zur ersten Person Singular *meiner*;
g die Ordnung ist durch Gott und *zugleich* in Gott.

7* Finnian I (Fionán) von Clonard (Clúain Eráird) (470–549)

Clúain Eráird, Erards Wiese im Co. Meath, gehörte zu dem Land, das zu Anfang des 6. Jhs. in den Besitz des Úi Neill-Clans überging. Sie war der Sitz eines der frühen monastischen Zentren keltisch-irischer Frömmigkeit und Gelehrsamkeit. Aus einer kleinen Einsiedelei wuchs diese heilige Stätte rasch zu einer ausgedehnten Klosteranlage, die dank der Persönlichkeit ihres Gründers Finnian auf die spirituell begeisterungsfähige Jugend eine große Anziehungskraft ausübte.

Finnian, auch *Finnio moccu Telduib*, war Angehöriger des vornehmen, in der Provinz Ulster ansässigen Telduib-Clans, der auch noch später Äbte für das Kloster Clonard stellte. Er wurde in Myshall, Co. Carlow, unweit der heutigen Stadt New Ross geboren. Auch Finnans Geburt war, wie so häufig den Darstellungen der späteren hagiographischen Schriften zufolge, von einem wundersamen, in die Zukunft weisenden Geschehen begleitet. In jener Nacht sah seine Mutter eine Feuerflamme an ihrem Leib und einen weißen Vogel aus ihrem Schoß heraustreten. Dieser sammelte viele andere Vögel um sich und zog mit ihnen nach Norden, wo weitere Vögel hinzukamen, die alle von dem weißen Vogel beschirmt wurden.[228]

In dieser bildhaften Erzählung wurde die herausragende Rolle Finnians als Abt eines bedeutenden Klosters, der um sich zahlreiche Schüler versammeln würde, vorweggenommen. Dementsprechend mussten bereits seine frühen Lebensjahre mit ausgiebigen und intensiven Studien ausgefüllt gewesen sein, und wirklich wurde er bereits in der Kindheit in die Obhut des Bischofs Fortchern von Trim, eines Schülers Patricks, gegeben. Seine wichtigsten Studien machte Finnian im walisischen Kloster Llancarfan, mit dem er auch später durch die freundschaftliche Beziehung mit Abt Gildas in Verbindung blieb. In Llancarfan lernte Finnian das asketische Ideal des monastischen Lebens kennen. Ebenso erkannte er den spirituellen Wert des anachoretischen Lebens. Derartige Erfahrungen führten ihn zur Gründung des eigenen

Rundzellen auf der Felseninsel Skellig Michael.

Klosters *Skellig Michael* auf einer Felseninsel vor der Südwestküste Irlands im Atlantik.

Dieses Kloster lag in großer Abgeschiedenheit in ca. 200 Meter Höhe über dem Meer. Es bestand lediglich aus wenigen Bienenkorbzellen, kleinen Gebetszellen, zwei Brunnen und einer Kirche. Diese bescheidenen, jedoch mit großer Mühe errichteten Bauwerke befanden sich neben kleinen Gärten auf den steilen Terrassen.

Bereits bei St. Finnian beschreibt *Abgeschiedenheit*, ein späterer Begriff der mittelalterlichen Mystik, die weltentsagende Qualität des anachoretischen Lebens von Skellig Michael. Abgeschiedenheit bedeutet nicht nur Absonderung von anderen Menschen in räumlicher und sozialer Hinsicht, sondern stellt vor allem eine besondere spirituelle Dimension dar. Die wenigen auf Skellig Michael lebenden Mönche mussten noch mehr als in anderen Klöstern das weltliche Leben hinter sich lassen und jedes eigennützige Wollen, um ganz bei sich selbst zu sein und Gott allein zugewandt. Sie erduldeten ein entbehrungsreiches Leben in großer Demut, gewiss auch in Dankbarkeit und innerer Heiterkeit. Schriftliche Aufzeichnungen von diesem kargen und bedürfnislosen, aber auch naturnahen und intensiven Mönchleben sind nicht erhalten. Diese kleine insulare Klosteranlage bestand unbeschadet aller praktischer, besonders durch Witterung und Nahrungsmangel bedingter Schwierigkeiten mehr als drei Jahrhunderte lang bis zu den Wikinger-Überfällen im 9. Jh.

Wie lange sich Finnian dort aufhielt, ist nicht bekannt. Wohl einige Zeit später nahm er seinen Aufenthalt bei St. Brigid in Kildare, um seine Studien weiter zu vertiefen. Er war bereits soweit fortgeschritten, dass er Texte der Hl. Schrift selber auslegte und durch seine sorgsame Vortragsweise die Herzen der Zuhörer erfreute. Aus Dankbarkeit wollte Brigid ihrem Gast einen goldenen Ring überreichen, den er, wie die Heilige voraussah, bald benötigen würde. Doch Finnian lehnte die großzügige Gabe ab und begründete die Ablehnung in einer Weise, die wieder an das Prinzip *Abgeschiedenheit* erinnert. Dazu heißt es in der *Vita:*[229]

> *Aber der Verächter weltlicher Dinge hat den Ring zurückgewiesen aus Angst, durch die Liebe zu einem vergänglichen Ding irgendwie sich von der Liebe Gottes zu entfernen.*
>
> (Sed contemptor mundanorum anulum respuit, timensusne in aliquo pro amore rei temporalis privaretur amore Dei.)

Aber bald erstaunte Finnian, wie der Ring, als er sich an einer Quelle die Hände wusch, zwischen seinen Fingern hervortrat. Zu welchem Zweck hatte er den Ring wohl erhalten? An der Grenze zu dem benachbarten kleinen Königreich traf er einen Kleriker mit dem Namen *Cassanus,* der darüber klagte, dass der König des angrenzenden Stammesgebietes ihn nur gegen ein Entgelt von reinem Gold dulden würde. So gab Finnian leichten Herzens dem Cassanus den Ring, der gerade die vom König verlangte Menge Gold aufwies.

Auf dem ehemaligen Klostergelände von Clonard ist noch eine verfallende Kirche zu finden.

Um das Jahr 520 wurde St. Finnian der *Vita* zufolge durch die Verheißung eines Engels nach Clonard geführt, wo er einmal seine letzte Ruhe finden würde. Dort baute sich Finnian eine Zelle und errichtete eine Kirche, zog aber bald zahlreiche Schüler an; denn

> *an diesem Ort sandte er wie eine Sonne am hohen Himmel Strahlen der Tugenden und der gnadenreichen Lehre aus und dazu wunderbarer Dinge, um die Welt zu erleuchten.*[230]

Der Ruf Finnians als Heiliger und hervorragender Lehrer führte ihm vorzügliche Schüler zu, darunter auch künftige Klostergründer, die in den Annalen der keltisch-irischen Kirche mit dem Ehrentitel „die Zwölf Apostel von Irland" versehen wurden. „Apostel" (*griech.* Gesandte) sind allgemein Missionare und Boten der Kirche, im engeren Sinn nach dem Neuen Testament die zwölf von Jesus Berufenen entsprechend der Zwölfzahl der Stämme Israels. In Irland wurde für die „Apostel" kein besonderer Sendungsauftrag benötigt; hier entwickelte sich die monastische Kirche wie im Selbstlauf. Die Namen der „Zwölf Apostel Irlands" sind:[231]

1. Ciarán von Saighir (*Seir-Kieran*) († ?);
2. Ciarán von Clonmacnois († 549);
3. Columba von Iona († 597);
4. Brendán von Clonfert († ca. 577);
5. Brendán von Birr († ca. 571);
6. Colmán (auch *Colum*) von Terryglass (*Tír-dá-glas*) († ca. 552);
7. Canice (*Cainnech*) von Aghaboe (*Achad Bó*) († 599);
8. Ruadán (Ruadhain) von Lorra (*Lothra*) († 584);
9. Mobhi von Glasnevin (*Glas Noíden*) († 545);
10. Senell von Cleenish (*Cluain Inis*) oder Senan von Iniscathay († ?);
11. Nannid (Ninnidh) von Lough Erne, Patron von *Inis Muige Samh* († ?);
12. Laisrén (Lasrian) mac Nad Froich (Nadfraech) († 570).

Von den überlieferten Wundergeschichten um St. Finnian sei an dieser Stelle nur die Begegnung mit dem Barden Gemman wiedergegeben. Gemman kam eines Tages nach Clonard und trug dort ein anmutsvolles Lied über die Tugenden Finnians vor. Als der Heilige den Sänger für seinen Vortrag belohnen wollte, erbat sich dieser die Fruchtbarkeit für seine Felder, die infolge einer anhaltenden Dürre unfruchtbar geworden waren. Daraufhin antwortete ihm Finnian: *Die Hymne, die du über das Wasser gesungen hast, soll mit jenem Wasser deine Felder begießen.* (Ymnum qui fecisti canta super aquam, et de illa aqua agros aspergere.)[232] Und so geschah es dann auch. Nachdem der Heilige dem Sänger seinen Segen erteilte, ist dessen Acker *fruchtbar geworden bis zum*

St. Finnian und seine Schüler, Finnian-Kirche in Clonard.

heutigen Tag („ex illo die ager suus fructuosus factus est usque in hodiernum diem“).

St. Finnian wurde gerühmt als großer Gelehrter, der die Aufträge Gottes erfüllte, und als zweiter Hiob, über dessen Lippen kein sündiges Wort kam. Dennoch gehört er als „Magister Sanctorum Hiberniae“, als Lehrer der Heiligen Irlands nicht zu den irischen Nationalheiligen. Mit St. Columba, dessen Leben weitaus spektakulärer verlief, war nach St. Patrick und St. Brigid die heilige Dreizahl vollendet.

10* Finnian (II) von Moville (Mag-Bile) (ca. 495–ca.589)

Das weniger bekannte Leben des *jüngeren* Finnian lenkt unser Interesse in den Nordosten Irlands, in das Königreich der Dynastie Ulaid, wo der früher schon beschriebene Streit um einen neu illustrierten Psalter entbrannte, von dem COLUMBA heimlich eine Kopie angefertigt haben soll. Dieser Konflikt mit Finnian von Moville führte dann zu Columbas Verurteilung durch den irischen Hochkönig DERMOT, zu der Schlacht bei Drumcliff und schließlich zum Exil des dritten Nationalheiligen nach Iona. Wir betrachten nun also den Kontrahenten dieses Konfliktes, eben den weniger berühmten ST. FINNIAN von Moville.

Finnian, mitunter auch als *Finbarr* (weißer Kopf) bezeichnet, wurde zur Glanzzeit der hl. BRIGID um das Jahr 495 als Nachkomme von Dál Fiatach dem Schönen, einem Mitglied der Dynastie Ulaid, in der Provinz Ulster geboren. Er durchlief die übliche Ausbildung, studierte u.a. in der *Candida Casa* (Whithorn), danach möglicherweise auf dem Kontinent, ob auch in Rom, ist nicht sicher. Im Rang eines Bischofs brachte er bei der Rückkehr in seine Heimat die Hl. Schrift nach Ulster mit. Dabei soll es sich um eine nicht vollständige Kopie der *Vulgata* des HIERONYMUS gehandelt haben.

Diese Einzelheit aus Finnians Leben zeigt einerseits den Mangel an biblischen Texten in der monastischen Kirche Irlands noch zu dieser Zeit an und kennzeichnet andererseits seine Affinität zu heiligen Schriften, vielleicht auch zu deren künstlerischer Ausgestaltung.

Um das Jahr 540 gründete Finnian das nordöstlich der heutigen Stadt Newtownards bei Belfast (Co. Down) am Ausgang des Lough Strangford gelegene Kloster von Moville oder Mag-Bile (*Maigh Bhile*). Der Name Mag-Bile bedeutet „Ebene des alten (heiligen) Baumes“ und verweist somit auf ein früheres keltisches Heiligtum.

Vermutlich hatte Finnian für seine Klostergründung diesen Ort ganz bewusst gewählt, um die Heiligkeit dieser Stätte besonders

Reste des Klosters von Moville.

hervorzuheben. Denn wie nach den religiösen Vorstellungen der Kelten ein heiliger Baum einen numinosen Ort kennzeichnete und das Stammesgebiet gewissermaßen mit dem Heiligtum verwurzelte, war nun nach monastisch-christlicher Überzeugung das Kloster heiliges Zentrum des Territoriums. Jetzt war der *christliche* Ort die Stätte verehrensvoller Verbundenheit mit der Hl. Dreifaltigkeit und vermittelte in neuer Weise den Zusammenhalt des Stammes durch das Heiligtum.

Wenige Jahre nach der Gründung konnte St. Finnian in der Nähe des Klosters die Schule von Dromin (*Druim Fionn*) einweihen. Sie erfreute sich bald eines guten Rufs und zog berühmte Schüler an, darunter auch Columba in seiner Jugend. Neben dieser Schule unterhielt das Kloster Werkstätten des Kunsthandwerks und wie üblich auch ein Skriptorium für die Anfertigung oder das

Kopieren von Manuskripten und für das Illuminieren von Handschriften.

Im Kloster Moville ereignete sich der *Vita* Columbas zufolge das erste von dem Nationalheiligen vollbrachte Wunder. Als St. Finnian die Hl. Messe feiern wollte, ging ihm der für die Wandlung erforderliche Wein aus. Daraufhin holte Columba rasch Wasser von einem Brunnen, rief den Namen von CHRISTUS an und segnete das Wasser, das sich daraufhin wie bei dem ersten Wunderzeichen JESU auf der Hochzeit von Kana in Galiläa (Joh 2,1–12) in Wein verwandelte.[233]

Knapp 20 Jahre später soll es zu jenem denkwürdigen erneuten Zusammentreffen der beiden Heiligen gekommen sein, das einen tiefen Einschnitt in Columbas Leben herbeiführte. Aus der Sichtweise von ST. FINNIAN lässt sich das Geschehen um das heimliche Kopieren eines Psalters durch den befreundeten Gast allerdings anders als aus der Wahrnehmung von ST. COLUMBA bewerten. Finnian war etwa 65 Jahre alt und hatte den Höhepunkt seiner Tätigkeit als weithin anerkannter Bischof und Abt von Moville erreicht, während der etwa eine Generation jüngere Columba, der zwar ebenfalls die Stellung eines Abtes innehatte, noch auf der Suche nach seiner wahren Berufung war. Für Finnian ließ das eigennützige Handeln seines Gastes mit der hitzigen Weiterführung dieses Konflikts durch Columba keinerlei Demut erkennen. Das als unwürdig empfundene Verhalten des späteren Nationalheiligen hätte beinahe zu seiner Exkommunizierung geführt, war aber letztlich der entscheidende Anstoß zu Columbas grandioser tugendsamer Umkehr im Exil auf Iona.

Finnian war offenbar ein strenger, wenig duldsamer Abt. Dieser Charakterzug kam auch bei anderer Gelegenheit zum Ausdruck. Darüber berichtet eine von John of Tynemouth im nordöstlichen England vor 1350 zusammengestellte *Vita* über den „Diener und Bekenner Christi, den Bischof Finanus".[234] Nachdem einige von Finnian vollbrachte Wunder erwähnt werden, wird in der kurzen *Vita* die folgende Begebenheit etwas ausführlicher dargestellt: Der Heiligen hatte einen jungen Menschen vom Tod auferweckt und dann getauft. Jedoch, indem dieser einen Schüler Finnians mit einer Lanze offenbar schwer verwundete, erwies sich der gerade erst Getaufte als undankbar und wurde daraufhin exkommuniziert. Dann sprach Finnian die erbarmungslosen, sich rasch erfüllenden Worte:

> *Dein Fleisch werden schnelle Lüfte vertilgen, die nach allen Seiten ausgebreiteten Knochen wird die Erde nicht aufnehmen und die unheilvolle Seele wird ohne Ende in die Hölle kommen.*
>
> (Carnem tuam volucres celi comedent, et ossa undique dispersa terra non suscipiet, animaque infelix ad inferna sine fine descendet.)

Kurze Zeit danach kam ein heftiger Wind auf, der den Unglücklichen mit sich fortriss und ihn in ein tiefes Tal stürzen ließ. Dort wurde er von einem Holzpfahl durchbohrt, blieb an ihm hängen und kam so auf schreckliche Weise um.

Hier ist zu fragen: Hat der Legendenschreiber vom Kloster St. Albans in Tynemouth dem hl. Finnian (II) diese Unbarmherzigkeit gegenüber einem Sünder, einem Feind Gottes (*inimicus Dei*), untergeschoben? Oder verfügte er über ältere Unterlagen, die eine derart untypische negative Charakterisierung eines irischen Abtes des 6. Jhs. anhand eines legendären Geschehens zulassen würden? Allerdings sind die überaus strengen Klosterregeln von irischen Klöstern dieser Zeit mit drakonischen Strafen für Vergehen der Mönche bekannt. Doch war das Ziel der Bestrafung stets die Läuterung und spätere Rückkehr des Sünders in die monastische Gemeinschaft und nicht dessen Tötung und ewige Verdammnis.

Um die nicht näher auszulotende Persönlichkeit von Finnian (II) rankt sich schließlich noch die Legende, dass er versucht haben soll, sogar die mythische Gestalt *Túan mac Cairill* zum Christentum zu bekehren. Tuan wurde als langlebiger Zeuge der irischen Geschichte, der immer wieder unterschiedliche Gestalt angenommen hatte und schließlich als Mensch wiedergeboren wurde, bis in die Zeit von Finnian und Columba hinein gewürdigt.[235] Eine derartige Erzählung könnte als ein Beleg dafür gesehen werden, dass die Geschichte Irlands auch mythischer Gestalt in der keltisch-irischen Kirche lebendig geblieben war.

Das Kloster von Mag-Bile vergrößerte sich nach dem Tod von Finnian weiter und war insbesondere wegen seiner feinen Bronze- und Glasarbeiten bekannt. Es bestand noch mehr als drei Jahrhunderte, ehe es im Jahr 825 von den Wikingern geplündert und in Brand gesteckt wurde.

11* Kieran (Ciarán) von Clonmacnoise (Clúain-moccu-Nóis) (ca. 516–ca. 549)

Das vielleicht größte Kloster Irlands *Clonmacnoise* wurde von St. Ciarán um das Jahr 548 gegründet. Clonmacnoise liegt in einer Ebene am Fluss Shannon (Co. Offaly) und besaß im Schnittpunkt der Ost-West- und Nord-Süd-Verbindungen eine optimale geographische Lage, so dass es schon im frühen Mittelalter relativ leicht zu erreichen war. Obwohl Ciarán bereits ein Jahr nach Gründung des Klosters vermutlich an der Pest starb, entwickelte es sich bald zu einem Zentrum des geistlichen Lebens, der Gelehrsamkeit und der Künste. Die Klosteranlage breitete sich durch die Errichtung von neuen Kapellen und Kirchen immer mehr aus und wurde eines der meistbesuchten Bildungseinrichtungen Irlands. Trotz der Wikinger-Überfälle erreichte sie, gefördert und beschützt von irischen Königen, im 12. Jh. die Ausdehnung einer kleinen Stadt und bestand rund eintausend Jahre bis zur Zerstörung durch englische Soldaten nach 1550.

Im Skriptorium wurden Manuskripte geschrieben und illuminiert. Hier wurde die irische vorchristliche Geschichte zu neuem Leben erweckt, so durch die älteste, noch erhaltene Sammelhandschrift, das in altirischer Sprache abgefasste *Lebor na hUidre* (Buch der dunkelfarbigen Kuh). Darin wird das größte Epos der Inselkelten, der *Táin Bó Cuailinge* (Der Rinderraub von Cooley), erzählt. Ebenso berühmt war die Kunstschmiede des Klosters, wo vor allem sakrale metallurgische Arbeiten gefertigt wurden

Neben zahlreichen künstlerischen sakralen Werken und Handschriften sind drei Hochkreuze und zwei ca. 20 Meter hohe Rund-

Clonmacnoise (heute) vom Shannon her gesehen.

türme aus dem 10. und 12. Jh. erhalten. Heute stehen nur noch die Ruinen von sieben Kirchen aus verschiedenen Perioden der irischen Baukunst mit romanischen und gotischen Stilelementen. Doch noch immer ist für einen dort verweilenden Besucher die Leben spendende Kraft dieser heiligen Stätte am Shannon zu spüren.

Papst JOHANNES PAUL II., der Clonmacnoise am 30. September 1979 einen Besuch abstattete, fand für die Bedeutung des Klosters angemessene Worte, in besonderer Würdigung der künstlerischen Arbeiten, wie sie beispielhaft in dem als „Gallery" bezeichneten Museum präsentiert werden:

> „Ich möchte an den großen monastischen Beitrag für Irland erinnern und ihm Ehre erweisen, der hier an dieser ehrwürdigen Stelle über tausend Jahre geleistet wurde und dessen Einfluss über ganz Europa von missionierenden Mönchen und von Studenten dieser Klosterschule Clonmacnoise

Sakrale Kunst in der Gallery von Clonmacnoise.

getragen wurde. Clonmacnoise war lange Zeit das Zentrum einer berühmten Schule sakraler Kunst...

Irische Kunst verkörpert in vielen Beispielen den tiefen Glauben und die Frömmigkeit des irischen Volkes, wie sie in der persönlichen Sensitivität des Künstlers ausgedrückt wird. Jedes künstlerische Stück ... ist ein Zeichen und ein Symbol des unergründlichen Geheimnisses menschlicher Existenz, des Ursprungs des Menschen und seiner Bestimmung, der Bedeutung seines Lebens und Werkes. Es spricht zu uns über die Bedeutung von Leben und Tod, über die Größe des Menschen." [236]

CIARÁN, der Gründer des Klosters und einer der „zwölf Apostel" Irlands, entstammte nicht dem Adel, sondern der mittleren Gesellschaftsschicht. Sein Vater war Zimmermann oder Wagenmacher (*soer*), besaß aber alle Rechte der oberen sozialen Klasse. Der

Knabe genoss die übliche geistliche Erziehung und trat als junger Mann in das Kloster von St. Finnian (I.) von Clonard ein. Dazu ist die folgende Episode überliefert:

> Als Ciaran eine Kuh wegen der Milch nach Clonard mitnehmen wollte, lehnte seine Mutter die Bitte ab mit dem Argument, dass dort andere Schüler auch keine Kuh hätten. Doch Ciaran war anderen Sinnes. Er ging zu der Kuhherde seiner Eltern, segnete eine Kuh und befahl ihr im Namen Jesu Christi, ihm zu folgen. Sogleich kam sie mit ihrem Kälbchen und begleitete Ciaran nach Clonard, wo dann ihre Milch viele Schüler ernährte. Noch zu späterer Zeit wurde in Clonmacnoise die Haut dieser Kuh in Ehren gehalten.[237]

In Clonard lernten die Schüler die Heiligen Schriften kennen und sprachen über die gelesenen Texte. Einmal, als sie das Evangelium nach Matthäus lasen, kamen sie in der Mitte dieser Heiligen Schrift zu der Stelle: *Alles, was ihr von anderen erwartet, das tut auch ihnen* (Matthäus 7,12). Da sagte Ciaran zu seinem Lehrer Finnian: „Vater, mir genügt diese Mitte des Buches, um diesen einen Gedanken zu lehren." Der Pater antwortete ihm, von nun an werde Ciaran *Leath n-Eirinn* (die Mitte Irlands) heißen, denn dort werde sein künftiges Kloster aufblühen.

Diese Prophezeiung wiederholte sich in anderer Form bei St. Enda auf der Aran-Insel Inishmore, wo Ciaran seine theologische Ausbildung abschloss. Er hatte die traumhafte Vision von einem großen, Früchte tragenden Baum in der Mitte Irlands, dessen Zweige sich nach allen Seiten hin erstrecken, ja über Irland hinausreichen. Der Baum werde das Land vor Dämonen und Gefahren schützen und nähren. In der Deutung dieser Vision bezog St. Enda den fruchttragenden Baum auf Ciaran selbst, der im Zentrum des Landes an den Ufern des Shannon ein großes Kloster errichten werde. Viele Besucher auch anderer Länder würden an dieser heiligen Stätte ihren Aufenthalt nehmen, dort studieren und mit geistiger Kost gut versorgt.[238]

Auf Inishmore wurde Ciaran zum Priester geweiht. Zum Abschied sprach St. Enda zu ihm:[239]

> *Nach dem Gebot Gottes gehe nun ohne Verzug an den Ort, an dem deine Auferstehung sein wird, die dir von Gott gewährt wird, um dort vielen behilflich zu sein.*
>
> (Ex imperio ergo Dei vade tu sine mora ad locum in quo erit resurrec[t]cio tua, qui tibi a Deo ostensus erit, ut multis ibi proficias.)

Jedoch erkannte Ciaran den Ort seiner Bestimmung nicht sogleich, sondern zog sich zunächst in eine Einsiedelei auf einer Insel im Lough Ree, östlich der heutigen Stadt Roscommon in der Provinz Leinster, zurück. Wenige Jahre später fuhr er mit einigen Gefährten auf dem Fluss Shannon bis zu der Stelle, die bis heute den Namen *Clúai-moccu-Nóis* oder Clonmacnoise (Wiese des Stammes von Nóis) trägt. Dort begannen sie mit dem Bau einer Kirche und der Errichtung von Klostergebäuden.

Ciaran war als Gründer Abt des Klosters und gab für die Ordnung des monastischen Lebens eine nicht näher bekannte Klosterregel heraus. Jedoch sollte er die Früchte dieser Klostergründung nicht selbst weiterreichen können; denn bereits ein Jahr später starb er im frühen Alter von 33 Jahren, vermutlich an der Pest.

Aus seinem letzten Lebensjahr ist eine Episode überliefert, die nochmals von der großen Tierliebe des Heiligen spricht. Sein Lieblingstier war ein Fuchs, der einmal bei passender Gelegenheit versuchte, den Ledereinband eines schön gebundenen Klosterbuches zu fressen. Er wurde daraufhin gejagt, und in seiner Not floh er zu seinem Freund Ciaran. Dieser verbarg das Tier unter seiner Mönchskutte und rettete ihm so das Leben.[240]

In prophetischer Weise sah er späteres Unheil für das Kloster heraufziehen. Als seine Mönche ihn fragten, was sie dann tun sollten, bleiben oder wegziehen, antwortete er ihnen:[241]

Es ist besser für euch, mit meinem Geist im Himmel zu sein als neben meinen Knochen verärgert in der Erde.

(Melius est vobis ut cum spiritu meo sitis in celo, quam iuxta ossa mea in terra cum scandalo esse.)

In seiner Todesstunde soll St. Ciarán seinen Brüdern gesagt haben: „Schwer ist dieser Weg, doch muss er unbedingt sein."

Der Tag seines Ablebens war kein Trauertag, sondern wurde als neuer Geburtstag angesehen, an dem der Verstorbene ein zweites Mal geboren wurde. Die Totenwache dauerte drei Tage, und 30 Tage nach dem Begräbnis wurde die Totenmesse gefeiert. Wie üblich, wurde Ciarans Name in das Messbuch des Klosters eingetragen, um sich in der Messe am Jahrestag seines Ablebens in besonderer Weise seiner zu erinnern.[242]

Ciarans Prophezeiung erfüllte sich vorerst nicht. Das Kloster blühte auf und wurde das kulturelle Zentrum Irlands. Dort wurden zahlreiche Könige und Hochkönige begraben.

Auf einer späteren Grabplatte fanden sich die folgenden den Ort würdigenden Worte:[243]

In a quiet watered land,	In einem stillen Land
a land of roses,	am Wasser, voller Rosen,
Stands St. Ciarán's city fair,	Liegt der von Ciaráns Stätte schöne Ort,
And the warriors of Erin,	Und die Krieger von Irland,
In their famous generations,	In ihren berühmten Generationen,
Slumber there.	Schlummern dort.

13* Kevin (Coémgen) von Glendalough (Glenn-dá-locho) (ca. 488–ca. 578?)

Wie eine Stadt auf einem Berge, die nicht verborgen bleiben kann (Matthäus 5,14), so ist ein hoher Turm, der wie in Clonmacnoise sich an einem Fluss oder in Glendalough in einer Waldlichtung befindet, schon von weitem sichtbar. Ebenso wie Leuchttürme die

Glendalough Abbey, Ruinen der Abteikirche.

Markierungspunkte für die Küstenschiffahrt bilden, so sind diese *Rundtürme* die baulichen Merkzeichen der irischen Klöster für die Pilger, die im Gelände arbeitenden Mönche und die Wanderer gewesen. Diese Türme verbinden gleichsam Erde und Himmel und streben, Jahrhunderte vor den gotischen Domen, in der Vertikalen dem Allerhöchsten entgegen.

In dem im Jahr 549 von St. Kevin gegründeten *Glendalough* (irisch: *Gleann da locha* = Tal der zwei Seen) steht noch ein etwa 30m hoher, gut erhaltener Turm, im Bild links hinter der Kirche, der „Küche" St. Kevins, mit dem auf das Dach gesetzten Glockenturm erkennbar. Der konisch zulaufende Turm mit einem Durchmesser unten von 5 Metern war durch Holzböden in Stockwerke unterteilt, die innen mittels Leitern untereinander verbunden waren.

Die Rundtürme wurden in dem Zeitraum 10.–12. Jh. errichtet. Sie dienten in erster Linie als Fluchttürme für die Mönche und als Aufbewahrungsort für liturgische Geräte, Wertgegenstände und wertvolle Handschriften. Denn zu dieser Zeit wurden große Teile Irlands von den Wikingern überfallen und zahlreiche Klöster ausgeraubt und zerstört. Im Rundturm von Glendalough besaß das oberste Stockwerk vier Fenster zu den vier Haupthimmelsrichtungen, von denen aus zu den Hauptgebetszeiten eine Handglocke geläutet

St. Kevin von Glendalough, Codex des 13. Jhs, British Library MS Royal 13 B VIII.

wurde, die von Mönchen aus den Luken herausgehalten wurde. Mit Hilfe dieses „akustischen Kreuzes" der vier Fensterluken konnten die in dem umgebenden Gelände arbeitenden Mönche sich am Gebet beteiligen und die mitgeführte Hostie zur rechten Zeit empfangen, ohne ihre Arbeit sonderlich unterbrechen zu müssen.[244]

Das Kloster selbst entwickelte sich im Laufe der nächsten Jahrhunderte aus bescheidenen Anfängen mit einfachen Holzhütten zu einer großen monastischen Ansiedlung an beiden Seen als ein Zentrum der Frömmigkeit und gelehrter Studien, das Pilger zu den Reliquien des Heiligen wallfahrten ließ und Studenten auch von Ländern außerhalb Irlands in großer Zahl anzog. Die Ruinen heute umschreiben nur einen kleinen Teil der gesamten Anlage; denn zur Ansiedlung gehörten neben den Kirchen noch Wohn- und Gästehäuser, ein Spital, Werkstätten und landwirtschaftliche Gebäude. Glendalough bildete sechs Jahrhunderte lang ein monastisches Zentrum ersten Ranges, ehe es nach etlichen Überfällen der Normannen von englischen Truppen im Jahr 1398 zerstört wurde.

Der Gründer St. Kevin (*Coémgen*), aus einer einflussreichen Familie, der Dál Messe Corb, in der Provinz Leinster stammend, wählte den Ort inmitten der Wicklower Berge auf der Suche nach einem entlegenen Platz für seine Kontemplation. Er lebte anfangs, wie berichtet wird, im Hohlraum eines Baumes und vermutlich auch in einer Höhle im Bereich des Oberen Sees, später auf einem Felsenvorsprung in einem kleinen steinernen Gebäude.

Die erst Jahrhunderte später über St. Kevin geschriebenen *Vitae* betonen seine Naturliebe, besonders die Liebe zu Tieren, die auch für andere Heilige in den hagiographischen Schriften hervorgehoben wurde und überhaupt ein charakteristischer Wesenszug der keltisch-irischen Christenheit gewesen ist.

So wird erzählt, dass der Heilige auf seinem Weg durch die Wicklow-Berge von einem Engel begleitet wurde, der die Bäume des Waldes segnete. Einmal stand St. Kevin einige Wochen lang in einer besonderen Kreuzeshaltung zu Ehren Gottes. Da setzte sich eine Amsel auf seine Hand und baute dort ein Nest. Er ließ sie gewähren und soll in dieser Haltung verharrt sein, bis die jungen Vögel ausgeschlüpft waren.[245]

In Glendalough führte Kevin das strenge Leben eines Asketen. Er hatte keine andere Nahrung als die Früchte des Waldes und die Kräuter der Wiesen. Jahre hindurch wohnte er als Anachoret am Oberen See in einer kleinen, heute als „St. Kevin's Bed" bezeichneten Höhle, die nach neueren Untersuchungen ein vielleicht 4000 Jahre altes Grab aus der Bronzezeit gewesen sein könnte.[246] In großer Einsamkeit lebte Kevin inmitten einer vom Menschen nahezu unberührten Natur, abgeschieden von den Menschen und bedürfnislos.

Nach einigen Jahren nahm Kevins Eremiten-Dasein ein überraschendes Ende. Eines Tages trieb ein Bauer namens Dima seine Viehherde in das einsame Tal der zwei Seen. Eine neugierige Kuh, die sich selbständig gemacht hatte, fand den Weg zu Kevins Höhle, wo der Heilige entkräftet auf seinem Lager ruhte. Sie besuchte ihn an einigen Tagen und leckte ihm jedesmal seine Füße, woraufhin sie am Abend stets weitaus mehr Milch abgab als die anderen Kühe. Dima suchte überrascht nach der Ursache dieses Phänomens und entdeckte, der Kuh nachspürend, den Eremiten in der Höhle.[247]

Der Bauer geleitete ihn in das Tal, wo St. Kevin eine Kirche und zunächst eine Klosterzelle errichtete. Der Ruf von seiner Heiligkeit verbreitete sich nun rasch überallhin, wodurch zahlreiche junge

St. Kevin's Way, Skizze des Autors auf dem Pilgerweg.

Menschen nach Glendalough kamen und sich für ein monastisches Leben unter Kevins Leitung entschlossen.

St. Kevin soll 130 Jahre alt geworden und im Jahr 618 gestorben sein. Jedoch beruht diese Datierung in den erst viele Jahrhunderte später geschriebenen *Vitae* entweder auf einer numerischen Übertreibung, wodurch die Bedeutung des Heiligen besonders hervorgehoben werden sollte, oder sie ist auf einen Lesefehler in den zugrunde liegenden chronologischen Schriften zurückzuführen. Infolge des Lesefehlers von zwei Ziffern wäre dann als mögliches Todesjahr Kevins das Jahr 578 anzunehmen.

Die Klosteranlage von Glendalough wuchs immer mehr an und wurde schließlich ein wichtiges irisches Pilgerzentrum.

Zu unserer Zeit wurden die mittelalterlichen Pilgerwege nach Glendalough rekonstruiert und in einem Teilabschnitt von etwa 30 km Länge als „St. Kevin's Way" zum Begehen freigegeben. Noch heute lädt dieser Pilgerweg, der zu den Hauptpilgerwegen Irlands gehört, zur meditativen Besinnung ein.

Es sei noch ein persönliches Wort des Autors hinzugefügt. Während meiner Wanderung auf diesem Pilgerweg habe ich die folgenden Worte in mein Tagebuch eingetragen:

Sich gegenüber dem Unerwarteten öffnen. Wege kreuzen sich.
Trasna, wähle! Geh den Weg zurück, wenn dich der Mut verlässt,

wenn du musst. Doch vertraue dir selbst, dich zu führen! Du hast Licht für die ersten Schritte...

Ein Rotkehlchen begleitet mich. Ich spreche mit ihm, es hebt sein Köpfchen, schaut mich an, zuerst mit dem einen, dann mit dem anderen Auge, es wendet sich, springt ein, zwei Zweige weiter und wartet. Viel später schon am Abend führt meine Wanderung unter dem hoch stehenden Mond durch den erleuchteten Wald, empfangen von den hohen, schweigenden Bäumen wie von einer still stehenden Schar von Freunden.

17* Brendan (Brénaind) von Clonfert (Clúain-ferta) (ca. 485–ca. 575)

Unweit von Clonmacnoise am Shannon wurde von St. Brendan, genannt *Brendan der Seefahrer*, um das Jahr 560 das große Kloster Clonfert gegründet.

Der Platz für das Kloster war typisch für derartige früh-christliche Gründungen, lag es doch auf einer erhöhten Landzunge, die nördlich und südlich von einem sumpfigen Gelände begrenzt war. Insgesamt war das Gelände bewaldet, aber wenig trockengelegt.

Heute steht an dieser Stelle als Reminiszenz an St. Brendan eine auf der Grabstätte des Heiligen errichtete und ihm gewidmete Kathedrale aus dem Ende des 12. Jahrhunderts im hyberno-romanischen Baustil. Sie ist durch einen romanischen Torweg und einen mit geometrischen Zeichen und Tiermustern reich verzierten Torbogen, der als der schönste Rundbogen Irlands gilt, besonders ausgezeichnet. Je fünf nach innen zum Tor hingesetzte Säulen tragen stilisierte pflanzliche und tierische Motive sowie geflochtene und filigranartige Muster. Im dreieckigen Giebelfeld darüber, dem Tympanon, sind zahlreiche individuell geformte menschliche Köpfe, möglicherweise aus keltischer Überlieferung, zu erkennen.

Wer war der Heilige Brendan, dem die Zisterzienser noch im 12. Jh. mit diesem prächtigen Bauwerk huldigten und der den eh-

Torbogen der Kirche von Clonfert im Irisch-romanischen Stil (12. Jh.),

renvollen Beinamen *„der Seefahrer"* trug? Auf den Seefahrer Brendan sei nun zuerst eingegangen.

Dieser Ehrentitel ist auf eine vermutlich erst im 10. Jh. geschriebene Erzählung, die *Navigatio Sancti Brendani*, zurückzuführen. Sie bildete einen beliebten Stoff des Mittelalters und wurde auch außerhalb Irlands auf dem europäischen Kontinent zur Zeit der Kreuzzüge, also erst im Hochmittelalter nach 1100, populär. Hiernach führte Brendan gemeinsam mit zahlreichen Gefährten zunächst in einem einfachen offenen Boot, dem irischen Curragh, dann mit Holzbooten eine Seereise in westlicher Richtung aus, um nach der noch immer lebendigen keltischen Vorstellung das Gelobte Land der Heiligen (*Terra repromissionis Sanctorum*) oder das Land der Verheißung (*Terra promissionis*, engl.: „Land of Promise"), also den Sitz der Seligen, zu suchen.

Fragen wir nach einem Motiv für eine derartige Reise, so ist zunächst auf die Abenteuerlust, unbekannte Gefilde zu erkunden, hinzuweisen. Eine phantastische Seereise musste zu dieser Zeit das Interesse der Leser wecken, war doch der Ozean eine weitgehend unbekannte Region, die geheimnisvolle Inseln und Furcht erregende Fabelwesen aufweisen würde. Zum geschichtlichen Hintergrund dieses Epos gehört vor allem die noch immer lebendige keltisch-irische Erzähltradition. Noch im Hochmittelalter waren, wie aus dem *Buch von Leinster* aus dem 12. Jh. überliefert ist, die literarischen Anforderungen an einen umherziehenden Barden (*file*) gewaltig. Er musste hunderte von Gedichten und Erzählungen aus den überlieferten nationalen Stoffen u. a. in den Rubriken Abenteuer, Geister- und Gespenster-Erscheinungen, Visionen, Kriegszüge und Liebschaften auswendig wissen und vortragen können. Dazu gehörte auch die Gattung der „Seereisen" (*Imrama*), die nun um eine neue phantasievolle Erzählung bereichert wurde.[248]

Brendans große Seereise beschreibt weniger eine reale, geographisch nachvollziehbare Reise, als vielmehr eine Allegorie, die zur Welt der keltisch-irischen Poesie und des Mythos gehört.[249] Offenbar ist das Epos der seit dem 8. Jh. mündlich weiter erzählten keltischen Sage von der wundersamen Seereise des *Mael Dúin*, des Sohnes eines Stammesfürsten nachempfunden. Dieser zieht aus, um den Tod seines erschlagenen Vaters zu rächen, muss aber viele Abenteuer bestehen und dabei nicht weniger als 31 Stationen anlaufen, um – geänderten Sinnes – in seine Heimat zurückzukehren.[250]

Ähnlich ergeht es Brendan und seinen Gefährten auf ihrer langen, mehr als sieben Jahre währenden Seereise. Nach vielerlei Abenteuern auf hoher See – wobei ein kurzes Wegstück auf dem Rücken eines Wales zurückgelegt wird – und auf verschiedenen phantastischen Inseln erreichen sie schließlich das Land, nach dem sie sieben Jahre lang gesucht haben: Es ist das nach keltischer Vorstellung im äußersten Westen gelegene Totenreich, die den Blicken der Sterblichen durch ständige Nebel entzogene Seeleninsel. Doch Brendans Schiff findet den Weg zur paradiesischen Insel, wo die seefahrenden Pilger in leuchtender Helle zwischen Frühlingsblumen von einem alten Mann empfangen werden, der ihnen das erreichte Paradies mit lobpreisenden Worten beschreibt:[251]

Ein Land duftend, sanft von Blumen, gesegnet; ein Land in Harmonie, voller Musik, freudenvoll, ohne Traurigkeit; ein Ort, wo ihr Gesundheit ohne Krankheit findet, Eintracht ohne Streit, Herrschaft ohne Gewalt, Ruhe ohne Leere, lichtvolle Eintracht der Engel, Antlitz der Gerechten und Teilhabe am Großen Ostern… Nach dem Endgericht werden die Heiligen und Gerechten, ein Volk der Liebe und Barmherzigkeit, geleitet von Gott dem Vater, für immer im himmlischen Königreich wohnen. Dort werden sie in großer Herrlichkeit bleiben, in der Einheit des Vaters und des Sohnes, in der Einheit, die edler ist als jede andere Einheit, der Einheit der Heiligen, erhabenen, allmächtigen Trinität, Vater, Sohn und Heiliger Geist.

Erfüllt von der Erhabenheit und Heiligkeit dieses Ortes kehren Brendan und seine Gefährten nach kurzem Aufenthalt auf der Insel glücklich und in großer Dankbarkeit zu St. Énda auf den Aran-Inseln vor der Westküste Irlands zurück, wo die große Seereise ihren Anfang genommen hat.

Für die Historie dieser Reise ist noch danach zu fragen, inwiefern Brendans Lebensgeschichte selbst seinen Beinamen *der Seefahrer* rechtfertigen kann. Damit wenden wir uns nun endlich auch Brendans *Vita* zu.[252] Wie viele andere Heilige entstammte er dem irischen Adel. Er war der Sohn von Findlung (auch Finnlug oder Finloch) und wurde um das Jahr 485 in Nähe von Tralee auf der Halbinsel Dingle in der Provinz Munster geboren. Brendan hieß zuerst Mobhí, wurde dann aber von dem aus dem Druidenstand stammenden Bischof Erc (Eirc), der später sein persönlicher Begleiter und Beichtvater wurde, auf den bekannten Namen getauft. In der frühen Kindheit wurde Brendan fünf Jahre lang von der Heiligen Ita auf der Knabenschule ihres Klosters Killeedy erzogen; dann kehrte er wieder zu Erc zurück, der ihn in die Heilige Schrift einführte und ihn bereits mit Geboten und Regeln des monastischen Lebens vertraut machte. Weil um das Jahr 500 eine gewisse Unmoral unter der irischen Bevölkerung verbreitet war, wurde ihm von seinem Erzieher frühzeitig eine besondere Vorsicht im Umgang mit Mädchen und Frauen angeraten.

Dazu ist eine Episode aus Brendans Leben des erst 10jährigen Jungen überliefert. Einmal, als er allein in dem Wagen von Bischof Erc saß und in dem Psalter las, kam ein junges Mädchen von königlichem Geschlecht vorbei und sah den hübschen Knaben. Sie sprang auf den Wagen und wollte mit Brendan spielen, der sich indessen heftig weigerte. Weil das kleine Mädchen hartnäckig blieb, nahm er schließlich die Zügel und schlug sie damit, bis sie zu schreien begann, zu ihren Eltern lief und sich über den schrecklichen, doch engelhaften Knaben beschwerte.[253]

Seine weitere klösterliche Ausbildung erhielt Brendan u. a. bei St. Finnian von Clonard, wo er zu dem berühmten Schülerkreis der „Zwölf Apostel Irlands“ gehörte. Schließlich wurde er von St. Erc zum Priester geweiht. Danach begann eine intensive, aktive Zeit in Brendans Leben mit Klostergründungen in Irland und verschiedenen Seereisen u. a. zu St. Enda auf den Aran-Inseln, in das südwestliche Britannien zu St. Gildas und zu den inneren Hebriden zu St. Columba. Dagegen sind weite Seefahrten auf dem Atlantischen Ozean nicht verbürgt. Brendans Reisen auf den schmalen, mit Häuten bespannten Booten verlangten zweifellos gute nautische Kenntnisse und navigatorische Fertigkeiten.

Die Reise nach Britannien war offenbar durch den überraschenden Tod eines Klosterbruders veranlasst. Es war Winter, und heftiger Schneefall erschwerte die Reise. Als Gildas von dem Besuch Brendans erfuhr, ließ er sein Klostergebäude mittels eiserner Schrauben verriegeln, um, wie es heißt, „den Glauben der irischen Fremden zu prüfen“. Doch die Gebete von Brendan und seiner Gefährten im Einklang mit ihren guten Werken sprengten alle Riegel und führten zu einer freundschaftlichen Begegnung beider Heiligen.[254]

Sein wichtigstes Kloster Clonfert gründete St. Brendan um das Jahr 560. Dort konnte er noch länger als 10 Jahre seine Kenntnisse an zahlreiche Schüler weitergeben, und dort wurde er nach seinem Tod um das Jahr 575 während eines Besuches bei seiner Schwester

Brendan's tree – ein Wunschbaum mit angehefteten Bändern und Gaben,

Briga auch begraben. Heute sind die Reste der auf Brendans letzter Ruhestätte errichteten Kathedrale und der angrenzende Friedhof von einer Mauer umgeben. Die Stätte, an der tausende Mönche und Schüler zusammenlebten, um zu beten, zu studieren und auch praktischen Tätigkeiten nachzugehen, muss ein großes Areal umfasst haben, vielleicht noch den angrenzenden Park mit dem gegenwärtigen Nonnenweg und das daran anschließende *Emmanuel-Zentrum,* ein kirchliches Bildungszentrum.

Eine weitere Reminiszenz an St. Brendan heute verbindet sich bezeichnender Weise mit einem Element des alten keltischen Glaubens.

Am Rand des früheren Klosterareals nahe der Kirche steht *Brendan's Tree,* eine Art *Wunschbaum,* der mit bunten Bändern und kleinen Beigaben entsprechend einem alten, noch immer lebendigen Glauben an die Erfüllung persönlicher Wünsche geschmückt ist. Es mag hier noch ein Relikt des keltischen Glaubens der Baumverehrung vorhanden sein, in dem ein lebender Baum einer Gottheit geweiht und in ihm eine besondere göttliche Kraft angenommen wurde. Nun gehen die mit kleinen Gaben versehenen Wünsche an den Heiligen Brendan, mit seinem Gebet bei ihrer Erfüllung behilflich zu sein.

4. Klöster der beginnenden *peregrinatio* und der Mission

Die vierte Gruppe umfasst nur zwei hier ausgewählte Klöster und ihre Begründer: 16* Bangor, begründet um 555 von Comgall und 18* das Kloster auf Iona, begründet im Jahr 563 von Columba (*Columbcille*), der als einer der drei Nationalheiligen Irlands bereits ausführlich gewürdigt wurde. Als Großklöster mit den nach hunderten oder gar tausenden zählenden Schülern und Mönchen wären die beiden Klöster eigentlich noch Abschnitt IV.3 zuzuordnen. Doch waren sie im Unterschied zu den meisten anderen für die im 6. Jh. beginnende *peregrinatio* von beispielhafter Bedeutung und zeichneten sich, bedingt auch durch ihre besondere geographische Lage, durch ihre Missionsarbeit bei den Pikten im nördlichen Britannien aus.

Die *peregrinatio*, die Pilgerfahrt in ein anderes Land oder der Aufbruch zu einem christlich motivierten ständigen Aufenthalt im Ausland, hatten beide Klöster in ganz unterschiedlicher Weise erfahren. Vom Kloster Bangor gingen einige berühmte Schüler in andere Länder: Columban von Luxeuil († 615) wählte den Weg nach Gallien und Oberitalien, sein Gefährte Gallus († um 640) ging in die Schweiz, und der weniger bekannte Moluag missionierte bei den Pikten in Schottland und gründete ein Kloster auf der von Iona nicht weit entfernten Insel Lismore. Dagegen war bereits die Gründung von Iona der *peregrinatio* des künftigen Abtes Columbcille zu verdanken, der aufgrund des eigenen Fehlverhaltens Irland schweren Herzens im Jahr 563 verlassen musste.

Generell war die *peregrinatio* nicht unmittelbar mit der Missionstätigkeit verbunden, war sie doch für den Mönch mit der Trennung von seinem Heimatland zuallererst eine besondere Weise der Askese und einem *Martyrium* zuzuordnen. Anders als von der

Insel Lismore, wo St. Moluag ein Kloster gründete.

römischen Kirche sind von der keltisch-irischen Kirche drei Formen des Martyriums überliefert.

Das *weiße Martyrium* betraf bereits das monastische Leben schlechthin in der asketischen Lebensweise sowie in der Verpflichtung der Mönche und Nonnen, sich von allem Vertrauten zu trennen und der strengen Klosterdisziplin unterzuordnen. Dazu gehörte zumeist auch, die heimatliche Umgebung zu verlassen, und seit dem 6. Jh. die nicht zwingend geforderte *peregrinatio.*

Im *grünen Martyrium* wurde die Askese weiter verschärft bis hin zur Brechung des eigenen Willens und bis zur Selbstverleugnung. Dazu gehörten auch die auferlegten Strafen und Bußen selbst bei einer noch so geringen Missachtung der klösterlichen Anweisungen. Alle Verfehlungen wurden durch Bußstrafen gesühnt, so dass schließlich die zu verhängenden Strafen einer festen Regelung bedurften. Aufgrund dieses Erfordernisses entstanden die Bußbücher oder die Poenitentiale. Eine besonders strikte Klosterregel kam durch St. COMGALL in Bangor zur Anwendung, die noch in der Strenge der Regel seines Schülers COLUMBAN spürbar war.

Das *rote Martyrium*, das eigentliche Martyrium, ereignete sich im frühmittelalterlichen Irland nicht. Es bestand darin, aus tiefer christlicher Überzeugung und aus Liebe zu JESUS CHRISTUS Seinem Leidensweg zu folgen und am Ende sogar den gewaltsamen Tod gläubig zu ertragen. Letztlich wären dazu auch die irischen Heiligen bereit gewesen, wie es von dem Nationalheiligen PATRICK stellvertretend bezeugt wurde:[255]

> *Ich bitte Gott, er möge mir gewähren, dass ich für seinen Namen mein Blut vergießen darf... Wenn mir das zustoßen würde, hätte ich meine Seele mit meinem Leib gewonnen, weil wir ohne irgend einen Zweifel an jenem Tag auferstehen im Glanz der Sonne, das heißt in der Herrlichkeit Jesu Christi, unseres Erlösers.*

16* Comgall (Comgill moccu Aridi) von Bangor (Beannchor Uladh) (517–602)

Bangor, östlich von der heutigen Stadt Belfast im Co. Down in der Provinz Ulster gelegen, wurde um das Jahr 555 von Comgall gegründet. Die Lage an der südlichen Küste von Belfast Lough, ideal für den Schiffsverkehr mit Britannien und den Inseln westlich von Schottland, begünstigte die engen Kontakte zwischen Comgall und Columba auf Iona wie auch die missionarischen Anstrengungen bei den Pikten in Schottland. Andererseits lag das Kloster ungeschützt vor räuberischen Überfällen von der irischen See her. So wurde es um 820 von den Wikingern überfallen und zerstört. Heute ist von dem ursprünglichen Klosterkomplex nichts mehr erhalten.

Comgall, der als Abt das Kloster mehr als 40 Jahre hindurch leitete, baute es zu einem der größten Ausbildungs- und Studienzentren Irlands aus. Offenbar waren die ersten Klostergebäude aus Holz gebaut, denn es brannte 616 und nochmals 755 ab und wurde danach aus Stein neu aufgebaut. In Bangor entstand zwischen 680

St. Malachy's wall – der letzte erhaltene Teil der Abtei Bangor.

und 691 unter der Leitung des 15. Abtes Cronan das *Antiphonar von Bangor.* Als Sammelband unterschiedlicher Mss. enthält es die älteste irische Hymnensammlung sowie liturgische und außerliturgische Gebete und Gesänge. Dieses wertvolle schriftliche Zeugnis der monastischen Kirche Irlands kam von Bangor in das von Columban gegründete Kloster Bobbio in Oberitalien und gelangte schließlich im Jahr 1606 an die Ambrosianische Bibliothek zu Mailand, wo es noch heute aufbewahrt wird.[256]

Nun zur Lebensgeschichte von St. Comgall, die erst Jahrhunderte später aufgeschrieben und u. a. in den „Acta Sanctorum Hiberniae ex Codice Salmanticensi" (*ASH*) und in den „Vitae Sanctorum Hiberniae" (*VSH*) im Druck herausgegeben wurde. Die *Vita* ist wie üblich als hagiographische Schrift geschrieben, enthält aber immerhin einige bemerkenswerte Details zu Comgalls Leben.

Comgall (oder auch Comgill) stammte von den Pikten ab und wurde um das Jahr 517 als Sohn des Soldatenführers Sethna im alleräußersten Norden Irlands nahe dem Ort Magheramorne in Dal-Riada in der Provinz Ulster geboren. Frühzeitig wurde er von den Eltern für das monastische Leben bestimmt. Dafür war nicht nur eine auch in dieser *Vita* enthaltene Prophezeiung ausschlaggebend, sondern ebenso ein wunderbares Ereignis bei der Taufe kurz nach der Geburt des Kindes. Für die Taufe war der seit vielen Jahren blinde Priester Feidhlimidh vorgesehen, der den Taufritus auswendig kannte. Es war anfangs kein Taufwasser vorhanden, doch da sprang plötzlich eine Quelle mit klarem Wasser aus der Erde und benetzte Feidhlimidhs Gesicht. Daraufhin öffneten sich seine Augen, und er konnte wieder sehen. Es gab keinen Zweifel daran, dass Comgall als Taufkind Urheber dieses wunderbaren Geschehens gewesen war.[257]

Nach Jahren häuslicher Pflege und einer Zeit des Unterrichts bei einem schwachen Kleriker erhielt Comgall seine theologische Ausbildung bei St. FINTAN im Kloster Clonenagh (Clúain Edhnech) in der Provinz Meath sowie in Clonmacnoise bei St. CIERAN. Nach der Priesterweihe zog er sich auf eine Insel im Lough Erne nahe der Bucht von Donegal in Ulster zurück und führte dort als Anachoret mehrere Jahre lang ein asketisches Leben als innere Vorbereitung auf die anschließende monastische Zeit.

Um das Jahr 555 gründete Comgall sein Hauptkloster Bangor und führte es beinahe ein halbes Jh. lang als Abt in strenger Regie. So wurde nicht nur wie in anderen Klöstern auch häufig gefastet, sondern es gab trotz des arbeitsreichen Tages der Mönche auf dem Feld oder bei den verschiedenen handwerklichen Tätigkeiten nur eine einfache Mahlzeit am Abend.

Die persönliche Beichte erfolgte öffentlich vor der Gemeinschaft der Brüder, und Übertretungen der Klosterordnung wurden streng bestraft. Welche Strafen bei welchen Vergehen verhängt wurden, geht aus den Regeln seines Schülers COLUMBAN von Luxeuil hervor, der bei den strengen Bestimmungen seines eigenen Regelwerkes gewiss auch von den Erfahrungen in Bangor beeinflusst wurde.

So heißt es beispielsweise in der Klosterregel von Columban:

Wer ein müßiges Wort geäußert hat, der werde zum Schweigen zwischen zwei aufeinander folgenden Gebetszeiten verurteilt oder zu zwölf Schlägen... Wenn ein Bruder ungehorsam gewesen ist, (lebe er) zwei Tage lang bei nur einem Laib Brot und Wasser... Wenn einer beim Beten Lärm gemacht hat, 50 Rutenschläge...[258]

Die Regel von Comgall ist nicht erhalten. Doch sind milde Worte über ihre Grundsätze überliefert:[259]

The Rule of St. Comgall	**Die Regel von St. Comgall**
Preserve the rule of the Lord; in this way you will run no risk;	Bewahre die Regel des Herrn, auf diesem Wege wirst du nichts riskieren.
Try not to transgress it as long as your life lasts.	Versuche nicht, sie zu übertreten, so lange dein Leben dauert.
This is the most important part of the rule: love Christ; hate wealth; Devotion to the king of the sun and kindness to people.	Dies ist der wichtigste Teil der Regel: liebe Christus, verabscheue Reichtum; Verehrung dem König der Sonne und Freundlichkeit dem Volk.
If anybody enters the path of repentance it is sufficient to advance a step every day. Do not wish to be like a charioteer.	Wenn jemand den Pfad der Reue betritt, genügt es, jeden Tag einen Schritt weiterzugehen. Wünsche nicht, wie ein Wagenlenker zu sein.

Diese Würdigung weist auf einen guten Charakter und einen gerecht handelnden Menschen hin. Comgall hielt Freundschaft mit Columba, Brendan von Clonfert, Finnian von Moville und mit anderen bedeutenden Äbten. Einmal geschah es, dass die Königin von Dal-Ariada, eine sittsame Frau, einen Gifttrank getrunken hatte und große Schmerzen erduldete. Niemand wusste, wer den Trank gegeben hatte. Nachdem ihr kein Mediziner helfen konnte, wurde Comgall gerufen. Er segnete die Königin und heilte sie in kurzer Zeit. Bald darauf beichtete eine der Mägde der Königin, dass sie vom Bösen versucht worden wäre und das Gift gegeben hätte. Sie sollte mit Folter bestraft werden, doch wollte die Königin zuvor St. Comgall anhören und seinem Urteil folgen. Der Heilige sandte ihr einen Boten und ließ ihr zum Erstaunen aller mitteilen, dass er die Magd vom Tod und aus der Knechtschaft befreien und sie zu Gott führen wolle.[260]

Wie in der monastischen Kirche Irlands generell war es auch in Bangor üblich, dass jeder Mönch einen persönlichen Begleiter als Beichtvater hatte. Dieser wurde nach keltischer Tradition „Seelenfreund“ (*anmchara* oder *anam ċara*) genannt. Über diese Art von tiefer Freundschaft schrieb der irische Dichter *John O'Donohue* am Ende des 20. Jhs.[261]

> *Die Anam-ċara-Erfahrung erschließt uns eine Freundschaft, die durch keinerlei Trennung oder Distanz versehrt oder begrenzt wird. Zwei Freunde können selbst über große Entfernungen hinweg aufeinander eingestimmt bleiben und weiterhin den Fluss des jeweils anderen Lebens in sich spüren. Gemeinsam mit unserem Anam ċara erwecken wir das Ewige. In diesem Seelen-Raum existiert keinerlei Distanz.*

Als Comgalls Seelenfreund starb, war der Heilige tieftraurig und sprach zu seinen Mönchen:[262]

> *Mein anmchara ist gestorben, und ich bin kopflos und ihr seid es auch, denn ein Mönch ohne anmchara ist ein Körper ohne Haupt.*

Im siebten Jahr nach Gründung des Klosters Bangor ging Comgall in das nördliche Britannien, um befreundete Äbte zu besuchen. Bei dieser Gelegenheit gründete er ein Kloster in einem Landhaus in der Gegend von Heth an der Westküste Schottlands. An einem Tag, als der Heilige draußen auf dem Felde war, überfielen räuberische Pikten das junge Kloster und raubten alles, was sie dort fanden. Comgall hatte wie üblich eine geweihte Hostie in einem schmalen Gefäß, dem *Chrismal*, bei sich und trug es an einem

Band über der Kleidung. Als die Pikten das Chrismal bei Comgall sahen, meinten sie – nicht ganz zu Unrecht –, dass es dessen Gott sei, und wagten nicht, ihn zu berühren. Sie trugen die Beute auf ihre Schiffe; jedoch der Heilige segnete Himmel, Erde und das Meer und sprach ein Gebet. Da hob sich das Meer, warf die Schiffe an die Küste, so dass etliche Räuber schwer verwundet wurden. Da ließen sie ihre Beute los und baten St. COMGALL um Gnade. Der Heilige wurde von Barmherzigkeit erfüllt, betete für sie, und – wie es in der *Vita* weiter heißt – *sie empfingen sein Licht und in der Beruhigung kehrten sie leer und schwach zurück.*[263]

Gegen Ende seines Lebens wurde Comgall von heftigen Schmerzen heimgesucht; das Gehör versagte und die Blase verschloss sich. Wider Willen schien er in der letzten Lebensphase die strengste Askese erreicht zu haben, mit der er sich von der diesseitigen Welt verabschiedete. Einige meinten, dass seine körperliche Leiden und Schmerzen über ihn von Gott verhängt worden wären wegen der Härte und Strenge seiner Klosterregel. Doch wie wir aus seiner *Vita* erfahren haben, war Comgall auch barmherzig und versuchte, die Sünder zur Reue und Umkehr zu bewegen. Seine strenge Klosterführung entsprang also keineswegs einem harten Herzen, sondern schien ihm in Anbetracht aufkommender spiritueller und disziplinärer Schwierigkeiten bei der unüberschaubaren Zahl von Brüdern, Schülern und Studenten in seinen ausgedehnten Klosteranlagen notwendig.

Doch in Anbetracht der großen Verehrung des Heiligen wurden Comgalls letzte leidvolle Lebenszüge auch in der Weise gedeutet, dass die in aller Öffentlichkeit ertragenen Schmerzen seine Verdienste und seinen Ruhm weiter mehren würden. Auf seinen Wunsch hin erhielt er noch die Kommunion aus den Händen des befreundeten Abtes FIACHRA (*Fiacre*) aus der Provinz Leinster (Laginensium) und starb bald darauf, vermutlich im Jahr 602.

In der *Vita Sancti Comgalli* folgt noch ein kurzer Bericht über eine andere in Irland um 600 bereits übliche Form der Gläubigkeit und Verehrung eines Heiligen:[264] Lange Zeit nach dem Begräbnis, also Jahre später kam Abt Fiachra ein weiteres Mal nach Bangor. Er besuchte das Grab Comgalls und ließ dem Verstorbenen den Knochen eines Armes als Reliquie entnehmen, die er mit sich nahm bis an die Grenze von Leinster. Doch wie erstaunten Fiachra und seine Klosterbrüder, als sich der Armknochen plötzlich in die Lüfte erhob, so als ob er Ulster, die Heimatprovinz Comgalls, nicht verlassen wollte. Die versammelten Mönche knieten nieder, beteten längere Zeit; endlich kam die Reliquie in Nähe der Brüder wieder zur Erde zurück, konnte jedoch trotz dreitägiger Suche nicht mehr gefunden werden. An dieser Stelle ließ St. Fiachra schließlich ein Kloster zu Ehren des Heiligen Comgall errichten.

Eine weitere Ehrung wurde St. Comgall etwa 80 Jahre später durch einen ihm gewidmeten Hymnus in dem bereits erwähnten *Antiphonar von Bangor* zuteil. Daraus seien einige Verse in Latein und in deutscher Übersetzung wiedergegeben:[265]

Hymnus Sancti Comgilli Abbatis nostri[1]

I. Recordemur justitiae
Nostri patroni fulgidiae
Comgilli sancti nomine,
Refulgentis in opere,
Adjuti Dei flamine,
Sancto claroque lumine
Trinitatis celsissimae,
Cuncta tenentis reg(i)mine,
R1 *Quem Deus ad aetherea*
Conduxit habitacula
R2 *Ab angelis custodita*
Permansura in saecula

IV. Doctus in Dei legibus
Divinis dictionibus,
Dilatus sanctis opibus
Deo semper placentibus,
Dedicatus in moribus,
Dei Stephanus hagius[2]
Docebat sic et caeteros
Dicta docta operibus.
R1

Hymnus an unseren Abt, den Heiligen Comgall[1]

1. Lasst uns der Gerechtigkeit gedenken,
die mit dem Namen unseres Patrons,
des heiligen Comgall, aufleuchtet,
hell erstrahlt im Werk
des durch den Priester unterstützten Gottes,
im heiligen und hellen Licht
der erhabensten Dreifaltigkeit,
enthalten in der gesamten Herrschaft,
R1 den Gott zu den himmlischen
Wohnungen hingeführt hat
R2 von Engeln behütet
bleiben sie für immer erhalten.

4. Gelehrt in den Gesetzen Gottes,
in den göttlichen Reden,
versehen mit heiligen Gütern,
die Gott immer gefällig sind,
eingeweiht in den Sitten,
ein heiliger Ehrenkranz Gottes[2],
so lehrte er auch andere tatkräftig
das genannte gelehrte Wissen.
R1

V. Elegit a primordio
Quod erat in principio
Aeternum verbum paterno
Eructum sanctissimo
Corde verum altissimo
Carum eidem lucido
Pignus praeclaro animo
Constans opere placido.
R2

5. Er hat vom Urbeginn ausgewählt,
was im Anfang des Vaters
das ewige Wort war,
erwirkt durch das allerheiligste,
wahrhaftig höchste Herz,
demselben leuchtenden teuer,
dem herrlichen Geist Unterpfand,
unwandelbar im gütigen Werk.
R2

VI. Fulgebat alti fulgore
Solis vice in vertice
Rutilantis meridie
Fidei claritudine,
Confirmatus ex viscere
In Dei semper fidere,
Confidens sanctimoniae
Praecipuo munimine.
R1

6. Er strahlte im Glanz
der hohen Sonne hoch oben,
der am Mittag golden schimmernden;
in der Helle des Glaubens
bestärkt aus dem Inneren,
immer im Vertrauen auf Gott,
vertrauend der Heiligkeit
durch den besonderen Schutz.
R1

IX. In Scripturis eruditus,
Inspiratus divinitus,
In Sacramentis providus,
Canonicis affatibus
Veteris, Novi actibus
Testamenti praefulgidus,
Fervens spiritu, placidus,
Deo carus, et piissimus.
R2

9. In den Schriften gebildet,
inspiriert durch göttliche Fügung,
in den Sakramenten fürsorglich,
in den kanonischen Anrufungen
des Alten, in den Darstellungen
des Neuen Testaments sich auszeichnend,
brennend im Geist, gütig,
dem Gott teuer, und äußerst gottgefällig.
R2

X. Kalcavit mundum subdolum
Karitatis per studium
Kastitatis firmissimum,
Contemnens omne vitium,
Inserens agrum floridum,
Pectus adornans lucidum,
Divinum habitaculum
Trino nomine sancitum.
R1

10. Er trat in die arglistige Welt;
durch das Streben nach gottesfürchtiger Liebe,
völlig standhaft in der Keuschheit,
wies er jedes Vergehen zurück,
bepflanzte die Flur mit Blumen,
versehen mit frohem Sinn;
in die himmlische Wohnung
durch den dreifachen Namen geheiligt.
R1

XIII. Notus sanctorum cœtibus,
Abbatum in ordinibus,

13. Bekannt den Zusammenkünften der Heiligen,
in den Reihen der Äbte,

Monachorum militibus,	den Scharen der Mönche,
An(a)choretarum sensibus,	den Gesinnungen der Anachoreten,
Synodum sanctis plebibus,	den heiligen Scharen der Synoden;
Immo vir apostolicus,	fürwahr, ein apostolischer Mensch,
Clarus cunctis in sortibus,	glänzend in sämtlichen Rängen,
Adauctus in sublimibus.	noch mehr bei den Erhabenen.
R2	**R2**
XVII. Rexit sanctam ecclesiam	*17.* Er leitete die heilige
Catholicam per regulam,	katholische Kirche durch eine Regel,
Retinens fidem soldam	bewahrte den festen Glauben
Malam contra nequitiam,	gegen üble Leichtfertigkeit,
Suam exercens animam	übte seine Seele
Sanctae legis per paginam,	durch die Schrift des Heiligen Gesetzes,
Cujus, exopto, gratia	dessen Ansehen, so ersehne ich,
Mihi adornet animam! [3]	mir die Seele schmücken möge! [3]
R2	**R2**
XXII. Ymnum Deo cum cantico	*22.* Er brachte den Hymnus mit Gesang
Immolabat altissimo,	Gott dem Höchsten dar,
Diei noctis circulo	im Lauf von Tag und Nacht
Orans sæpe cum triumpho.	betete er häufig mit Frohsinn.
Nunc cantavit sub numero	Nun hat er unter der Menge
Canticum novum Domino	dem Herrn ein neues Lied gesungen,
Junctus choro angelico	verbunden mit dem Engelschor,
Summo sanctus in jubilo.	im höchsten Jubel geheiligt.
R1	**R1**
XXIII. Zona cinctus justitiae,	*23.* Ein Gürtel, Gurt der Rechtschaffenheit,
Castitatis eximiae,	der außerordentlichen Keuschheit,
Mundo opertus sindone	verborgen der Welt durch ein Leinen
In signo castimoniae	in dem Sinnbild der Reinheit,
Feminalia lucidae	helle Binden
Habens toto ex viscere,	umschlossen den ganzen Leib;
Cujus sancto pro opere	dessen Lohn für das heilige Werk
Reddetur merces condigne.[4]	angemessen entrichtet wird.[4]
R1	**R1**
R2	**R2**
Per merita et orationes sancti Comgilli abbatis nostri omnes nos, Domine, in tua pace custodi	Durch die Verdienste und Gebete des heiligen Comgall, unseres Abtes, uns alle, o Herr, in deinem Friede bewahre!

Anmerkungen zu diesem Hymnus

Wie der in diesem Buch vollständig wiedergegebene Hymnus für die Heilige Monenna besitzt der Hymnus für den Heiligen Comgall (Comgill) 23 Strophen und ist ähnlich aufgebaut. Hier sind 10 Strophen für die Wiedergabe nach inhaltlichen Gesichtspunkten ausgewählt.

- *R1, R2* werden abwechselnd am Schluss einer Strophe wiederholt;
- *die Strophen* haben jeweils 8 Zeilen à 8 Silben mit ein- oder zweisilbigem Endreim, manchmal auch mit Stabreim;
- *ausgelassene Verse* besingen weitere Vorzüge des Heiligen und himmlische Freuden.

Textanmerkungen

1 Überschrift und Schluss: „unser Abt“ weist hin auf die Abfassung der Hymne in Bangor;

2 Vers 4,6: *Stephanus hagius* besteht nach Clemens Blume (*AHM 51, p. 324*) aus einer Latinisierung aus dem Griechischen und ist mit „heiliger Ehrenkranz“ zu übersetzen;

3 Wechsel von der dritten zur ersten Person Singularis: zwei persönliche Zeilen vom Autor des Hymnus.

4 Strophe 23 ist ähnlich wie im Hymnus für die heilige Monenna eine Huldigung des Ideals der Keuchheit.

18* Columba (Columcille) von Iona (ca. 525–597)

In diesem Buch ist St. Columba als der dritte Nationalheilige Irlands bereits ausführlich gewürdigt worden. Für die Betrachtung des Zusammenhangs mit anderen bedeutenden irischen Heiligen des 6. Jhs. seien nun noch einige wenige Anmerkungen und allgemeine Betrachtungen hinzugefügt.

Columba oder *Columcille,* „die Taube der Kirche“, war zweifellos der vielseitigste unter den in diesem Kapitel behandelten Heiligen, war er doch Abt eines der bedeutendsten Klöster seiner Zeit, Missionar in einem fremden Land, politischer Ratgeber in Schottland und Irland sowie ein Poet und Freund der Barden. Wie andere Klostergründer war auch er adliger Herkunft, stammte mütterlicherseits von dem Königshaus der Provinz Leinster ab und väterlicherseits von der königlichen Linie der mächtigen O'Neills.

Dadurch war ihm eine glänzende Ausbildung an den führenden Klosterschulen Irlands gewährleistet, so bei St. Finnian von Clonard (7*), St. Finnian von Moville (10*) und St. Ciaran von Clonmacnoise (11*).

Aus der Schule von St. Finnian von Clonard ging Columba als einer der „Zwölf Apostel Irlands" hervor. Dort lernte er strenge Bußvorschriften kennen, die in ähnlicher Form bald das monastische Leben in Irland bestimmten. Buße ist aber nicht Strafe, denn sie setzt bei dem Übeltäter die reuevolle Einsicht in das eigene unrechte Tun voraus. Columbas Frevel hat, wie angenommen wird, vor allem darin bestanden, während eines späteren Besuchs bei seinem Lehrer St. Finnian (II) von Moville heimlich eine neue, illuminierte Hs. des Psalters kopiert und dadurch einen heftigen, kriegerisch ausgetragenen Streit ausgelöst zu haben.

Das Original dieser Kopie wurde im 19. Jh. in einem als *Cathach* (engl. „battler", soviel wie „Kämpfer") bezeichneten und in der „Royal Irish Academy" in Dublin aufbewahrten Ms. aus dem 6. Jh. erkannt.[266] Es enthält einen großen Teil des Psalters aus der lateinischen Bibelübersetzung, der *Vulgata*. Die in Rot geschriebenen Überschriften, *die Rubriken*, sind in Altirisch geschrieben, während die einzigen Ornamente in den geschmückten Initialen am Beginn eines jeden Psalms ausgearbeitet sind. Ob diese Kopie tatsächlich von Columba persönlich angefertigt wurde, erscheint mittlerweile allerdings fraglich. Doch wäre es denkbar, dass Columba bei seinem Besuch bei Finnian von einem Mönch eines eigenen Klosters begleitet wurde, der dann in seinem Auftrag den neuen Psalter heimlich kopierte.

Jedenfalls musste Columba seine geliebte Heimat verlassen. Diese schmerzhafte Trennung von Irland empfand er schließlich als die ihm zurecht auferlegte Buße. Sie bewirkte bei St. Columba, wie schon bei St. Patrick während seiner Gefangenschaft „am westlichen Meer" anderthalb Jahrhunderte zuvor, einen wesentlichen inneren Wandel des Heiligen: Aus dem impulsiv handelnden klerikalen Adligen entwickelte sich ein eher milder, seine Angelegenheiten achtsam bedenkender Kirchenführer, der als langjähri-

Insel Iona heute mit Zisterzienser-Abtei, die im 20. Jahrhundert an der Stelle errichtet wurde, wo das Kloster des hl. Columba stand.

ger Abt von Iona zu dem allseits geachteten Weisheitslehrer, Missionar und politischen Ratgeber aufstieg.

Noch ein Wort zu Columbas Abschied von Irland: Der Heilige machte sich die Buße nach der Synode von Meltown, vor allem aber aufgrund des dringenden Rates seines Seelenfreundes Molaise zu eigen und nahm als erster bedeutender Heiliger Irlands die *peregrinatio* auf sich in der lauteren Absicht, seinen Frevel durch eine intensive Missionsarbeit bei den Pikten zu sühnen. Dieses Geschehen zeigt ebenso beispielhaft, dass in der Mitte des 6. Jhs. die monastische Kirche in Irland weitgehend unabhängig von Rom agiert und einen relativ eigenen Verhaltenskodex nach Strafe und Buße aufgestellt hatte.

St. Columba starb im Jahr 597 auf Iona, nur wenige Jahre vor dem mit ihm eng befreundeten St. Comgall. In der Lobeshymne auf Columba, der „Amra Choluimb Chille", die hier im Anhang zu dem Kapitel über den Nationalheiligen in Auszügen wiedergegeben ist, findet sich seine ausführliche Würdigung. Aus der zusammenfassenden deutschen Übersetzung dieser Eutologie sei noch die folgende Strophe zitiert:[267]

Wer lebte je in diesem Land
und wer wird jemals leben,
berühmter und größer als Columcille?
Er kannte keine Verschlagenheit,
tat Tugendhaftes.
Begierden der Augen bekämpfte er,
der Weise, der auf CHRISTUS *gehört hat.*

Was ist aus dem berühmten, von ST. COLUMBA gegründeten Kloster auf Iona geworden? Die Klosteranlage bestand unverändert bis etwa 800 und wurde dann zu Beginn des 9. Jh. von den Wikingern überfallen und zerstört. Etliche Mönche verließen die Insel und ließen sich im Kloster von Kells in Irland nieder. Erst Anfang des 13. Jhs. gab es durch den Zisterzienser-Orden einen Neuanfang des monastischen Lebens, nun aber lange nach Ende der keltisch-irischen Ära.

5. Das Netzwerk der monastischen Kirche

Zum Abschluss dieses Kapitels seien die zwölf ausgewählten Heiligen des späten 5. und des 6. Jhs. gegenübergestellt und zunächst mit ihren Lebensdaten graphisch veranschaulicht. Auf die y-Achse der folgenden Grafik ist die Zeit zwischen etwa 430 bis 600 aufgetragen, und die x-Achse gibt die früher festgelegten Kennziffern der Heiligen an.

Es sind also die Lebensdaten der zwölf ausgewählten Heiligen in aufsteigender Folge von unten nach oben durch die horizontalen Linien eingesetzt, beginnend mit 1* ST. BRIGID und endend mit 18* ST. COLUMBA (Columcille). Für 4* Buíte ist das Geburtsjahr nicht genau abzuschätzen, und für 13* Coémgen scheint das Todesjahr ungewiss zu sein. Diese einfache Graphik macht deutlich, dass die vertikale Verbindungslinie zwischen dem Todesjahr von Brigid und dem Geburtsjahr von Columba für das geschätzte Jahr 525 eine Symmetrielinie bildet. Die Lebensspanne beider Heiligen durchdringt die Lebenszeit von je sieben anderen ausgewählten Heiligen.

Die mit x gekennzeichneten Jahre der Klostergründungen ermöglichen es abzuschätzen, ob eine Kontaktnahme zwischen den Mutterklöstern der Heiligen in dem betrachteten Zeitraum über-

Übersicht über die Lebensdaten von zwölf Heiligen

1* Brigid von Kildare (ca. 450–ca. 525); 2* Enda von Aran (ca. 450–ca. 530); 3* Monenna von Killeevy (ca. 435–ca. 517); 4* Buíte von Monasterboice (ca. 463?–ca. 521); 5* Ita von Killeedy (ca. 480–ca. 570); 7* Finnian (I) von Clonard (ca. 470–ca. 549); 10* Finnian (II) von Moville (ca. 495–ca. 589); 11* Ciarán von Clonmacnoise (ca. 516–ca. 549); 13* Coémgen (Kevin) von Glendalough (ca. 488–ca. 578?); 16* Comgall von Bangor (ca. 517–602); 17* Brendan von Clonfert (ca. 486–ca. 575); 18* Columba (Columcille) von Iona (Hi) (ca. 525–597).

- Punkte am Strichende bezeichnen Lebensanfang und -ende

I senkrechte Striche kennzeichnen mögliche Änderungen von Daten

x bezeichnet das mögliche Gründungsjahr des Hauptklosters

Alle Jahresangaben beruhen auf Schätzungen

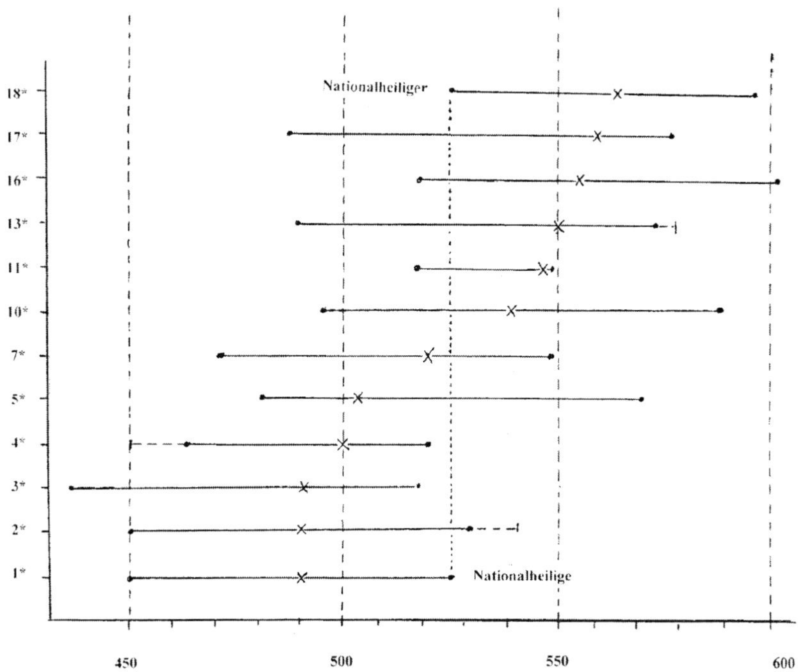

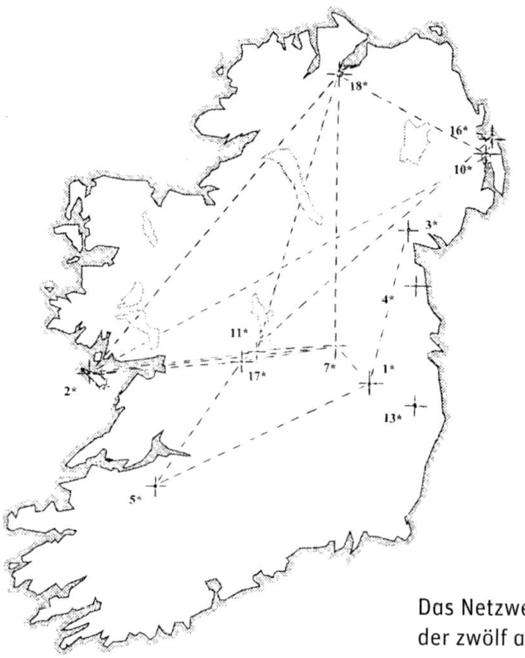

Das Netzwerk zwischen den Klöstern der zwölf ausgewählten Heiligen.

haupt möglich sein konnte. Nicht berücksichtigt ist die Einflussmöglichkeit eines Hauptklosters auf andere Klöster, insbesondere durch die vom Mutterkloster neu gegründeten Klöster, die in der Graphik nicht angezeigt sind. Wie bereits früher angemerkt, bildete das Mutterkloster mit seinen Nebenklöstern einen informellen Verband oder eine *Paruchia*. Der Abt des Hauptklosters übte dann sozusagen das Amt des Oberen über die Paruchia aus. Im Hauptkloster wurden dann Mönche zu Priestern und Bischöfen geweiht und in die Töchterklöster entsandt.[268]

Hier war die monastische Struktur der keltisch-irischen Kirche mit ihren Einflüssen in Schottland und Northumberland im nördlichen Britannien der Stammesstruktur der frühmittelalterlichen Gesellschaft in stringenter Weise angepasst. Der Aufbau eines Diözesansystems war nicht vorgesehen und konnte sich so auch nicht herausbilden.

Es ist ferner zu beachten, dass unsere Auswahl von zwölf überragenden Heiligen für die Darstellung der monastischen Kirche

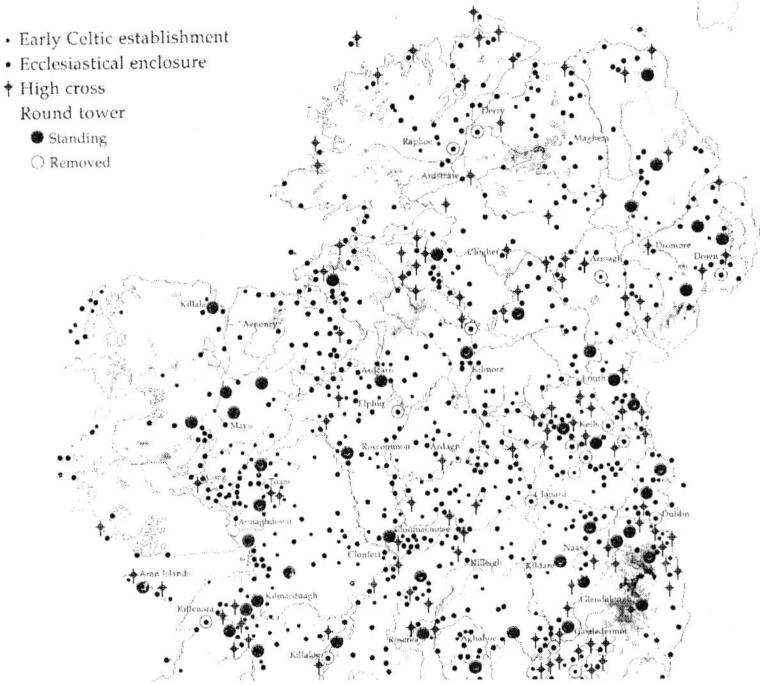

Verdichtung der Kirchenstruktur im Hochmittelalter, dargestellt für den nördlichen Teil von Irland (mit Einschluss der Hochkreuze und Rundtürme). (Quelle: Bibliothek der Mount St. Joseph Abbey bei Roscrea, Co Tipperary).

nur einen kleinen Ausschnitt aus der großen Menge der nach Hunderten zählenden Klöstern und kirchlichen Einfriedungen in dem ländlichen Irland darstellen kann. Gleichwohl sind die Kontakte zwischen den Heiligen und ihren Hauptklöstern, soweit sie überhaupt bekannt sind, hier von Interesse.

Auf der obigen Karte sind die Beziehungen zwischen den zwölf ausgewählten Heiligen und ihren Klöstern durch die gestrichelt gezeichneten Verbindungslinien graphisch dargestellt. Für 18* Columba (Columcille) ist das Kloster Derry und nicht Iona gewählt worden, weil Derry das Hauptkloster während seiner Lebensjahre in Irland war. Für 4* Buíte und 13* Coémgen und ihre Klöster Monasterboice und Glendalough machen die Vitae keine näheren

Angaben über die Beziehungen zu anderen Heiligen, obwohl diese Klöster zu den Zentren kultureller und spiritueller Bildung gehörten.

Die Klöster bildeten gleichsam ein unsichtbares Netzwerk, das in sich geschlossen und stabil war, äußeren Einflüssen gegenüber aufgeschlossen war und den Charakter einer monastisch gegliederten Kirche noch lange Zeit beibehielt. Dennoch war sie noch immer keine zusammenhängende hierarchische Organisation, sondern bildete eine Verbindung von Klöstern und einzelnen Klostergruppen. Das obige Kartenbild mit den zwölf ausgewählten Klöstern gibt allerdings nur ein unzureichendes Bild von dem wahren Netzwerk der monastischen Kirche, in dem die Grundsätze einer Diözesanverfassung noch nicht bestimmend waren.

Wenn wir uns die weitere Verdichtung der Klöster und kirchlichen Einfriedungen Jahrhunderte später anschauen, wie oben in einem Kartenausschnitt Irlands aus dem Hochmittelalter, gewinnen wir einen Eindruck von der die Stammesgesellschaft durchdringenden Struktur dieses monastischen Netzes.

Der Kartenausschnitt zeigt an, in welcher Weise sich kirchliche Einrichtungen und Bauwerke besonders dort nachweisen lassen, wo vordem bereits frühe keltische Heiligtümer bestanden. Von der Zeit der Wikingereinfälle an wurden dann die Klöster mit Rundtürmen ausgestattet, von denen noch immer eine große Zahl erhalten ist. Im hier nicht wiedergegebenen südlichen Teil Irlands lässt die Verdichtung der kirchlichen Zentren merklich nach und erreicht nur noch an den Küstengebieten im äußersten Südwesten eine merkliche Häufung, also dort, wo sich einst Eremiten zurückgezogen und kleine Ansiedlungen gegründet hatten.

V.
Das Ende der altirischen Kirche im 7. Jahrhundert

Mit dem 7. Jh. treten wir in eine Zeit ein, in der erstmals gesicherte Quellen den Werdegang der altirischen Kirche historisch belegen. Hier ist vor allem die *Historia Ecclesiastica gentis Anglorum* („Kirchengeschichte des englischen Volkes") von BEDA VENERABILIS (ca. 672–735) zu nennen,[269] die bis zum Jahr 731 reicht und zahlreiche Dokumente, auch die irische Kirchengeschichte betreffend, enthält. Dazu gehören u.a. Viten und Briefe, Hymnen und exegetische Schriften.

Das 7. Jh. ist für den Werdegang der altirischen Kirche durch zwei übergeordnete Prozesse bestimmt: durch die *peregrinatio*, die Pilgerschaft irischer Mönche in fremde Länder, und durch den Streit mit der römischen Kirche um die Datierung und Berechnung des Osterfestdatums. Beide Vorgänge seien zunächst in allgemeiner Weise charakterisiert.

Die *peregrinatio* gehört, wie bereits in Abschnitt III.1 ausgeführt, zum „weißen Martyrium", dem unblutigen Opfergang irischer Mönche in fremde Länder. Sie führte zur Gründung neuer Klöster im Ausland und damit auch zur Missionierung einheimischer Bevölkerungsgruppen. Die so von ST. COLUMBA (oder Columcille) begonnene Missionsarbeit bei den Pikten und in Northumberland im nördlichen England wurde durch irische Mönche in Schottland und Britannien sowie auf dem europäischen Festland fortgesetzt und merklich erweitert.

Zumeist traten die Mönche in großer Bescheidenheit demütig und nachsichtig auf, lebten zurückgezogen und waren anpassungsfähig an die Gewohnheiten ihres Gastlandes. Durch die kluge und vorsichtige Art der Missionierung, um die die Brüder mitunter sogar von den Landesherren gebeten wurden, gab es keinen Widerstand gegen ihre Anwesenheit und dementsprechend auch keine Märtyrer. Die *peregrinatio* war nicht erzwungen; sie war innerhalb der monastischen Kirche eine freiwillige Leistung, eine Form der Buße um CHRISTI willen als Fremder und Gast auf Erden und auf der Suche nach der wahren Heimat (Hebr 11,13-14).

Die Missionierung erfolgte jedoch nicht in völlig heidnischen Ländern, sondern lediglich in den Gebieten, wo das Christentum noch nicht dauerhaft Fuß gefasst hatte oder noch unzureichend verankert war. Daher konnte es nicht ausbleiben, dass sich gegen die von den Brüdern zelebrierten Rituale und die von ihnen mitgebrachten Gewohnheiten auch Widerstand erhob. Denn vieles, was sie in ihren Glaubensäußerungen vertraten und woran sie nach eigener Tradition festhielten, erweckte in den Gastländern auch den Argwohn der römischen Kirche. Das betraf etwa das Taufritual und die Tonsur der Mönche und insbesondere die Berechnung des *Osterfestdatums*, damit zugleich auch die von diesem Datum abhängige Festlegung der Festtage im Jahreszyklus.

So war der positive Widerhall der irisch-christlichen Frömmigkeit begleitet von dem immer heftigeren Streit um die richtige Bestimmung des Datums des Osterfestes, letztlich von einem Disput zwischen der keltisch-irischen und der römischen Kirche, der mit der Niederlage der altirischen Kirche auf der Synode von Whitby im Jahr 664 und ihrem Rückzug endete.

1. Irische *peregrinatio*: Columban von Luxeuil

Unter den Iren, die *pro amore Christi* die *peregrinatio* antraten, ragt St. Columban von Luxeuil (ca. 543–615) besonders hervor. Die *Vita* über ihn, ganz im hagiographischem Stil geschrieben, wurde von dem Mönch Jonas in dem von Columban gegründeten Kloster Bobbio auf Veranlassung seines Abtes Bertulf abgefasst und im Jahr 643, also nur etwa drei Dezennien nach dem Tod des Heiligen, veröffentlicht.[270] Columban, neben Columcille der bedeutendste Missionar der altirischen Kirche und Verfasser der ersten vollständig überlieferten Klosterregel Irlands, galt in der strengen Askese und Zucht der von ihm gegründeten Klöster als wahrhaftiges Vorbild für ein achtsam gelebtes christliches Dasein in der Auseinandersetzung mit seiner Zeit. Gezeichnet von Entbehrung und Weltentsagung erkannte er in der elementaren Not, wie es in der *Vita* heißt (Kap. 16),

> *dass dem Glauben eher geschenkt wird, was der göttlichen Gnade würdig ist, als der Verzweiflung, in der selbst das (von Gott) Gewährte weniger zu werden pflegt.*

Eine Entbehrung hat also einen tieferen Sinn, denn (Kap. 22)

> *der Schöpfer lässt entbehren, um dem Dürftigen Seine Güte im Schenken zu zeigen, so wie Er ‚versucht werden' lässt, um in der Versuchung zur Hilfe zu kommen.*

Columbans Sendung war getragen von einem tiefen Gottvertrauen, das seine eigene *christliche Weisheitslehre* erfüllt hat und ihn unbeirrt seinen Weg der *peregrinatio* gegen alle politischen Widerstände gehen und fortsetzen ließ: Gott ist alles, was das menschliche Leben auszeichnet und mit Sinn erfüllt, „unser alles, unser Heil"; ein unermesslicher, nicht auslotbarer Ozean, Quell des Wassers ewigen Lebens, aus dem die Gläubigen schöpfen dürfen. Christus entzündet die Lampen, von denen die Menschen bei aller Unstetigkeit und Veränderlichkeit das ewige Licht empfangen dürfen.

Der tiefere Sinn seines Daseins bestand für Columban darin, für CHRISTUS zu leben und Seine Botschaft weiterzugeben mit der Maxime: Lebe in CHRISTUS, damit CHRISTUS in dir lebt! Diese enge Verbundenheit mit dem Herrn kommt bei dem Pilger durch das eigene freundliche und demütige Verhalten zum Ausdruck, wobei die irdische Pilgerschaft nur eine Vorwegnahme, vielleicht auch Gleichnis, des Weges ist zur himmlischen Heimat. Auf Erden ist der Mensch nur auf der Durchreise, nur Gast in dieser Welt. Für den Pilger kommt es darauf an, den Geist mit himmlischen und geistlichen Vorstellungen zu füllen, um

> *von der Straße dieses Zeitalters zum gesegneten und ewigen Heimatland unseres ewigen Vaters hinüber zu gelangen.*[271]

In der Bedrängnis dieser Welt, in ihrer Gewalttätigkeit und ihren Ungerechtigkeiten, geht es für den von CHRISTUS erfüllten Gläubigen um nichts anderes als um die Wahrheit des Evangeliums, die darin besteht, dass die wahren Jünger mit ihrem Kreuz dem gekreuzigten CHRISTUS folgen müssen.

Für ST. COLUMBAN hat seine Weisheitslehre in der Konsequenz bedeutet, nicht vor der Welt zu fliehen, sondern sich der Welt in ihren Widersprüchen zu stellen und ihnen die Liebe CHRISTI entgegen zu setzen. Diese Liebe Gottes umfasst alle Geschöpfe dieser Welt, denn die Schöpfung zeugt von der Größe des Schöpfers. Seine Schöpfung lieben heißt letztlich, sich Ihm mit ganzem Herzen zuzuwenden.

Folgen wir nun der Lebensbeschreibung von Columban, wie sie uns in der *Vita* von Jonas von Bobbio überliefert ist. Wie bei anderen bedeutenden Heiligen auch werden bewährte Muster hagiographischer Schriften in die Biographie eingefügt. So ließ sich auch für Columban sein künftiger außergewöhnlicher Werdegang bereits vor seiner Geburt erkennen, als seine Mutter in der Schwangerschaft davon träumte, aus ihrem Schoß werde eine rot

Barocke Darstellung des Columban von Luxeuil als Tierfreund (Aegidius Rambeck, Calendarium annale benedictinum 1677).

schimmernde Sonne hervorgehen, wie sie hier auf obiger Abbildung des Heiligen zu sehen ist. Jonas führte dazu aus, dass der Leib der Kirche durch die immer größere Zahl der Heiligen im hellen Glanz erstrahle (Kap. 2).

Doch sollte sich die Mutter nicht lange an der Anwesenheit ihres Sohnes erfreuen. Lernbegierig wie es seinen außerordentlichen Anlagen entsprach ging er nach dem Grundstudium der lateinischen Sprache in Grammatik und Rhetorik sowie nach weiteren Studien der Geometrie und der Heiligen Schriften zu einer frommen, gottgeweihten Frau, die ihn in Anbetracht seines jugendlichen Alters dazu ermahnte, von allen Lockungen dieser Welt zu lassen (Kap. 3). Hier erhielt er wohl auch den ersten Impuls zu seiner späteren *peregrinatio*:

> *Geh weg, junger Mann, zieh fort, lauf dem Verderben davon,*
> *in dem so viele zugrunde gegangen sind, wie du weißt.*

Zur weiteren Ausbildung ging er zu St. Sinilis (Sinell), einem Schüler von St. Finnian von Clonard, auf der Insel Cleenish in

Nordirland und kam schließlich zur Vertiefung der monastischen Tugenden zu St. Comgall in Bangor. Hier lernte Columban die klösterliche Zucht in Askese, Fasten und Selbstverleugnung kennen und damit auch die Grundlagen für seine eigene strenge Klosterregel. Um das Jahr 590 begab er sich mit zwölf Gefährten nach anfänglichem Widerstand von Comgall auf seine bedeutende *peregrinatio*, die ihn über das Meer nach Gallien führte. Dazu passt ein frisches Bootslied voller Glaubenseifer, das Columban zugeordnet wird. Darin heißt es:[272]

Die Winde erheben mächtigen Atem,
und rauer Regen schmerzt den Leib,
doch Männerkraft gewinnt den Sieg,
raubt den Stürmen ihre Macht.
Vorwärts, Männer, an die Ruder!
Unser Rufe Echo lasst erschallen!

Fester Glaube und des Eifers Segen
wird für euch den Sieg gewinnen.
Scheitern muss der alte Feind,
seine Pfeile werden brechen.
Denkt an Christus, Männer!
lasst das Echo schallen!

Columban erreichte Gallien zu einer Zeit, in der das Land in Sitten und Moral, in Politik und Kultur einen Niedergang erlebte. Die Selbstherrlichkeit der Monarchen in der Regentschaft der Merowinger hatte arg zugenommen, und Wissen und Bildung wurden wenig geschätzt. In diese gallische Misere wurde Columban mit hineingezogen, als er mit seinen Gefährten gegen die schwindende Überzeugungskraft der Religion das Heilmittel der Buße setzte und Bescheidenheit gegen Maßlosigkeit, Milde gegen Gewalt und Härte setzte.

Er ließ sich an einem ruhigen Ort nahe der Vogesen nieder, wo er sich mitunter aus der Gemeinschaft mit den anderen zurückzog, um sich als Anachoret ganz dem Gebet hinzugeben. Zu die-

Klosterreste von Annegray (Haute-Saône), wo St. Columban seine erste Niederlassung in Gallien gründete.

sem Rückzug seien einige Verse zitiert, die auf Columban bezogen sein könnten:[273]

In meiner Hütte ganz allein,
kein menschlich Wesen in der Näh',
solch Pilgerart ersehnt mein Herz,
eh ich dem Tod entgegen geh.

Die Klause, fern von aller Welt,
wo ich, von ihrer Sünd befreit,
reinen Gewissens, unbeschwert
mich für den Himmel halt bereit.

In dieser Weltabgeschiedenheit war Columbans Liebe zu den Tieren so groß, dass auf sein Wort hin wilde Tiere und Vögel zum ihm kamen und sich von ihm streicheln ließen. Ein Eichhörnchen kam vom Baum herab und setzte sich auf seine Schulter (Kap. 17).

Doch allmählich vergrößerte sich die Zahl der Mönche, so dass er bei einer befestigten Burg das Kloster Luxovium (Luxeuil) gründete, das sein Hauptkloster in Gallien wurde und dem bald darauf die Gründung eines zweiten Klosters (Fontaine) folgte.

Für seine Klöster schrieb Columban eine Regel, die erste vollständige Regel irischer Provenienz, sowie ein Bußbuch (das Poenitentiale). Das Prinzip dieser das Klosterleben regulierenden Schriften gelangt am Anfang des Bußbuches zum Ausdruck:[274]

> *Wahre Buße besteht nicht darin, nichts zu begehen, sondern das Begangene zu beweinen.*

Die in zehn Kapitel gegliederte Mönchsregel (Regula monachorum) bildete die Grundlage des monastischen Lebens, während die Klosterregel (Regula coenobialis) dessen strenge Regulierung und Disziplinierung festsetzte. Entsprechend heißt es in der Mönchsregel unter Abschnitt 10 „Von der Vollkommenheit des Mönches“:[275]

> *Der Mönch möge in einem Kloster unter der Disziplin eines einzigen Vaters und in der Gemeinschaft vieler leben, so dass er von einem die Demut lernt, von einem anderen die Geduld. Einer möge das Schweigen, ein anderer die Milde lehren; er tue nicht, was ihm beliebt.*

Die strenge Klosterregel endet mit einer Einsicht aus Columbans christlicher Weisheitslehre:[276]

> *Es schien gut, das anzuordnen für jene, die den oberen Weg zu gehen wünschen, der zu den höchsten Höhen des Himmels führt, und nur dem einen Gott anhangen wollen, der auf diese Welt gesandt wurde.*

Indem sich der Ruf von Columban im ganzen Land verbreitete, wurde das Königshaus auf den Heiligen aufmerksam, und König

Theuderich II. (596–613) suchte den Kontakt zu ihm. Es konnte jedoch nicht ausbleiben, dass der tiefe moralische und lebenspraktische Gegensatz zwischen dem demütigen Columban und der unsittlichen Lebensweise von Theuderich zu einem Zerwürfnis führte, zumal Brunhilde (Brunichilde), die Großmutter des Königs, diesen unterstützte und gegen den Heiligen aufwiegelte. Als sich Columban weigerte, die illegitimen Söhne des Königs zu segnen, wurde auf Anraten von Brunhilde beschlossen, den Heiligen des Landes zu verweisen und ihn nach Irland zurückführen zu lassen.

Doch die Deportation misslang. Zuerst konnten die ausgesandten Häscher des Königs den Heiligen in der Vorhalle seiner Kirche nicht erkennen; sie waren mit Blindheit geschlagen, wie JONAS von Bobbio in der *Vita* genüsslich ausführte (Kap. 20):

> *Es war ein köstliches Schauspiel. Er (Columban) sah mit Freuden, wie sie ihn suchten, doch er selbst wurde nicht gesehen. In ihrer Mitte saß er und während sie gesehen wurden, sahen sie ihn nicht.*

Dann wurde das Schiff, das ihn mit seinen Gefährten nach Irland zurückbringen sollte, vom Sturm daran gehindert (Kap. 23):

> *Durch die Ruderarbeit und mit günstigen Winden fuhr das Schiff schon auf das hohe Meer hinaus. Doch da kamen gewaltige Wogen entgegen, drängten das Schiff an die Küste zurück und setzten es auf dem Boden fest.*

Zuvor war es Columban noch geglückt, über Auxerre und Orléans nach Tours zu gelangen, um dort das Grab des Heiligen Martin zu besuchen. In seiner Not flüchtete er schließlich an den Hof von König CHLOTHAR II. von Neustrien, einem merowingischen Teilgebiet, das den nordwestlichen Teil des heutigen Frankreich umfasste. Der König war Columban wohlgesonnen, und so konnte der Heilige seinen Weg in das Gebiet von Zürich und dann zum Bodensee nach Bregenz fortsetzen, wo er nur kurze Zeit blieb. Er gelangte am Ende nach Oberitalien; dort nahm ihn der Langobardenkönig Agilulf (590–616) ehrenvoll auf. Chlothar übermittelte Columban über dessen Nachfolger EUSTHATIUS in Luxeuil die Botschaft, nach dem Tod von Theuderich zu ihm, dem neuen König des ganzen Frankenlandes, zurückzukehren, doch lehnte er das freundliche Anerbieten ab. 613 ließ er sich im oberitalienischen Bobbio nieder, richtete die Basilika wieder her und beschloss dort im Jahr 615 sein unruhiges, ganz der Liebe CHRISTI gewidmetes Leben. Dann endlich hat St. Columban *das Sichere und Wahre gesehen.* Er wurde in der Klosterkirche von Bobbio beigesetzt; dort werden seine Reliquien bis heute aufbewahrt.

Die *Vita* von Columban, geschrieben von JONAS von Bobbio, ist von hoher Authenzität und historischer Treue, trotz ihres hagiographischen Charakters voller Wundergeschichten, die hier weitgehend weggelassen wurden. Indem Jonas die positiven Seiten des Heiligen besonders hervorgehoben hat, bietet die Lebensbeschreibung ein makelloses Bild von Columban, die den *Vitae* der großen Heiligen von Irland um nichts nachsteht. So können wir noch 14 Jahrhunderte später aufblicken zu einem Menschen, der um CHRISTI Willen viel Leid ertragen hat und unbeirrt den christlichen Glauben verbreitet hat.

Dennoch sollten zwei Konflikte von Columban, die Jonas unerwähnt ließ, noch zur Sprache kommen: zum einen ein Dissens mit seinem treuen Begleiter GALLUS und zum anderen sein Streit um den Termin des Osterfestes. Darauf sei noch kurz eingegangen.

GALLUS (ca. 550–645) gehörte zu den zwölf Gefährten, die Columban vom Kloster Bangor in Nordirland nach Gallien begleiteten und guten Willens an der *peregrinatio* teilnahmen. Als Columba die Pilgerfahrt von Bregenz aus nach Italien fortsetzen wollte, erkrankte Gallus und er bat Columban, die Pilgerschaft ohne ihn fortzusetzen. Wir fragen uns: War das monastischer Ungehorsam? Konnte Gallus wegen der Erkrankung nicht weiterziehen, oder wollte er nicht, da er der in dieser Region gesprochenen Alemannischen Sprache kundig war und sich bereits als Redner ausgezeichnet hatte?

Wie auch immer, Columban war unwillig über die Weigerung von Gallus. Er sprach ein strenges Verbot aus, das der Reichenauer Mönch WETTI in der *Vita* von Gallus mit den Worten wiedergibt:[277]

Wenn du die Last nicht mit mir teilen kannst, wirst du zu meinen Lebzeiten die Messe nicht mehr feiern.

Und so geschah es auch. Gallus hielt sich an das Verbot und lehnte aus diesem Grund sogar das Angebot ab, Bischof von Konstanz zu werden. Gallus, der erst im 9. Jh. als die große Gründergestalt des berühmten Klosters St. Gallen eingesetzt wurde, nachdem die Abtei zum königlichen Kloster erhoben worden war, führte ein demutsvolles, gottgefälliges Leben. Er feierte die Messe erst wieder, als ihm eines Nachts geoffenbart wurde, dass sein Lehrer Columban gestorben sei und er nun für dessen ewige Ruhe das Opfer feiern wolle (Kap. 26).

Der andere von Jonas übergangene Konflikt betraf den Zeitpunkt der Osterfeier, den Columban nach der Tradition der keltisch-irischen Kirche nach einem 84jährigen Zyklus festsetzte, während die fränkische Kirche bereits der neuen römischen Osterfestberechnung seit der Synode von Orléans im Jahr 541 folgte und der Kompromisslösung des Computus nach VICTORIUS zustimmte. Die fränkischen Bischöfe mochten wohl um ihre Machtstellung fürchten; so luden sie Columban im Jahr 602 zur Klärung der anstehenden Fragen ein, ohne dass dieser der Einladung Folge leistete. Stattdessen sandte er den Prälaten der gallischen Kirche einen Brief, in dem er die Bischöfe aufforderte, ihre Synoden offener zu halten und freier zu gestalten. Letztlich ging es bei dieser versteckten Kritik Columbans an der Machtfülle der Bischöfe bereits um grundlegende Fragen des Kirchensystems. In Verteidigung des in Irland üblichen Ostertermins schrieb er:[278]

Ich bin nicht der Urheber dieser Divergenz. Ich kam als ein armer Fremder in diese Gebiete wegen CHRISTUS*, unseres Erlösers. Um eines allein bitte ich Euch, heilige Väter, erlaubt mir, in*

Grab des Columban in der Basilika von Bobbio.

Ruhe in diesen Wäldern zu leben, neben den Gebeinen meiner siebzehn, nun toten Brüder.

Schließlich wandte sich Columban direkt an Papst Gregor d. Gr., sprach sich in drei Briefen an ihn, indem er den „gallischen Irrtum" beklagte, gegen den fränkischen Ostertermin aus wie auch gegen die Art der Berechnung. Seinem christlichen Eifer und Charakter entsprechend verfasste er noch eine Rechtfertigungsschrift und durfte am Ende bei dem irischen Ostertermin bleiben. Durch seine Kontroverse um den richtigen Ostertermin hatte er aber *nolens volens* den Osterstreit auf die Tagesordnung der römischen Kirche gesetzt, die bald ihr Augenmerk verstärkt auf die ihr fragwürdig erscheinenden Traditionen keltisch-irischer Rituale richtete.

Wir fügen zum Abschluss noch ein kurzes Gedicht an, das in der Strenge der Aufforderung an den jungen Herzog Hunaldus von Aquitanien zu einem sittlichen Leben an die Ethik der *späten Stoa* erinnert und Columbans Tugendlehre in wenigen Worten zusammenfasst. Das Gedicht, als Akrostichon geschrieben (Anfangsbuchstaben der Zeilen benennen Absender und Adressaten), wird hier in Latein und in deutscher Übersetzung wiedergegeben.[279]

Versus Columbani ad Hunaldum

Casibus innumeris decurrunt tempora vitae,
Omnia praeterunt, menses voluntur in annis;
Labitur in senium momentis omnibus aetas,
Ut tibi perpetuam liceat conpraendere vitam,

Molles inlecebras vitae nunc sperne caducae.
Blanda luxoria virtus superatur honesta.
Ardet avaritia caecaque cupidine pectus,

Nescit habere modum vanis mens dedita curis.
Vilius argentum est auro, virtutibus aurum.
Summa quies, nil velle super, quam postulat usus.

Hos ergo versiculos misi tibi saepe legendos;
Ut mea dicta tuis admittas auribus, oro.
Ne te decipiat vana et peritura voluptas,
Aspice, quam brevis est procerum regumque potestas.

Lubrica mortalis cito transit gloria vitae.
Da veniam dictis, fuimus fortasse loquaces.
Omne quod est nimium semper vitare memento.

Verse des Columban an Hunaldus

Mit unzähligen Sorgen eilt die Lebenszeit.
Alles vergeht, Monate wenden sich zu Jahren.
Jeden Moment geht das Alter in Schwäche über, dass es dir möglich ist, das ewige Leben zu erlangen.

Meide nun liebliche Verlockungen des vergänglichen Lebens. Ehrenwerte Tugend überragt schmeichelnden Luxus. Durch Habgier und blinde Begierde brennt die Seele.

Der eitle Geist, der sich den Sorgen hingibt, kennt kein Maß. Silber ist wertloser als Gold, Gold wertloser als die Tugenden. Die größte Gelassenheit besteht darin, nicht mehr zu wollen, als Bedürfnisse es erfordern.
Diese Verse also, die du oft lesen sollst, habe ich dir geschickt; ich bitte, dass meine Worte deine Ohren erreichen. Dass dich nicht ein eitles und flüchtiges Vergnügen täuscht, erwäge, wie kurz die Macht der Fürsten und Könige ist.

Rasch endet der trügerische, vergängliche Ruhm des Lebens. Hab Nachsicht mit diesen Worten, vielleicht sind wir zu redselig gewesen. Alles, was zuviel ist, stets zu meiden, daran erinnere dich.

2. Der Osterstreit und das Ende der keltisch-irischen Kirche

Nach 600 erreichte die monastische Kirche Irlands eine bis dahin nicht gekannte Blüte. Auf geistig-literarischem Gebiet wie in den künstlerischen Bereichen der Buchmalerei, der Metallkunst und der Skulpturkunst wurde ihr ein Rang zugebilligt, der zu dieser Zeit in der Vielfalt der geistigen Hervorbringungen als einzigartig in Europa gelten musste. Irland hatte sich endgültig gegenüber dem Kontinent geöffnet und zog in seiner freien Geisteshaltung die Gläubigen aus anderen Ländern an, die hier ihr Wissen vertiefen und Neues im Geiste des Herrn erlernen wollten.

Neben dem Irischen wurde nun auch die lateinische Sprache als die gesprochene und geschriebene Sprache der Geistlichkeit gepflegt. Aus dieser Zeit stammen die ältesten erhaltenen Bibeltexte irischer Provenienz, wobei die vier Evangelisten nach altlateinischer Tradition in der Reihenfolge Matthäus, Johannes, Lukas und Markus angeordnet wurden. In das 7. Jh. datieren die Anfänge der lateinischen Literatur mit den schon früher vorgestellten hagiographischen *Vitae* der drei irischen Nationalheiligen.

Die großen Klosterschulen erfreuten sich als universelle Hochschulen der Zeit eines regen Zustroms wissbegieriger Schüler. Die Kontakte mit anderen Ländern, bedingt teils durch den geistigen Austausch, teils durch die Missionstätigkeit irischer Mönche im Ausland, ließen so etwas wie eine große Glaubensgemeinschaft europäischen Geistes entstehen. Doch in der Ferne waren bereits Trennlinien und Misstöne zu erkennen, die sich vor allem um den aufkommenden Streit um das richtige Datum des Osterfestes abzeichneten. Zunächst aber wurden alle willkommen geheißen, die von Gottes Geist erfüllt waren, wie es in Versen des späten 7. Jhs. aus Bangor heißt:[280]

Ihr Gläubigen alle
kommet reinen Sinnes her.
Nehmt in Empfang hier
eures Heiles ew'gen Hort.

Schützer der Heil'gen
und ihr Führer, guter Herr,
du schenkst den Gläubigen Leben,
das kein Ende kennt.

Himmlische Speise
gebe er den Hungernden;
vom Quell des Lebens
spende er den Dürstenden.

Für die zahlreichen Klöster, von denen jedes einzelne mit dem Namen eines Heiligen verbunden war, galt die vor allem vom Osten her überkommene Klosterordnung als verbindlich. Die Brüder, obwohl sie der zönobitischen Ordnung folgten, lebten zumeist in einzelnen, voneinander getrennten Zellen, während der Abt noch mehr am Rand des monastischen Bereichs wohnte. In den zumeist aus Eichenholz gefertigten Kirchen versammelten sich die Brüder (oder Schwestern) zu gemeinsamen Gebeten und Andachten, wobei am Sonntag und an besonderen Feier- und Gedenktagen Messfeiern abgehalten wurden. Mittwoch und Freitag galten als Fastentage, an denen bis zum Nachmittag keine Mahlzeit eingenommen wurde. Auch in der Blütezeit der monastischen Kirche trugen die Mönche weiterhin eine weiße Tunica und darüber einen ärmellosen Umhang mit Kapuze aus ungefärbter Wolle.

Der Gegensatz zwischen der ersehnten Weltabgeschiedenheit der Mönche und dem quirligen Betrieb um die zahlreichen Studierenden, den verschiedenen Tätigkeiten in den Werkstätten und auf den umliegenden landwirtschaftlich genutzten Ländereien in den großen Klosteranlagen könnte kaum größer sein. Alles bedurfte der genauen vorausschauenden Regelung: Die Einteilung des Jahres nach den Festtagen und des Tages nach den Gebetszeiten, die Errichtung der Gebäude für die Brüder (oder Schwestern), für die kurzzeitigen Gäste und Studierenden, die Regelung der nach hygienischen Überlegungen zu planenden Einrichtungen, die Beschaffung von Vorräten für den Unterhalt von vielleicht hunderten, wenn nicht tausenden Menschen etc. So wundert es nicht, dass zahlreiche Mönche sich dieser Betriebsamkeit lieber enthalten wollten und sich als Anachoreten in die Stille und Einsamkeit der irischen Landschaft zurückzuziehen wünschten.

Es konnte nicht ausbleiben, dass der Unterschied zwischen den Ritualen der keltisch-irischen und der römischen Kirche immer deutlicher wurde, und dazu gehörte an erster Stelle der Zeitpunkt des alljährlich zu feiernden Osterfestes. Diese Divergenz war bereits in dem Wirken von Columban in Gallien offenbar geworden, von dem die fränkische Geistlichkeit ein Einlenken in der Osterfrage verlangte.

Formal betrachtet betraf diese Divergenz den Zeitpunkt und die Art der alljährlichen Bestimmung des Osterfestes. Tatsächlich aber waren mit dieser Problemstellung noch andere wesentliche Fragen, wie die Art der Tonsur der Mönche und das Taufritual, verbunden. Damit wurden aber auch Fundamente der keltisch-irischen Kirche beargwöhnt und in Frage gestellt. Der einsetzende Osterstreit berührte also durchaus auch das Selbstverständnis der keltisch-irischen Kirche.

Zum näheren Verständnis des Osterstreits im 7. Jh. möchten wir nun der Frage nachgehen: Nach welchen Grundlagen und Regeln wurde in der frühen Kirche das Osterfest bestimmt? Diese Problemstellung hat zwei Teile: Einmal einen biblischen Teil, steht doch das christliche Osterfest in einem engen Zusammenhang mit dem jüdischen Passah-Fest wie mit der Passion und Auferstehung von Jesus Christus; und sodann einen astronomischen Teil, wird doch bis heute das Osterfest auf den Frühlingsvollmond bezogen, und damit auf den Mond-Sonne-Zyklus oder den luni-solaren Kalender.

Zunächst zu den relevanten Bibelstellen: Das Passah-Fest wird in Erinnerung an die Verschonung der israelitischen Erstgeburt und an die Rettung Israels aus der ägyptischen Knechtschaft als Fest der ungesäuerten Brote gefeiert: *Diesen Tag (der Verschonung) sollt ihr als Gedenktag begehen. Feiert ihn als Fest zur Ehre des Herrn... Gerade an diesem Tag habe ich eure Scharen aus Ägypten herausgeführt. Begeht diesen Tag in allen kommenden Generationen... Im ersten*

Monat, vom Abend des 14. Tages bis zum Abend des 21. Tages esst ungesäuerte Brote (Exodus 12,14 u. 17f.).

Die Feier des Passah-Mahles wurde also in der ersten Vollmondnacht nach dem Frühlingsanfang am 14. Tag des ersten jüdischen Monats Nisan eines Jahres (Luna XIV) abgehalten, wobei Nisan mit der ersten Sichtbarkeit des neuen Mondes beginnt. Das Passah-Mahl erfolgte am ersten Tag eines sieben Tage dauernden Wallfahrtsfestes, das ursprünglich die neue Erntezeit einleitete. Das gesamten Fest erstreckt sich also von Luna XIV bis Luna XX (Levitikus 23,5–8) unabhängig vom Wochentag.

Aus der Sicht des Neuen Testamentes war das Passah-Fest eine Vorausdeutung auf den Tod JESU, der als Lamm Gottes geopfert wurde. Der Herr hielt am 5. Tag der Woche, dem Gründonnerstag das Letzte Abendmahl. Der Karfreitag, Rüsttag der Juden, ist der Tag der Passion, Samstag (Sabbat) Tag der Totenruhe; Sonntag, der erste Tag der neuen Woche, ist der Tag der Auferstehung, so wie es im Neuen Testament, etwa bei Johannes, geschrieben steht: *Am ersten Tag der Woche kam Maria von Magdala frühmorgens, als es noch dunkel war, zum Grab und sah, dass der Stein vom Grab weggenommen war (Joh 20,1).*

Insgesamt ergibt sich also die folgende Chronologie:

Tag	Wochentag/Zeit	Mondtag	Fest	Ereignis
5	Donnerstagabend	Luna XIV	Passah-Mahl	Letztes Abendmahl
6	Freitag	Luna XV	Rüsttag	Passion JESU CHRISTI
7	Samstag	Luna XVI	Sabbat	Totenruhe
1	Sonntagmorgen	Luna XVII		Auferstehung

Das Hauptereignis der Passion und Auferstehung JESU CHRISTI nahm also bei Sonnenuntergang des 14. Tages seinen Anfang, worauf auch die Osterfeier der keltisch-irischen Kirche in Übereinstimmung mit der Provinz Asien fokussiert war. Ostern war also, unabhängig vom Wochentag, stets am 14. Nisan (Luna XIV) zu feiern, an dem 14. Tag oder Quartodecimanus im Übergang zu Luna XV, dem Tag des Leidens und der Kreuzigung des Herrn; dementsprechend hießen die Anhänger dieser Gewohnheit die Quartodecimanen. Dagegen feierte die römische Kirche von Anfang an das Osterfest am Tag der Auferstehung, also am darauf folgenden Sonntag, zugleich dem ersten Sonntag nach dem ersten Frühlingsvollmond eines Jahres, so wie es im Jahr 325 auf dem Konzil von Nicäa verbindlich für die ganze Kirche festgelegt wurde. Es sollte also das Osterfest auf dem gesamten Erdkreis am gleichen Tag gefeiert werden. Des Weiteren sollte das Datum in Alexandria, der damals führenden Wissenschaftsmetropole, berechnet und vom Bischof von Rom rechtzeitig bekannt gemacht werden.

Damit kommen wir zum astronomischen Teil, der sich in mehrere Teilprobleme gliedert und hier als kleiner Exkurs erörtert wird. Als erstes musste der Frühlingsanfang, in astronomischer Sprache das *Frühlingsäquinoktium* neu bestimmt werden. Mit der Julianischen Kalenderreform durch Julius Caesar im Jahr 46 v. Chr. war das Äquinoktium auf 25° Widder festgesetzt worden. Da der Frühlingspunkt auf der Ekliptik eine geringe Rückwärtsbewegung gegen die aufeinander folgenden Tierkreiszeichen ausführt, ist das auf seinen Umlauf bezogene Astronomische Jahr von $365^d,2422$ gegenüber dem Julianischen Jahr von $365^d,25$ um einen kleinen Betrag kleiner, und zwar um etwa 11 Minuten. Diese *Präzession der Äquinoktien* von jährlich 50".4 summiert sich in 71 Jahren zu 1° Rückwärtsbewegung. Auf dem Konzil von Nicäa war die von dem griechischen Astronomen HIPPARCHOS (ca. 190–120 v. Chr.) entdeckte Präzession zu 36" pro Jahr angenommen worden, so dass sich in den seit Caesar vergangenen 370 Jahren die Differenz zu –3°,7 oder rund –4° aufsummiert hatte und der Frühlingspunkt mit 21° Widder angenommen wurde. Der Frühlingsanfang wurde also für den 21. März festgesetzt.

Als zweites Teilproblem musste ein Vielfaches des Phasenmonats oder des *synodischen Monats* von Neumond zu Neumond mit einem Vielfachen eines Julianischen Jahres zu einem möglichst einfachen Schaltschema verbunden werden. Nach Ablauf eines derartigen Zyklus müssten sich die Mondstände im Jahresverlauf genau wiederholen und damit auch das Datum des Osterfestes.

Die Zwischenstände in den Jahren innerhalb des Zyklus müssten nacheinander neu berechnet und über die lunar-solare Schaltung ausgeglichen werden.

Die keltisch-irische Kirche nahm einen 84jährigen Zyklus von 30681^d an, der auch anfangs für Rom bis zum Jahr 342 gegolten hatte. Dieser Zyklus enthält nahezu 1039 synodische Monate à $29^d{,}53059$ mit einer Differenz von -1^d7^h, so dass nach Ablauf dieses Zyklus etwa 1 Tag addiert werden müsste. Als tatsächliches Schaltschema wurden 84 Mondjahre à 354^d – im Mondjahr abwechselnd Monate zu je 29 und 30 Tagen – mit 31 Schaltmonaten à 30^d und 21 zusätzlichen Schalttagen gewählt. In der Summe ergeben sich 30687 Tage mit einem Überschuss von 6 Tagen gegenüber 84 Julianischen Jahren.

Astronomische Zyklen

Sonnenjahr (tropisches Jahr)	$= 365^d{,}24220$
Julianisches Jahr $= 365^d{,}25$	
synodischer Monat (Phasenmonat)	$= 29^d{,}53059$
gemeines Mondjahr à 12 Monate	
à $29^d{,}5$	$= 354^d$
Schaltjahr (Mondjahr) à 13 Monate	$= 384$

Metonscher Zyklus: Zyklus der Übereinstimmung des Datums der Mondstellung im Sonnenjahr

12 Jahre à 12 syn. Monate	
† 7 Jahre à 13 syn. Monate	$=$ 235 syn. Monate $= 6939^d{,}689$
entspricht 19 Julianische Jahre	$= 6939^d{,}750$
Differenz	$= 0^d{,}061 = 1^h28^{min}$

Osterzyklus nach Anianus (um 400): Zyklus der Übereinstimmung des Datums der Mondstellung im Sonnenjahr und des Wochentages (große Osterperiode):

Verbindung von 19jährigem Mond- mit 28jährigem Sonnenzyklus

$$19 \times 28 = 532 \text{ Jahre}$$

Daten der Osterfestberechnung

Datum (Jahr)	Ereignis
um 280	Einführung des 19jährigen Mondzyklus in Alexandria
um 300	84jähriger Zyklus; in Rom bis zum Jahr 342 im Gebrauch
325	*Konzil von Nicäa*: Ostern am Sonntag nach dem ersten Frühlingsvollmond oder im Jüdischen Kalender nach dem 14. Nisan (Luna XIV); zugleich am ersten Sonntag nach dem jüdischen Passah-Fest; Berechnung in Alexandria, Verkündigung durch den Papst in Rom
455	Papst LEO I.: Einheitliches Osterdatum von Rom und Ostkirche
457	VICTORIUS berechnet neue Ostertafeln nach alexandrinischer Bestimmung für die Jahre 532 bis 1063; Ostergrenzen: Luna XVI bis 24. April
525	DIONYSIUS EXIGUUS führt neue Jahreszählung (Ära bezogen auf Christi Geburt) ein; Neuberechnung von Ostertafeln nach alexandrinischem Modus; Ostergrenzen: 22 März bis 25. April; Frühlingsäquinoktium am
541	21. März
630	Konzil von Orleans: Gallien übernimmt Osterrechnung nach Victorius
664	Synode von Durrow (Irland): Osterzyklus von Dionysius für Südirland verbindlich
	Synode von Whitby: Römische Partei setzt gegen irische Kirche Osterzyklus von Victorius durch
Gegenwart	Osterfest nach alexandrinisch-dionysischer Berechnung; Ostergrenzen: 22. März bis 25. April; Osterfest kann auf 35 verschiedene Tage fallen

Der Überschuss wird so aufgeteilt, dass alle 12 Jahre in der Jahreszählung von 1 bis 84 und beginnend mit 12 das Mondalter am 1. Januar eines Jahres (die *Epakte*) um einen Tag übersprungen wird.[281] In Rom konnte der früheste Ostertermin der 22. März, der späteste Termin der 21. April sein.

Die frühe römische Kirche, die noch an dem späten Frühlingsäquinoktium vom 25. März festhielt, proklamierte dagegen eine nach PETRUS benannte Petrinische Tradition für die Ostergrenzen. Der früheste Ostertermin war der 25. März selbst, während der späteste Termin auf den 21. April gesetzt wurde, in Abweichung von einer strengen Berechnung.[282] Wie diese Petrus-Tradition zustande kommt, ist nicht ersichtlich. Im Neuen Testament findet sich lediglich ein Hinweis auf die Festnahme von Petrus in den Tagen des Ungesäuerten Brotes ohne nähere Datumsangabe, wenn es in der Apostelgeschichte heißt: *Um jene Zeit ließ der König Herodes (Agrippa I.) einige aus der Gemeinde verhaften und misshandeln. Als er sah, dass es den Juden gefiel, ließ er auch Petrus festnehmen. Das geschah in den Tagen des Ungesäuerten Brotes (Apostelgeschichte 12,1 u. 3).*

Weitaus genauer als der 84jährige Zyklus als luni-solares Schaltschema ist der sog. Metonsche Zyklus, benannt nach dem griechischen Astronomen Meton des 5. Jhs. v. Chr. Dieser Zyklus umfasst 19 Sonnenjahre und 235 synodische Monate; die Differenz beträgt lediglich etwas mehr als eine Stunde. Der Zyklus selbst, der zuerst in Alexandria angewandt und dann von Rom übernommen wurde, enthält 12 Mondjahre mit 12 synodischen Monaten und 7 Schaltjahre mit je 13 synodischen Monaten (vgl. Übersicht „Astronomische Zyklen“).

Eine weitere Präzisierung erhielt der Osterzyklus durch die Forderung, den Vollmond nach Ablauf eines Zyklus nicht nur auf denselben Tag im Monat, sondern auch auf denselben Wochentag zu stellen. Nimmt man für die Julianische Jahreszählung mit dem Schaltjahr für jedes vierte Jahr einen Vierjahresrhythmus und für den Wochentag bei sieben möglichen Tagen in der Woche einen Siebener-Zyklus an, so erhält man für die Festlegung eines Tages auf denselben Wochentag einen 28jährigen Zyklus. Diesen hat der ägyptische Mönch Anianus zu Beginn des 5. Jhs. mit dem Metonschen luni-solaren Zyklus von 19 Jahren zu einem 532jährigen Zyklus verbunden, nach dessen Ablauf die Vollmonde sowohl auf denselben Monatstag wie auf denselben Wochentag fallen.

Die Überlegungen von Anianus griff der aquitanische Mönch Victorius auf, als er durch den römischen Erzdiakon und späteren Papst Hilarius aufgefordert wurde, eine neue Ostertabelle zu berechnen. Im Jahr 457 legte er eine 532jährige Tafel vor, die von 28 bis zu dem Jahr 559 reichte und weitgehend die alexandrinische Berechnungsmethode benutzte. Nach Victorius durfte Ostern nie vor Luna XVI gefeiert werden und nicht später als bis zum 24. April.[283] Seine Ostertafel fand offiziell keine Anerkennung, wurde aber in der Erweiterung auch in Rom bis etwa 664 genutzt.

Die Gegner der altirischen Kirche in der Osterkontroverse folgten also bis 664 dem Viktorianischen Systems, das in weiten Teilen der römischen Kirche befolgt wurde, und danach dem Alexandrinischen System, wie es von dem römischen Abt Dionysius Exiguus ausgearbeitet wurde.

Der Auftrag, neue Ostertafeln zu berechnen, wurde DIONYSIUS EXIGUUS (ca. 470–540), Freund von Cassidor, durch Papst Johannes I. (523–526) von päpstlichen Beamten erteilt. Dionysius ist vor allem dadurch bekannt geworden, dass er die christliche Jahreszählung, die sich auf das vermeintliche Geburtsjahr 1 der christlichen Ära bezieht, begründet hat. Bei Berechnung der neuen Ostertafeln bezog er die Rechnungen auf das aus chronologischen Untersuchungen resultierende Jahresdatum der Geburt CHRISTI, also auf die christliche Zählung der Jahre (*Anno Domini*) nach Christi Geburt.

Er war zugleich der erste Computist, der die Jahreszählung der Antike nach Römischen Konsuln durch die christliche Jahreszählung ersetzte. Zudem führte er die Rubrik *Indiktionen* in die Chronographen ein; das waren die Römerzinszahlen mit 15jähriger Periode, von 312 an gerechnet, die eine genaue Jahresdatierung der Ereignisse ermöglichte.[284]

Auf der Grundlage des 19jährigen luni-solaren Zyklus der Alexandriner berechnete Dionysius eine Ostertafel von 532 bis zum Jahr 626. Diese Tafel wurde durch weitere Zyklen auf alexandrinisch-dionysischer Grundlage erweitert, so von BEDA VENERABILIS in dem vollständigen zweiten alexandrinischen Zyklus für die 532 Jahre des Zeitraumes 532 bis 1063.

Die Datierungen der Ostertafel des Dionysius waren:

Frühlingsäquinoktium 21° Widder, entsprechend Frühlingsanfang 21. März. Die Ostergrenzen 22. März bis 25. April haben bis heute Gültigkeit. Das späteste Osterdatum 25. April ergibt sich aus dem letzten Wintervollmond am 20. März und dem darauf folgenden ersten Frühlingsvollmond am 18. April. Ist dieser Tag ein Sonntag, so ist der erst nach sieben Tagen folgende Sonntag der Ostersonntag. So viel zu den dionysischen Ableitungen und Berechnungen der Ostertafel, deren Grundlagen bis zur Gregorianischen Kalenderreform im Jahr 1582 Gültigkeit hatten, und so weit dieser Exkurs zu den astronomischen Zyklen.

Damit wenden wir uns wieder der Darstellung des Osterstreits zu, der in der ersten Hälfte des 7. Jhs. zwischen der Römischen und der altirischen Kirche, die ihren Geltungsbereich über Teile Britanniens und Schottlands ausgedehnt hatte, in großer Heftigkeit entbrannte. Wie schon kurz ausgeführt, war die Päpstliche Kurie durch den Osterstreit mit Columban in Gallien schon bald nach der Jahrhundertwende auf die Diskrepanz zum irischen Osterdatum aufmerksam geworden. Über die Fortsetzung dieses Streites unmittelbar mit Irland berichtet Beda in seiner *Historia Ecclesiastica gentis Anglorum* in großer Ausführlichkeit und mit historischer Treue. Darauf sei nun näher eingegangen.

Bereits im frühen 7. Jh. schickte Bischof Laurentius von Canterbury einen Mahnbrief nach Irland, die Einheit der Kirche zu wahren und von den Alleingängen in der Osterfrage zu lassen. Noch brisanter war ein Schreiben von Papst Honorius I. (625–638) bald nach seiner Amtsübernahme. Darin ermahnte er hochgestellte Kleriker der irischen Kirche, sich in dem Osterstreit der Römischen Kirche anzuschließen. Sie sollten

> *ihre kleine, an den Enden der Erde wohnende Zahl nicht für weiser halten als die alten und neuen Kirchen Christi, die es auf der Welt gibt und nicht entgegen den Osterberechnungen und Synodalbeschlüssen der ganzen Welt ein anderes Ostern feiern (Beda II,19).*

Hier verschiebt sich die Argumentation Roms, an der auch später festgehalten wurde, von sachlichen Gründen zu polemischen

Äußerungen: Die wahren chronologischen und astronomischen Daten seien nun mal auf der Seite der Römischen Kirche, deren Größe und Autorität die kleine irische Kirche fern des Zentrums anerkennen müsse. Mit keinem Wort wird hier die geistige Größe und spirituelle Bedeutung Irlands zu dieser Zeit erwähnt oder gar anerkannt.

Das päpstliche Schreiben musste daher den Unmut gegenüber Rom in Teilen der irischen Kirche verstärken, aber auch die Unsicherheit in der Sache selbst. Zur weiteren Klärung der angesprochenen Fragen wurde um das Jahr 630 auf Betreiben der Äbte eine Synode der Kleriker des südlichen Irland in Mag-Léna in der Nähe des Klosters Durrow in der Provinz Leinster abgehalten.

Die so gekennzeichnete Trennung zwischen Süd- und Nordirland macht deutlich, dass auch im 7. Jh. die keltisch-irische Kirche kein geordnetes Ganzes dargestellte, sondern auf der losen Föderation von Klöstern beruht hat, die nicht mit einer Stimme sprachen. Die positiven, der römischen Position weitgehend zustimmenden Beschlüsse wurden später von der Historie unter die Rubrik *Synodus Romanorum* eingeordnet, die damit auch die zunehmende Bedeutung der Stellung des Bischofs in der Kirche andeutet. Demgegenüber blieb Nordirland in einer *Synodus Hibernensis* bei der ablehnenden Haltung gegenüber allen Einwänden von Rom und hielt weiterhin an der monastischen Struktur der Kirche fest.

Denn gegen den Beschluss der Versammlung von Mag-Léna, im folgenden Jahr Ostern gemeinsam mit der übrigen Kirche des Erdkreises zu feiern, erhoben sich alsbald Einwände unter Berufung auf die Tradition der Väter, von der etliche Äbte nicht abgehen wollten. Ein derartiger Einspruch wurde möglicherweise auf einer zeitlich parallel abgehaltenen Versammlung in Mag-Ailbe, nicht weit von Mag-Léna im zentralen Leinster, erhoben. Das Traditionsargument, also die Ansicht, die Festlegung des Datums der Osterfestes nach dem 84jährigen Zyklus beizubehalten, musste ernst genommen werden, gab die etwa zwei Jahrhunderte währende Tradition der keltisch-irischen Kirche Halt und gehörte zu ihrem Selbstverständnis. Dieser Einwand veranlasste die Äbte der „Syno-

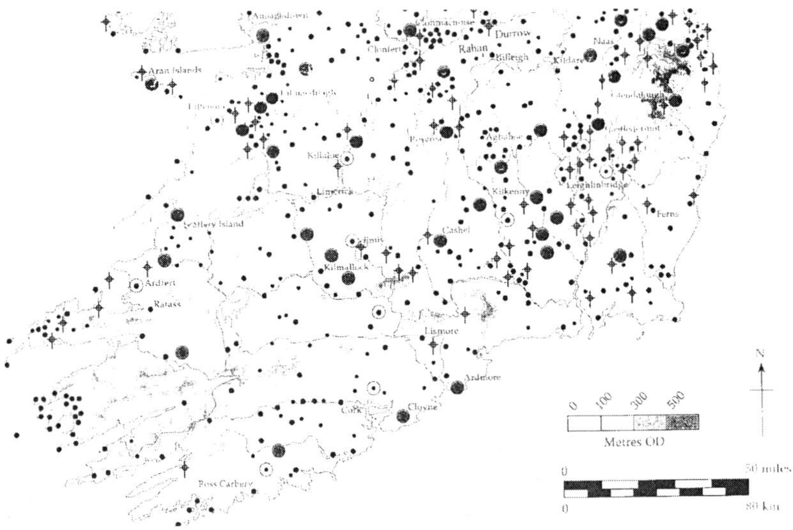

Kirchenstruktur im Hochmittelalter, dargestellt für den südlichen Teil von Irland (Quelle: Bibliothek des Mount St. Joseph Abbey bei Roscrea, Co. Tipperary).

de der Römer“, eine Delegation erfahrener und demütiger Mönche nach Rom, wie „Kinder zu ihrer Mutter“, zu entsenden. Im dritten Jahr kehrten sie nach Irland zurück und berichteten, sie hätten in Rom gemeinsam mit Vertretern anderer Völker das Osterfest am gleichen Tag gefeiert, und da hätte das irische Datum um nahezu einen Monat differiert.

Hier kann es sich, wie James F. Kenney in seiner Darstellung erläutert hat, nur um das Jahr 631 gehandelt haben, in dem das Osterfest nach der Victorianischen Tafel am 24. März gefeiert wurde, nach der irischen Tafel aber auf den 21. April fiel.[285] Offenbar war zu dieser Zeit Cummian, der Abt des Klosters Durrow, Wortführer der „römischen Partei“ von Südirland. Denn er schrieb bald darauf einen Brief an den Abt Segene von Iona, den vierten Abt nach St. Columba (Columcille). Iona war noch immer das führende Kloster der monastischen Kirche in Nordirland und in Teilen von Schottland und Northumberland und vertrat zugleich die der Tradition verhaftete „irische Partei“ im Osterstreit. In seinem Brief berichtete Cummian von den Erfahrungen der Delegation in Rom und versuchte Segene, wenn auch vergeblich, von der Notwendigkeit, die Victorianische Osterrechnung einzuführen, zu überzeugen.

Wie sollte sich die altirische Kirche im Osterstreit verhalten? Sie hatte noch nie mit *einer* Stimme gesprochen. Als Patrick Irland missionierte, gab es noch keine festen kirchlichen Strukturen; Brigids überragende Stellung als Äbtissin liegt im Dunkeln; und Columbas Verdienste beziehen sich vor allem auf seine Missionstätigkeit in Schottland und seine Funktion als bedeutender Ratgeber in Irland. Wenn der Apostel PAULUS Einmütigkeit von der Korinthischen Gemeinde fordert (1 Korinther 1,10): *Seid alle einmütig und duldet keine Spaltungen unter euch; seid ganz eines Sinnes und einer Meinung* – so standen die irischen Kleriker vor der Frage: Wem folgen wir eher, der Gesamtkirche und der Autorität des Papstes oder der Tradition unserer Väter? Ein bloßes Bekenntnis zur Einmütigkeit gab noch keine Antwort darauf, wie sich ein zum Gehorsam verpflichteter Mönch in dem Osterstreit verhalten sollte. Er musste der Entscheidung seines Abtes folgen, doch wonach sollte sich dieser richten? Jedenfalls gab auch das unsichtbare Netz der keltisch-irischen monastischen Kirche keinerlei Sicherheit dafür, dass der von dem Apostel befürchtete „Zank und Streit“ des Kirchenvolkes nicht ausbrechen würde.

Die Blickrichtung wechselt nun. Wir schauen auf das im 5. Jh. gegründete Kloster Rathan (Raithin), heute Rahan, nicht weit vom Kloster Durrow im Einflussbereich der Dynastie der südlichen Úi Neills in Nähe der heutigen Stadt Tullamore gelegen. Dort fungierte im frühen 7. Jh. ST. CORTHACH oder Mo-Chuta (Mochuda) (ca. 555–ca. 639) als Abt. Er war aus dem heutigen Kerry in der Provinz Munster zugezogen und hatte das Kloster Rahan übernommen, das unter seiner Leitung ein Zentrum der Gelehrsamkeit und der Pilgerschaft wurde. Dieser offenherzige und gastfreundliche Abt, dem seine *Vita* aus dem 11. Jh. Gottgefälligkeit und Kirchentreue bezeugt, wurde im Jahr 636 zusammen mit seinen mehr als 700 Mönchen aus seinem Kloster vertrieben.[286]

Reste einer romanischen Kirche auf dem Klostergelände von Rahan.

Welche Motive gaben für seine Vertreibung den Ausschlag? Waren es wirklich Neid und Eifersucht, diese den Mönchen verpönten Untugenden, dem längst eingebürgerten Fremdling gegenüber, der doch etwa 40 Jahre lang sein Kloster geleitet und sich hohes Ansehen erworben hatte? Offenbar sind die wahren Beweggründe anderswo zu suchen und hängen mit dem begonnenen Disput um das Osterfestdatum zwischen dem „Römischen" und dem der Tradition verhafteten „Irischen Teil" der altirischen Kirche zusammen. Mo-Chuta folgte bereits der neuen Regelung und befand sich damit in Übereinstimmung mit dem benachbarten Durrow, das sich unter der Führung seines Abtes Cummian, wie wir gesehen haben, vehement für die Victorianische Berechnungsweise des Ostertermins ausgesprochen hatte.

Dennoch musste Mo-Chuta zusammen mit seinen Mönchen aufgrund falscher Anschuldigungen und auf Betreiben der Könige von Tara und Meath das Kloster Rahan verlassen. Auf den Konflikt um das wahre Kirchenvolk spielt ein Lied an, das von Mo-Chuta zum Abschied bei einer großen Prozession um den Friedhof des Klosters gesungen wurde. Daraus seien die folgenden Verse zitiert (in Englisch mit deutscher Übersetzung):[287]

The holy heavenly church,	**Die heilige himmlische Kirche,**
She is free, she is a seemly possession, Trust in her abundant strength; She is wheat, she is a fragrant branch.	sie ist frei, sie ist ein schicklicher Besitz, vertraue ihrer ausgiebigen Stärke; sie ist Weizen, sie ist ein köstlicher Zweig.
If ye accept the church, Let her be the nurture of babes, Let your promise be strong In feeding her guests.	Wenn du die Kirche akzeptierst, lass sie Nahrung von kleinen Kindern sein, lass deine Zusage kräftig sein, wenn sie ihren Gästen Nahrung gibt.
These are the guests which are fitting in the church, Folk who work and study,	Dies sind die Gäste, die in die Kirche passen: Volk., das arbeitet und studiert,
God's little poor and weaklings; Blessed whoever may give them help When he considerath them, By doing their pleasure. …	Gottes unbedeutende Arme und Schwache; gesegnet, wer immer ihnen Hilfe gibt, wenn er sie beachtet, indem er ihnen gefällig ist …
Let not mischief be yours, Fast against the tenants Who revolt against the church. This is what is claimed of you, If ye deem it little that they bring, Arise and cultivate; They will make fields of corn, And follow the church thence, The holy heavenly church.	Lass kein Missgeschick zu dir, verschließe dich gegen die Pächter, die sich gegen die Kirche auflehnen. Das ist, was von dir verlangt wird, wenn du es betrachtest, wenig, was sie bringen, entspringen lassen und kultivieren; sie werden Getreidefelder machen und von da an der Kirche folgen, der heiligen himmlischen Kirche.

Bemerkenswerterweise besingt Mo-Chuta gerade die Einmütigkeit des arbeitenden und lernbegierigen Volkes mit der sie nährenden, mit geistlicher Nahrung versorgenden Kirche, während die, die sich von der (Römischen) Kirche abwenden, wenig Nutzen davon haben. Mo-Chuta verließ seine bisherige Wirkungsstätte und ging zurück in seine Heimatprovinz Munster, wo ihn König Failbe Flann willkommen hieß. Dort gründete er in *Lismore* am Fluss Blackwater im heutigen Co. Waterford nahe der irischen Südküste ein neues Kloster, das er nur wenige Jahre bis zu seinem Tod (ca. 639) leitete und das bald, wie schon Rahan zuvor, eine Stätte großer Gelehrsamkeit wurde.

Noch einmal wechselt der Schauplatz unserer Darstellung über den Werdegang der altirischen Kirche und ihre Heiligen. Wir blicken hinüber nach Britannien, wo seit Mitte des 5. Jhs. germanische Stämme, vor allem Angeln und Sachsen aus Gebieten nördlich der Elbe, mit der Eroberung von Britannien begannen. Als gegen Ende des 6. Jhs. das Christentum durch diese Vorgänge erheblich zurückgedrängt wurde, sandte Papst GREGOR d. Gr. den römischen Benediktinermönch AUGUSTINUS († 604) mit 40 Mönchen in die angelsächsischen Distrikte zur Rechristianisierung des Landes. Die römischen Missionare richteten zwei Kirchenprovinzen mit je 12 Bistümern ein: Im südlichen Kent Canterbury, wo Augustin seinen Hauptsitz nahm, und für den Norden Englands York, wo PAULINUS als Bischof residierte. Damit schien sich das hierarchische Organisationsprinzip Roms durchzusetzen, die Kirchen nach Diözesen zu gliedern und diese darüber stehenden Metropolen zuzuordnen.

Nachdem aber die Missionsarbeit von Paulinus in Northumbrien ohne Erfolg geblieben war, ermächtigte König OSWALD von Northumbrien (634–642) das ihm wohlbekannte Kloster Iona, an der Ostküste seines Königreiches auf der Insel Lindisfarne (heute: Holy Island) ein Kloster als Missionszentrum zu errichten. Oswald hatte nach der Niederlage seines Vaters in dem Kampf um den Königsthron von Northumbrien in der irischen Provinz Argyll an der Westküste Schottlands Zuflucht gefunden und war in der Zeit seines Exils von irischen Mönchen getauft worden. Nun setzte er auf

Vorschlag des Abtes von Iona den irischen Mönch St. AIDAN († 651) als Begründer und Bischof des neuen Klosters ein. Von Lindisfarne aus begann die erfolgreiche Missionierung Northumbriens; nach dem Vorbild des Mutterlandes Irland breitete sich hier in den folgenden Dezennien die monastische Kirche aus.

Die eifrige Missionsarbeit wurde von Aidans Nachfolger ST. FINAN († 661) von Iona fortgesetzt und auf die von den Sachsen eroberten nördlichen Gebiete ausgedehnt. Er soll ein „ehrwürdiger Mann, ein Bischof von großer Heiligkeit und ein redegewandter Lehrer gewesen sein ... und ein äußerst treffendes Beispiel von Tugend“ dargestellt haben.[288]

Mit der Ausbreitung der monastischen Kirche zeichnete sich immer deutlicher eine Konkurrenzsituation für Westeuropa ab: Offensichtlich gab es hier zwei rivalisierende kirchliche Systeme, nicht nur der äußeren Struktur nach in dem Aufbau einer hierarchischen kirchlichen Ordnung und einer mehr horizontal gegliederten Verbandsordnung gleichgestellter klösterlicher Einheiten. Als Finan das Kloster Whitby gründete, ahnte er nicht, das dort nur wenige Jahre später eine Synode stattfinden würde, auf der das monastische Prinzip der Kirchenordnung eine entscheidende Niederlage erleiden und die irische Missionsarbeit in Northumbrien einen jähen Abschluss finden würde.

Der lang schwelende Streit zwischen der keltisch-irischen und der römischen Kirche wegen unterschiedlicher Grundsätze des kirchlichen Lebens kulminierte im Jahr 664 auf der Synode von Whitby (Streanaeshealh), dem von der irischfreundlichen angelsächsischen Äbtissin Hilda geführten Kloster südlich von Lindisfarne. Der Konflikt entzündete sich erneut an dem Osterstreit, der unmittelbar das Herrscherhaus von Northumbria selbst betraf.

Oswiu (Oswy) († 670), der jüngere Bruder von König Oswin, tendierte wie dieser aufgrund seiner Erziehung und Bildung zur irischen Seite, während seine nach römischen Prinzipien erzogene Frau Eanflæd aus Kent den Gepflogenheiten der römischen Kirche folgte. Das hohe Paar musste bald erfahren, dass sie Ostern häufig zu unterschiedlichen Zeiten im Jahr zu feiern gedachten. Zudem

Überblickskarte mit den Positionen der Klöster Iona, Lindisfarne und Whitby.

war der Sohn Alhfrith von Wilfrid, einem der römischen Seite zuneigenden Kleriker, erzogen worden, was den Konflikt im Königshaus weiter verstärkt haben dürfte.

Dieser Wilfrid (Wilfrith) (ca. 633–ca. 709) spielte als Sprecher der römischen Partei auf der von König Oswiu einberufenen Synode eine führende Rolle. In jungen Jahren Schüler von St. Aidan von Lindisfarne, ging er wegen strittiger kirchlicher Fragen nach Rom und zur weiteren Ausbildung für längere Zeit nach Lyon, wo er das römische Kirchenrecht und die Klosterregel nach dem hl. Benedikt kennen lernte sowie vom Erzbischof Dalfinus mit der römischen Tonsur (einer kleinen Haarkrone auf dem sonst kahl geschorenen Kopf) versehen wurde. Wilfrid kehrte um 660 nach Northumbrien zurück, wurde Abt des neu gegründeten Klosters Ripon und später Bischof von York.

Wilfrids Kontrahent in Whitby war der eine Generation ältere St. Colmán (ca. 605–675), Nachfolger des angesehenen Finan als Bischof von Lindisfarne. Colmán hatte seine Ausbildung auf Iona erhalten und war wie Wilfrid hoch gebildet, doch weniger gereist, gewiss auch weniger mit den diplomatischen Gepflogenheiten vertraut und mehr ein Vertreter des individuellen Apostolats. Seine Argumente auf der Synode zu Whitby konnten daher nicht jenen Wortreichtum, nicht jene historische Reichweite aufweisen, die gerade seinen Gegner Wilfrid auszeichneten.

Wegen der weit reichenden Bedeutung dieser Synode für die keltisch-irische Kirche, als deren Vertreter Colmán fungierte, sei nun die Verhandlung, soweit sie uns von Beda Venerabilis überliefert ist (Beda III,25), im gekürzten Wortlaut wiedergegeben.[289] Die Auseinandersetzung nahm immer mehr den Charakter einer Gerichtsverhandlung an, in der Wilfrid der Kläger war, Colmán der Angeklagte und König Oswiu von Northumbria als Richter fungierte.

Die Verhandlung auf der Synode zu Whitby im Jahr 664

Der König: *Es geziemt sich wohl, dass diejenigen, die Gott gemeinsam dienen und im Himmel ein einziges Reich erwarten, nicht in der Feier der himmlischen Geheimnisse uneins sind. Wir müssen vielmehr fragen, wie die wahre Tradition beschaffen ist, die von allen gemeinsam befolgt werden muss. Colmán, sagt Ihr, welcher Brauch der Eure ist.*

Colmán: *Das Osterfest, so wie ich es begehe, habe ich von meinen Oberen übernommen, die mich als Bischof hierher geschickt haben. All unsere Väter, von Gott geliebte Männer, haben es bekanntlich so gefeiert. Damit dies nicht jemand verachtenswert oder tadelnswert erscheine: es ist das gleiche, das der selige Evangelist Johannes, der vom Herrn besonders geschätzte Jünger, mit allen Kirchen, an deren Spitze er stand, der Überlieferung nach gefeiert hat.*

Wilfrid: *Unser Osterfest haben wir in Rom, wo die seligen Apostel Petrus und Paulus lebten, lehrten, starben und begraben wurden, von allen gefeiert gesehen. Wir haben bemerkt, dass es in Italien, in Gallien, wo wir uns um Studium und Gebet bemüht haben, von allen begangen wird; dass es in Afrika, Asien,*

Ägypten, Griechenland und auf dem ganzen Erdkreis, wo immer die Kirche Christi verbreitet ist, gefeiert wird stets zu derselben und nicht verschiedenen Zeit. Eine Ausnahme machen nur diese (Iren) und die Komplizen ihres Starrsinns, die Pikten und Briten, mit denen sie von den zwei entlegensten Inseln des Ozeans aus gegen den ganzen Erdkreis mit törichtem Eifer kämpfen.

Colmán: *Ich wundere mich, warum Ihr unsere Anstrengung töricht nennt, womit wir den Beispielen eines so großen Apostels folgen, der würdig gewesen ist, an der Brust des Herrn zu ruhen, da alle Welt weiß, dass er sehr weise gelebt hat.*

Wilfrid: *Es liegt uns fern, Johannes der Torheit zu bezichtigen. da er die Gebote des mosaischen Gesetzes dem Buchstaben nach beachtete, als die Kirche in vielem jüdisch war und die Apostel das Gesetz, das von Gott eingesetzt ist, weiterhin duldeten... (Beispiele zur Duldung von Glaubensgewohnheiten in der Bibel). So begann Johannes nach der Gewohnheit des Gesetzes am 14. Tag des ersten Monats gegen Abend die Feier des Osterfestes und kümmerte sich nicht um den Wochentag. Als aber Petrus in Rom predigte, erinnerte er sich, dass der Herr am ersten Tag nach dem Sabbat von den Toten auferstanden ist und der Welt die Hoffnung auf Auferstehung gebracht hat. Er wollte das Osterfest so begehen, dass er nach dem Gesetz so wie Johannes immer auf den abendlichen Aufgang des 14. Mondes im ersten Monat wartete; und wenn am Morgen nach dem Aufgang ein Sonntag, damals der erste Tag nach dem Sabbat, kam, begann er an diesem Abend das Osterfest des Herrn zu feiern, wie auch wir heute alle zu tun pflegen. Wenn aber der Sonntag nicht am Morgen nach dem 14., sondern an einem anderen Mond bis zum 21. kam, wartete er darauf und begann am Abend des vorausgehenden Sabbats das hochheilige Osterfest. So kam es, dass das Osterfest nur zwischen dem 15. und 21. Mond gefeiert wurde... (Ausführungen zur Kirchengeschichte)*

So steht fest, dass Ihr, Colmán, weder dem Beispiel des Johannes folgt, wie Ihr behauptet, noch dem des Petrus, dessen Überlieferung Ihr wissentlich widersprecht, dass Ihr in der Beachtung

Eures Osterfestes weder mit dem Gesetz, noch mit dem Evangelium übereinstimmt...

(Wiederholung vorangegangener Argumente)

Colmán: *Verstand denn Anatolius, der fromme und in der oben erwähnten Kirchengeschichte (des Eusebios) sehr gelobte Mann, der schrieb, dass Ostern vom 14. bis zum 20. zu feiern sei, das Gesetz und Evangelium gegenteilig? Ist anzunehmen, dass unser äußerst ehrwürdiger Vater Columba und seine Nachfolger, von Gott geliebte Männer, die Ostern in der gleichen Weise begingen, gegen die göttlichen Schriften dachten und handelten? Zumal viele unter ihnen waren, für deren Heiligkeit himmlische Zeichen und Wundertaten, die sie vollbrachten, Zeugnis ablegten. Da ich nicht bezweifle, dass sie Heilige sind, höre ich nicht auf, immer ihrem Leben, ihren Sitten und ihrer Ordnung nachzustreben.*

Wilfrid: *Zweifellos war Anatolius ein sehr frommer, sehr gelehrter überaus lobenswerter Mann; aber was habt Ihr mit ihm, wenn Ihr auch seine Gebote nicht befolgt? Jener folgte jedenfalls in seinem Osterfest der Regel der Wahrheit und legte einen Zyklus von 19 Jahren fest, den Ihr entweder nicht kennt oder als bekannten und von der ganzen Kirche Christi beachteten Zyklus als ein Nichts verachtet. Jener berechnete den 14. Mond so auf den Ostersonntag, dass dieser 15. Mond nach Art der Ägypter deutlich auf eben jenen Tag abends fiel. Ebenso legte er den 20. so auf den Ostersonntag, dass er diesen nach Ablauf dieses Tages für den 21. hielt. Es ist erwiesen, dass Ihr die Regel in der Unterscheidung nicht gekannt habt, weil Ihr manchmal Ostern ganz offensichtlich vor dem Vollmond, das heißt am 13. Mond begeht...*

(Über Columba und sein Gefolge: sie hätten mit heutigem Wissen richtiges Osterfest gefeiert.) Du aber und deine Gefährten, Ihr sündigt ohne jeden Zweifel, wenn Ihr es ablehnt, die vernommenen Gebote des Apostolischen Stuhls, ja sogar der weltweiten Kirche und die, welche durch die Heilige Schrift bekräftigt sind, zu befolgen. Wenn auch deine Väter fromm waren, ist denn ihre geringe Zahl in einem Winkel der entlegensten Insel der ge-

Klosterruinen von Whitby (freeimageslive.co.uk).

samten Kirche Christi, die sich über die Welt erstreckt, vorzuziehen? Und wenn dieser Euer Columba, ja sogar auch unserer, wenn er Christus gehörte, fromm und tugendsam war, konnte er denn dem allerseligsten Apostelfürsten vorgezogen werden, dem der Herr sagt: „Du bist Petrus, und auf diesen Felsen werde ich meine Kirche bauen, und die Pforten der Hölle werden sie nicht überwältigen, und dir werde ich die Schlüssel zum Himmelreich geben" (Matthäus 16,18–19).

Der König: *Ist es nicht wahr, Colmán, dass dies zu Petrus vom Herrn gesagt wurde?*

Colmán: *Es ist wahr, König.*

Der König: *Habt ihr etwas von solcher Kraft vorzuweisen, das Eurem Columba gegeben wurde?*

Colmán: *Nichts.*

Der König: *Stimmt Ihr beide ohne jeden Widerspruch dem zu, dass dies in erster Linie zu Petrus gesagt wurde und ihm die Schlüssel zum Himmelreich gegeben wurden?*

Beide: *Ja.*

Der König: *Und ich sage Euch, dieser ist jener Pförtner, dem ich nicht widersprechen will, sondern soweit ich weiß oder vermag, möchte ich seinen Anordnungen in allem folgen, damit nicht dann, wenn ich vielleicht zur Pforte des Himmelreiches komme, niemand da ist, der aufmacht, weil er sich abgewendet hat, der, wie erwiesen ist, die Schlüssel besitzt.*

Hier endet unser Exkurs. Des Königs Worte wurden von den Anwesenden in dem Sinne verstanden, dass, so wie Wilfrid ausgeführt hatte, künftig alle der Römischen Kirche folgen sollten, besonders in den strittigen Fragen des Osterdatums und der Tonsur. Der Osterstreit, obwohl nicht Ursache, sondern Anlass des Disputs, hatte zur Synode von Whitby geführt, und hier hatten die besseren Argumente den Erfolg der Römischen Kirche ermöglicht.

Wie ist dieses Streitgespräch einzuschätzen? Gewiss war Wilfrid eloquenter, sprachgewaltiger gewesen und hatte den König argumentativ beeindrucken können. Colmán zeigte, seiner Wesensart gemäß, eher ein demütiges und bescheidenes Auftreten. Dabei hätte er darauf hinweisen können, dass die römische Kirche ihrerseits den 84jährigen Zyklus bis zur Mitte des 4. Jhs. benutzt hatte, oder er hätte nach dem Beweis für die Behauptung Wilfrieds, Petrus sei der Begründer der römischen Ostersonntagsfeier mit Luna XV bis XXI gewesen, fragen können.[290] Doch hatte Colmán zuallererst seine eigene keltische Kirche vertreten wollen, die seit Patricks Tagen auf eine ruhmvolle, mehr als 200jährige Geschichte zurückblicken konnte. Diese seine Kirche, die in seiner Heimat verankert war, hatte er verteidigt; mit bestem Wissen war er der Tradition der Väter treu geblieben. Doch musste er auch erfahren, dass Glaube, besonders wenn er weltliche Dinge tangiert, angreifbar macht.

Letztlich war es ein Kräftemessen zweier ungleicher Kirchen gewesen: Auf der einen Seite eine nur regional verbreitete spirituelle Tradition, die gleichwohl in ihrer hervortretenden Blüte von spiritueller Überzeugungskraft wie auch von Kunst und Wissenschaft eine große Anziehung auf die westliche Christenheit ausübte; und auf der anderen Seite der universelle Anspruch einer imperialen Kirche, die sich von dem Wirken des biblischen PETRUS selbst ableiten konnte, in ihrer Geschichte über die besten Köpfe der Christenheit verfügte und keine Alternative in Kult und Liturgie zulassen wollte.

Der Ausgang der Synode von Whitby stellte für die altirische Kirche einen Wendepunkt und damit auch einen Abschluss dar. Nicht Colmán allein, nicht Lindisfarne, vielmehr die Körperschaft Kirche selbst wurde geschlagen. In England blieb zwar der Einfluss der keltischen Kirche durch ihre verbleibenden Priester und Lehrer weiterhin präsent, doch musste sie ihren eigenen Machtanspruch aufgeben und den Rückzug antreten. Sie musste anerkennen, dass Rom, zwei Jahrhunderte nach dem Untergang des Römischen Reiches, in Irland deutlich Fuß gefasst hatte und von nun an in allen kirchlichen Fragen mitbestimmen konnte. Damit hatte die irische Kirche auch an Spontaneität eingebüßt.

Als unmittelbare Folge des für die altirische Kirche negativen Ausgangs der Synode von Whitby verließ Colmán mit einem Großteil der irischen Mönche, denen sich etwa 30 englische Brüder anschlossen, Lindisfarne. Das Kloster auf Lindisfarne gedieh aber weiterhin, zumal dort ein fruchtbares Zusammenwirken irischer und englischer Mönche möglich wurde. Um das Jahr 700 entstanden auf Lindisfarne bedeutende religiöse Kunstwerke, wozu phantasievoll ausgeschmückte Handschriften der Evangelien gehörten.

Nach seinem Auszug aus Lindisfarne besuchte Colmán für kurze Zeit Iona, wo seine Missionsarbeit ihren Anfang genommen hatte, und zog sich dann mit all seinen Mönchen, den irischen und den englischen, auf die kleine Insel Inishbofin (Inisbó-finne), nördlich von Clifden an der Westküste Irlands gelegen, in ein neu errichtetes Kloster zurück. Sie waren das Inselleben von Linsifarne her gewohnt; zudem wollten sie die Hauptinsel wegen der großen Pestwelle um 665 nach Möglichkeit meiden.

Es entstand aber im darauf folgenden Sommer ein Konflikt zwischen beiden Gruppen. Die irischen Mönche wollten nach ihren früheren Familien Ausschau halten, vor allem um zu erkunden, ob ihre Angehörigen die Krankheitswelle überstanden hatten, während die englischen Brüder mit der Einbringung der eher kärglichen Ernte auf Inishbofin beschäftigt waren. Im Winter aber wollten auch die irischen Mönche von dem leben, was die Engländer geerntet hatten. Daher trennte Colmán die Gruppen und stellte den englischen Brüdern ein eigenes Kloster in Mayo (Magéo) zur Verfügung, das sich bald vergrößerte und über Jahrhunderte noch fortbestand.

Hier endet unsere Darstellung über die Entwicklung der altirischen Kirche. Ihrer monastischen Struktur nach wurde die Betonung auf die Illustration von berühmten Klöstern und ihren Heiligen gelegt, deren spirituelle Lebensweise auch mit der individuellen Prägung durch die irische Landschaft zwischen den zwei Meeren zusammenhängt. Noch bis zum Ende des 7. Jahrhunderts leisteten irische Klöster insbesondere im nördlichen Landesteil Widerstand gegen den immer stärker werdenden anti-keltischen Einfluss der Römischen Kirche, ehe Adamnán von Iona († 704), Autor der berühmten *Vita* über St. Columba (Columcille), auch die monastische Kirche in Nordirland von den Vorzügen des Römischen Osterzyklus überzeugen konnte.

Zum Abschluss seien noch Verse aus einem Gedicht über die Heiligen von Irland, denen dieses Buch gewidmet ist, zitiert.[291] Die in Irisch geschriebenen Verse, in Vierzeilern mit je siebensilbigen Zeilen gedichtet, sind Cuimmin (Cumineus) in der Mitte des 7. Jhs. zugeordnet, dürften aber erst im 11. Jh. geschrieben worden sein. Wir zitieren im Folgenden einige auf unsere Heiligen bezogene Verse aus der englischen Fassung und in deutscher Übersetzung.

Cuimmin of Conneire sang	Cummin von Conneire sang
	Die Heiligen von Irland, von edler Abstammung, doch fast vergessen, sie leben weiter in Erinnerung ihres wundertätigen Wirkens.[1]
Calpurn's son Patrick, of Macha's fort, loved – high was his rule – (to be) foodless from Shrovetide to Easter; none of his penances was greater.	Calpornius' Sohn PATRICK von Machas Fort, liebte – hoch war seine Regel – von Fasching bis Ostern ohne Nahrung zu sein; keine seiner Bußen war größer.
Fedilmid's son, chaste Columb cille of the generous miracles, loved (this:) during a week into his body not cast what would satisfy a pauper at one time.	Fedilmids Sohn, edler COLUMCILLE der hochherzigen Wunder, liebte (dies): während einer Woche in seinen Körper nicht hinein zu lassen, was einem Armen einst genügte.
Blessed Brigit loved lasting devotion which was not prescribed, shepherding and early rising, hospility to wonder-working men.	Gesegnete BRIGID liebte ständige Andacht, die nicht vorgeschrieben war, Hirtin sein und frühes Aufstehen, Gastfreundschaft für wundertätige Menschen.
Comgell, the head of Ulster, loved this – noble was every tale that was told (of him) – a blessing on the Lord's body – he used to eat (only) every Sunday.	COMGALL, der Kopf von Ulster, liebte dies – ehrenwert war jede Geschichte, die (über ihn) erzählt wurde – ein Segen für den Herrn – er pflegte (nur) jeden Sonntag zu essen.
Caste Ciarán of Clonmacnois, loved humility which was not hasty (or) unsteadfast; he never said a word that was false; since he was born he looked not on a woman.	Edler CIARÁN von Clonmacnois liebte Demut, die nicht hastig war (oder) unbeständig; er sagte niemals ein Wort, das falsch war; seit er geboren war, schaute er keine Frau an.
Brénainn (of Clonfert) loved intense devotion, according to synod and assembly. Seven years on the back of the whale, the arrangement of devotion was a hardship.	BRENDAN (v. Clonfert) liebte tiefe Andacht, gemäß der Synode und Versammlung. Sieben Jahre auf dem Rücken des Wals, die Abhaltung der Andacht[2] war ein Elend.

My Íte loved a great fostering,
strenous humility without dejection;
for the love of the Lord
she never, never
put her check to the floor.

Meine ÍTA war eine große Pflegemutter, rührige Demut ohne Trübsinn; für die Liebe des Herrn hat sie niemals, niemals ihre Achtsamkeit aufgegeben.

Kevin (of Glendalough) loved a
narrow hut – 't was a work
of pious devotion –
(and) standing up ever and always –
great was the protection against
the Devil.

KEVIN (von Glendalough) liebte eine schmale Hütte – sie war ein Werk frommer Andacht – (und) stand immer und ewig – groß war der Schutz gegen den Teufel.

Énde loved noble devotion in Aran –
triumph with melody –
a hard, narrow prison of stone,
to bring every one to heaven.

ÉNDA liebte tiefe Andacht auf Aran – Triumph mit Melodie – ein festes, enges Gefängnis von Stein, um jeden zum Himmel zu bringen.

I am Cuimmin of Conneire,
who practised devotion and chastity.
Best are those on whom we rely –
the prayers of the Saints
whom I have loved!

Ich bin CUIMMIN von Conneire, der Andacht und Keuschheit praktizierte. Die Besten sind jene, denen wir vertrauen – den Gebeten der Heiligen, die ich geliebt habe.

Anmerkungen

1 die erste Strophe vom Autor hinzugefügt
2 gemeint ist das Osterfest)

Nachwort

Diese Niederschrift ist gleichermaßen Bestandsaufnahme wie Abschluss meiner irischen Abenteuer, die mich herausgehoben haben in den Jahren der Alltäglichkeit von Familie und Beruf. Vielleicht habe ich in Irland so etwas wie Heimat gesucht und mitunter auch gefunden.

Eine Seelenfreundschaft habe ich in Irland nicht erfahren. Die heilige Freundschaft der Liebe ist vom Höchsten erfüllt. Sie verwirklicht sich erst in der Ausführung gemeinsamer Gott geweihter Werke.

Meine Wanderungen und Exkursionen erfolgten zumeist allein, doch fühlte ich mich nicht einsam. Mein Herz war geöffnet, und ich ließ alles herein. Ich lag im Gras, schaute in den Himmel und war glücklich.

Worin hat mich Irland bestärkt? Ich habe als unvoreingenommener Beobachter den Katholizismus in seiner praktischen Form des Gebetes, der Andacht und der Messe wahrgenommen. Ich bin in meinem späten Vorsatz, mich taufen zu lassen, bestärkt worden. Damals habe ich mir selbst zugesichert, den Glauben lebendig zu halten.

Das keltische Kreuz, das Kreuz mit dem umschließenden Ring, umfängt in seiner Symbolkraft den gesamten Erdkreis. Es gibt wohl kein Zeichen, das anschaulicher die universelle Einheit der von *einem Glauben* erfüllten Christenheit symbolisieren würde.

Für die Verehrung Gottes benötigen wir einen besonderen Ort des Innehaltens: Das kann eine stille, kleine Kirche sein, ein ausgewählter Ort in einem Wohnraum oder ein Ort in der freien Natur, wo wir eine besondere Weihe empfinden.

Irische Küstenlandschaft.

In Irland erreichte mich, umgab mich eine eigene Sphäre, die nach innen drang, so dass in mir eine Heiterkeit, eine Gelassenheit sich breit machte dem gegenüber, was mich erwartete. Es war mir, als würde ich ein neues, unerschlossenes Gebiet betreten, das nichts Abschreckendes, nichts Unheilvolles besitzt, sondern einlädt zum Verweilen, zum Schauen, zum Hinhören. Den Zauber der stillen Landschaft habe ich auch in der Melancholie irischer Musik empfunden.

Die große Gelassenheit besteht darin, nicht mehr zu wollen, als unsere Grundbedürfnisse es erfordern. Eine der schwersten Aufgaben im menschlichen Leben besteht darin, übertriebene Ansprüche aufzugeben und Überheblichkeiten sein zu lassen, also das rechte Maß zu finden.

Mit Irland, so schien es mir, betrat ich ein Land, in dem die nüchterne Realität außer Kraft gesetzt ist. Da öffnete sich vor den blau-violetten Bergen eine Welt der kleinen Wunder. Eine poetische Wahrnehmung stellte sich ein, ein phantastischer Realismus, in dem die erweiterten Sinne Ungewohntes empfangen und wahrnehmen konnten.

Das Erleben des Meeres, seiner Brandung, seiner heranrollenden Wellen ist wie ein Eintauchen in das Geheimnis der Schöpfung. Der Sonnenuntergang malt die Berge in ein Lila-Rot mit unterschiedlichen Tönungen. Alles schweigt in mir.

Knock in seiner Heiligkeit hat Bestand; der Croagh Patrick in seiner Majestätsgestalt ist gewaltig, fast unbezwingbar; die Landspitze von Glencolumbcille in der Aufruhr von Meer und Sturm archaisch; der Wald der Wicklows in seiner Lichtheit anheimelnd.

Wenn auch Wundertaten die Jahrhunderte überdauern, so führen sie allein doch nicht zur Ewigkeit. Nicht nach unseren Werken sind wir ja zu bemessen; unser Heil ist vielmehr mit Vergebung und Gnade verbunden. Jedoch sind Werke im Dienst der Nächstenliebe die Wegweiser auf dem Weg zur Seligkeit.

Abends durch den Wald zu gehen bereitet mir eine innere Freude. Unter dem hoch stehenden Mond im November führt der Weg durch den leuchtenden Wald, und es ist mir, als werde ich begrüßt und empfangen von den großen, schweigenden Bäumen wie von einer still stehenden Schar von Freunden.

Es bedarf immer wieder Zeiten der inneren Einkehr, um dem Himmel in uns mehr Raum zu geben.

Rundturm in Glendalough.

Anmerkungen

1 Bialas, Volker: Patrick von Irland. Leben und Schriften, St. Ottilien 2015.
2 Bihlmeyer, Karl: Kirchengeschichte, Paderborn [18]1982, Bd. I: Das christliche Altertum, S. 359 f. u. Bd. II: Das Mittelalter, S. 133.
3 Vgl. hier Kapitel zu Columba.
4 Richter 1996, S. 22 f.
5 Botheroyd 1996, S. 259.
6 Richter 1996, S. 27 ff.
7 Botheroyd 1996, S. 308 u. S. 318 ff.
8 Le Roux/Guyonvarc'h 1997.
9 Botheroyd 1996, S. 169.
10 Le Roux/Guyonvarc'h 1997, S. 106.
11 Bialas (Patrick) 2015, S. 15 ff.
12 Le Roux/Guyonvarc'h 1997, S. 156.
13 Botheroyd 1996, S. 203.
14 Le Roux/Guyonvarc'h 1997, S. 70.
15 https://en.wikipedia.org.
16 Bialas, Volker: Astronomie und Glaubensvorstellungen der Megalithkultur. Zur Kritik der Archäoastronomie, München 1988.
17 zitiert nach: Le Roux, Francoise/Guyonvarc'h, Christian-J: Die Druiden (nach der franz. Ausgabe „Les druides"), Engerda 1996, S. 357 ff.
18 Le Roux/Guyonvarc'h 1997, S. 377.
19 Le Roux/Guyonvarc'h 1997, S. 344.
20 Bialas (Patrick) 2015, S. 25.
21 s. in diesem Buch die Ausführungen zu St. Columba (Kapitel „Nationalheilige").
22 Botheroyd 1996, S. 120.
23 vgl. hier den Abschnitt über Columba.
24 Richter 1996, S. 31.
25 Delius 1954, S. 20f.
26 Haddan, Arthur West/Stubbs, William: Councils and ecclesiastical document relating to Great Britain and Ireland. Vol. II, part II. Oxford 1878, S. 290 (Book of Armagh, fol. 2).

27 Haddan/Stubbs 1878, S. 290f. (Book of Armagh fol. 2). [Certe enim erat, quod Palladius, Archidiaconus Papae Caelestini... missus fuerat ad hanc insulam sub brimali rigore possitam convertendam. Sed prohibuit illum, quia nemo potest accipere quicquam de terra nisi datum ei fuerat de coelo. Nam neque hic feri et immites homines facile reciperunt doctrinam ejus, neque et ipse voluit transegere tempus in terra non sua; sed reversus ad eum, qui misit illum. Revertente vero eo hinc, et primo mari transito coeptoque terrarum itinere, Britonum finibus vita factus *(leg. functus)*.

28 Richter 1996, S. 21.

29 Kenney 1929, S. 323.

30 Chauviré 1960, S. 13.

31 Poeplau 1995, S. 51 (mit geringfügiger Änderung).

32 Gekürzte Fassung meines Buches: Patrick in Irland. Leben und Schriften, St. Ottilien 2015.

33 Für den folgenden Abschnitt s. insbesondere: Delius 1954, S. 23 f.; Hanson 1983, S. 15–16.

34 Für diesen Abschnitt sind herangezogen: Freeman 2008 für das Latein und Hanson 1983 als Stütze der Übersetzung; ebenso schließe ich an Überlegungen von Hanson an. Zugrunde gelegt wird möglichst die fragmentarische Fassung des „Book of Armagh", ergänzt nach der Pariser Handschrift; andere Lesarten dort werden in Klammern (...) gesetzt. Hilfreich ist ebenso die deutsche, jedoch häufig etwas zu freie Übertragung von Wotke.

35 Hanson 1983, S. 28.

36 Hanson 1983, S. 19.

37 Hanson 1983, S. 21.

38 Haws/Hurst 1985, S. 76.

39 Die Begleitung von Hunden ist in der Literatur strittig; Hanson bestreitet diese Angabe und verweist auf die unterschiedlichen Textversionen, während Friedrich Wotke in seiner kommentierten deutschen Übertragung den tradierten Patrick-Vitae folgt, denen wir uns an dieser Stelle ebenfalls anschließen.

40 Pemsel 2000, S. 126 u. 134.

41 Hanson 1983, S. 91.

42 Mitteilung von Herrn Davy Walsh, Ballina, Co. Mayo. Die Glasfenster selbst wurden in Glas-Studios in Dublin gefertigt.

43 Hanson 1983, S. 79.

44 Artikel *Gallien*, in: Reallexikon VIII, Sp. 899.

45 Reallexikon VIII, Sp. 924.

46 Angaben zu Germanus nach: http://en.wikipedia.org und RGG 3, Sp. 755.

47 Vgl. dazu die Angaben von *wikipedia* der englischen sowie die der deutschen Ausgabe (www.wikipedia.de).

48 Zimmer 1901, S. 26.
49 Augustinus, Conf. X.29, in: deutsche Ausgabe 1987, S. 351.
50 zitiert als *ED*, s. Pelagius: *Epistula*.
51 Index Chronologicus, S. 159 u. 161.
52 Angabe nach der englischen Ausgabe von wikipedia (vgl. Anm. 19).
53 Delius 1954, S. 31 f. Die Begegnung Patricks mit den Königstöchtern und seine Worte über die Attribute Gottes gehen auf die von Tirechán im späten 7. Jh. geschriebene *Vita* des Heiligen zurück.
54 Hanson geht aufgrund der zeitlichen Datierungen in Abschnitt *C27* von einer Visitation in Irland aus. Jedoch kann die Angabe von 30 Jahren aus der Erinnerung nur einen groben Zeitpunkt bezeichnen, ebenso die Unsicherheit bei der Altersangabe von 15 Jahren.
55 Delius 1954, S. 33.
56 Le Roux/Guyonvarc'h 1997, S. 107.
57 McCreary 2007, S. 105.
58 Pilgram 1998.
59 McCreary 2007, S. 35 u. 38.
60 Kenney 1929, S. 292f.
61 Gumbel 2008, S.15.
62 Bihlmeyer 1951, S. 257.
63 Athanasius ca. 357, deutsche Übertragung von Hovorka 1925, im Jahr 1986 neu herausgegeben von Adolf Gottfried in der Übersetzung von Heinrich Przybyla. Wir folgen hier weitgehend der späteren Übersetzung, weil Przybyla doch mehr dem Grundsatz „so wörtlich wie möglich und so frei wie nötig" gefolgt ist (S. 9).
64 Athanasius 1986, S. 39.
65 Tibi 2011, S. 9.
66 Athanasius 1986, S. 48f.
67 Athanasius 1986, S. 101.
68 Athanasius 1986, S. 45–47 (mit Auslassungen und wenigen Einfügungen nach Hovorka 1925).
69 Athanasius 1986, S. 44.
70 Patrick (hrsg. Bialas) 2015.
71 Tibi 2011, S. 11.
72 Adolf Gottfried in der Einführung zu seiner Leipziger Ausgabe (Athanasius 1986, S. 17).
73 Bacht 2010, S. 47.
74 Pachomius, Einführung von Bacht 2010, S. 29.
75 Pachomius, Einleitung des Hieronymus; Bacht 2010, S. 78.
76 Pachomius, Einleitung des Hieronymus; Bacht 2010, S. 78.
77 Pachomius, Anmerkung von Bacht 2010, S, 194.
78 Pachomius: Praeceptum 49; Bacht 2010, S. 92.
79 Pachomius: Praeceptum 140; Bacht 2010, S. 109.
80 Holze 1992, S. 26.

81 Cassian (Kemmer 1948), S. 45ff.
82 Cassian (Kemmer 1948), S. 117.
83 Cassian (Kemmer 1948), S. 21f.
84 Cassian (Kemmer 1948), S. 22.
85 Cassian (Kemmer 1948), S. 51.
86 Kemmer 1948. Der hl. Benedikt erwähnt Cassian zwar nicht direkt, weist aber mehrfach auf dessen Schriften hin, so in RB 42,3 u. 73,5 (Beuron 2008, S. 94 u. 135).
87 Toulson 1987.
88 Holze 1992, S. 15.
89 Holze 1992, S. 32.
90 Gwynn 1966.
91 Nach: www.wikipedia.de.
92 *Gotteslob* (Ausgabe 2013), Lied 545.
93 Nach: www.wikipedia.de.
94 Holze 1992, S. 21f.
95 Beda, hrsg. Spitzbart 1982.
96 http://en.wikipedia.org (Artikel „Ninian")s
97 Toulson 2002, S. 208.
98 Delius 1954, S. 17 ff.
99 Patrick 2015: S. 54 u. *Confessio C 22*, S. 122.
100 Nach https://en.wikipedia.org.
101 Zitiert aus Dillon/Chadwick 2004, S. 300 f.
102 Die *Diptychen* (sing. *Diptychon*), ursprünglich zusammenklappbare Schreibtäfelchen, dienten im frühen Mittelalter zur Aufzeichnung der Namen der Toten, deren bei der Messe gedacht wurde. Später wurden sie öfters für den Einband von Hss. verwendet.
103 Kenney 1929, S. 300.
104 Haddan/Stubbs 1878.
105 Haddan Stubbs geben die folgenden Datierungen an: Laoghaire Mac Neil 428–463; Oilioll Molt 463–483; Lugaidh Mac Laoghhaire 483–508; (Interregnum 508–513); Muirchertach Mac Erc 513–533; Tuathal Moelgarbh 533–544 (S. 294), also für die Regentschaft von fünf Hochkönigen.
106 Wie Anmerkung 9. Die Schreibweise der Namen ist unterschiedlich und folgt hier den Angaben von http//en.wikipedia.org/ in der Liste der irischen Hochkönige.
107 Hier sind Reihenfolge und Datierungen der Könige ungesichert, wie der unbekannte Autor eingesteht.
108 Delius 1954, S. 38.
109 Delius 1954, S. 41 f.
110 Cogitosus; hier Epilog, S. 27.
111 Ritari 2009, S. 19.
112 Ritari 2009, S. 20.

113 Cogitosus, (cap. 9) S. 11.
114 Cogitosus, (cap. 32.10), S. 27.
115 *Maria Lichtmess* wird am 2. Februar gefeiert, ursprünglich als Fest der Weihe der Kerzen und seit dem 5. Jh. auch als Fest der Reinigung Marias 40 Tage nach Jesu Darstellung im Tempel. Im Jahr 1969: wurde der Name des Festtages in *Tag der Darstellung des Herrn* umgeändert.
116 Le Roux/Guyonvarc'h 1997, S. 85 ff.
117 Abbildung bei Botheroyd 1996, S. 50.
118 Botheroyd 1996, S. 187.
119 Botheroyd 1996, S. 187 u. 302.
120 Diese Annahme ist in der Literatur umstritten, wird aber auch von einigen Autoren unterstützt, so von Shirley Toulson (Toulson 1987, S. 75).
121 St. Patrick: *Confessio*, Abschnitt 42 (Bialas 2015, S. 135).
122 Jestice 2004. Hinweis in: Englische Ausgabe der wikipedia (http://en.wikipedia.org, Stichwort: Brigid of Kildare, S. 12.
123 Richard P. C. Hanson 1983, S. 17.
124 Toulson 1987, S. 75.
125 http://en.wikipedia.org (englische Ausgabe), Stichwort: *Brigid of Kildare.*
126 Cogitosus, (cap. 2) S. 14.
127 Im Marienlied „Maria, breit den Mantel aus“ (Innsbruck, ca. 1640) wird die Metapher des Mantels, vermutlich ohne Kenntnis von St. Brigid, zur christlichen Schutzmantel-Madonna verklärt, wenn es u. a. heißt: „Dein Mantel ist sehr weit und breit, er deckt die ganze Christenheit, er deckt die weite, weite Welt, ist aller Zuflucht und Gezelt“ (vgl. altes Gotteslob, Lied 595, 2. Strophe).
128 Cogitosus (cap. 32) S. 25–27; Delius 1954, S. 87.
129 Meyer-Sickendiek 2000, S. 105 ff.
130 Cogitosus (Vorwort), S. 11.
131 Murray 1989.
132 Le Roux/Guyonvarc'h 1997, S. 237.
133 Cogitosus, (cap. 9) S. 16.
134 Cogitosus, (cap. 21) S. 20.
135 Cogitosus, (cap. 5) S. 15.
136 Ritari 2009, S. 94.
137 Delius 1954, S. 73.
138 Toulson: 2002, S. 80.
139 Ceming/Werlitz 1999, S. 86f.
140 siehe unter www.bridgidsway.ie.
141 Scheele 1989, S. 36.
142 Scheele 1989, S. 123.

143 Sammlung Ortha nan Gaidheal (Sammlung Carmina Gadelica) No. 263, Auszug. In: Artmann 1993, S. 30f.
144 Blume 1908, S. 317–18.
145 Toulson 2002, S. 168.
146 Trausil 1996, S. 85–89.
147 Grüning 1917, S. 213 ff.
148 Adomnán's Life of Columba, Oxford 1991. Zitiert wird doppelseitig nach der lateinisch-englischen Ausgabe in deutscher Übersetzung.
149 Adomnán, S. 4–5
150 Meyer-Sickendiek 2000, S. 85.
151 Herity 2005, S. 62–63.
152 Adomnán, S. 186 f.
153 Delius 1954, S. 100.
154 Davies/Bowie (1995), bei: Adam (ed.) 1996, No. 10, S. 20.
155 nach Loos (o.J.), S. 101; demnach würde die Insel *Iona* Columbas Namen tragen.
156 Adomnán, S. XLVI ff. (Introduction von Anderson).
157 Delius 1954, S. 102.
158 Streit1993, S. 84.
159 Patrick: *Confessio*, Abschnitt No. 60 (ed. Bialas 2015), S. 145.
160 Beda, S. 216/217.
161 Jones 1998.
162 Delius 1954, S. 102.
163 Richter 1996, S. 38.
164 Adomnán II, 35; bei Orr/Anderson S. 146/147.
165 Adomnán II, 33, bei Orr/Anderson S. 142/143. Das Steinwunder erinnert an den „Ritualstein" von St. Patrick (Bialas 2015, S. 7).
166 Adomnán II, 27, bei Orr/Anderson S. 132–135.
167 Delius 1954, S. 103.
168 Toulson 2002, S. 168.
169 Amra Choluimb Chille, Appendix A, S. 420–21.
170 Amra Choluimb Chille, S. 53.
171 Amra Choluimb Chille, Appendix B, S. 421–23.
172 Amra Choluimb Chille p.45 in englische Übertragung: Die ersten vier Zeilen (auf p.44) seien hier in irisch wiedergegeben: *1 Cormac cain buich neóit / 2 nua a molta, crina a seoit, / 3 issed ro legus roth creth / 4 genmair moltair, mairg aerthiar Aed.*
173 Streit 1993, S. 73.
174 Amra Choluimb Chille, S. 148–57 (mit zumeist philologischen Anmerkungen).
175 Anmerkungen im Original, hier durch {...} gekennzeichnet.
176 Nach Hull 1961 „my sad wail" (mein bekümmertes Wehklagen); vgl. Auszug aus der *Amra* und das dort Gesagte.
177 Amra Choluimb Chille, S. 135.

178 Adomnán 1965, S. 24 f.
179 Adomnàn 1965, S. 86 f.
180 Amra Choluimb Chille, S. 39–41 sowie Appendix D, S. 426–28.
181 Botherod 1996. Stichwort Vögel, S. 346 ff.
182 Adomnán (ed. Orr/Anderson 1965), S. 222 f.
183 Poeplau 1995, S. 20–22. Vgl. aber hierzu den ausführlichen Text der *Amra* im Anhang zu diesem Kapitel.
184 Kenney 1929, S. 264.
185 Blume 1908, S. 275.
186 Stevenson 1999.
187 Blume 1908, S. 283–85.
188 Irish Liber Hymnorum, London 1898.
189 Hull 1961.
190 Axal soll der Engel sein, der Columba begleitete und mit ihm zu unterhalten pflegte (W. Stokes, S. 173).
191 Johannes Cassian († ca. 435), der etliche Jahre bei den Anachoreten Ägyptens zugebracht hatte, machte sich um den Aufbau des Klosterlebens im westlichen Europa sehr verdient. W. Stokes bezeichnet ihn als „the lawgiver of western monasteries“ (Amra Choluimb Chille, S. 255).
192 Hieraus ergibt sich für die Niederschrift dieses Glossars der zeitliche Hinweis auf das 12. Jh. und damit auf den Schreiber dieser Hs.
193 Der Schluss bringt wieder die Worte des Beginns vom 1. Kapitel. Diese Wiederholung gehört zur Praxis der irischen Dichter des 9. Jhs. (so W. Stokes, S. 419).
194 Patrick: Confessio No. 41 u. 42, bei: Bialas 2015 (ed), S. 135.
195 Lehmacher 1995, 237f.
196 SBL, S. 184f..
197 SBL 1890, S. 199.
198 Esposito 1920.
199 Ryan 1986, S. 136.
200 Delius 1954, S. 35.
201 AHM 51, S. 335–337.
202 AHM 51, S. 340.
203 Stichwort „Ita“, in: http//en.wikipedia.org.
204 Stichwort „Ita“, in: http//en.wikipedia.org.
205 Ryan 1986, S. 138.
206 Ryan 1986, S. 139.
207 Ryan 1986, S. 139.
208 Ryan 1986, S. 372.
209 Chauviré 1960, S. 22.
210 Synge 1994, S. 49.
211 Zimmer 1889, S. 206–211.
212 Stichwort „Énda of Aran“, in: http//en.wikipedia.org.

213 Zimmer 1889, S. 208f.
214 1 Thess 4,7 u. 11.
215 Synge 1994, S. 110.
216 Poeplau 1995, S. 90 (leicht gekürzt).
217 VSH I, S. 90.
218 VSH I, S. 87.
219 VSH I, S. 90f.
220 VSH I, S. 92.
221 Brandt-Förster 1978.
222 Erläuterungen zum größeren Teil nach Brandt-Förster 1978 u. Ziegler 1984.
223 zitiert nach Bellesheim 1890, S. 611.
224 Ceming/Werlitz 1999, S. 75.
225 Delius 1954, S. 53.
226 Richter 1996, S. 57.
227 Plummer 1925.
228 ASH No.1, S. 189.
229 ASH No.15, S. 197.
230 ASH No. 18, S. 199.
231 *nach* http//en.wikipedia.org; kleinere Änderungen in ASH S. 200.
232 ASH No.23, S. 202.
233 Finnian of Movilla, in: http//en.wikipedia.org.
234 Horstmann 1901, S. 446.
235 http//en.wikipedia.org., ergänzt durch Botheroyd 1996, S. 335
236 Pope John Paul II at Clonmacnois, in: Kenneth MacGowan 2006, S. 59.
237 VSH I, S. 205.
238 VSH I, S. 208
239 VSH I, S. 208.
240 Kenney 1929, S. 379.
241 VSH I, S. 215.
242 Ryan 1986, S. 403.
243 Kenney 1929, S. 378.
244 Streit 1991, S. 97.
245 LIS, S. 123.
246 Nach der englischen Wikipedia-Ausgabe (in: www.en.wikipedia.org).
247 LIS, S. 153f.
248 Zimmer 1889, S. 144,
249 Toulson 2002, S. 150.
250 Artikel „Mael Dúin“ und „St. Brendan von Clonfert“, in: Botheroyd: 1996, S. 209 u. 302.
251 SBL, S. 259–61.
252 Hier wird besonders herangezogen: LIS, ed. Plummer, u. SBL.
253 LIS, S. 46; SBL, S. 102.

254 LIS, S. 80f.
255 Patrick: *Confessio C59* (Bialas 2015, S. 144).
256 AHM 51, Einführung.
257 VSH II, S. 5.
258 Columban 2007, S. 48, 52, 55.
259 Toulson 2002, S. 147.
260 VSH II, S. 19.
261 O'Donohue1998, S. 28.
262 Delius 1954, S. 66.
263 VSH II, S. 11.
264 VSH II, S. 21.
265 HBS 10, S. 16–19.
266 www.en.wikipedia.org/Cathach
267 Poeplau 1995, S. 21.
268 Dell'Omo, Mariano 2017, S. 27.
269 Deutsche Übersetzung von Günter Spitzbart, Darmstadt 1982.
270 Jonas von Bobbio 2011; S. 15–89.
271 Scheele 1989, S. 129.
272 Poeplau 1995, S. 18 f.
273 Gerold/Windels 1996, S. 49.
274 Auf der Mauer 2007, S. 65.
275 Auf der Mauer 2007, S. 35.
276 Auf der Mauer 2007, S. 62 f.
277 Frank 2011, S. 108 (Kap.9).
278 htpps://en.wikipedia.org/Columban
279 *MGH III*, Nr. 8, S. 182.
280 Scheele 1989, S. 72 f.
281 O'Connell 1936, S. 67–106, hier S. 70 ff.
282 Kenney 1929, S. 213.
283 Bach 1907.
284 Krusch 1938.
285 Kenney 1929, S. 221.
286 Plummer 1922. The expulsion of Mochuda from Rahen, S. 291–302.
287 Plummer 1922, S. 299–300.
288 http://en.wikipedia.org/ Finan of Lindisfarne.
289 In der Übersetzung von Günter Spitzbart mit kleinen Änderungen und Auslassungen.
290 Strobel 1977, S. 237f.
291 Stokes 1897.

Hochkreuz in Monasterboice.

Literatur

Quellen und Übersetzungen

Abkürzungen

AHM = Blume, Clemens (Hrsg.): Die Hymnen des Thesaurus Hymnologicus H.A. Daniels. II. Die Irisch-Keltische Hymnodie. In: Analectica Hymnica Medii Aevi, vol. LI, Leipzig 1908.

ASH = Acta Sanctorum Hiberniae ex Codice Salmanticensi (ed. Carl de Smed/Joseph de Backer), Edinburgh/London 1888.

HBS = Henry Bradshow Society, London

Vol. 4: The Bangor Antiphonarium I, London 1893.

Vol. 10: The Bangor Antiphonarium II, London 1895.

LIS = Lives of Irish Saints (ed. Charles Plummer). Vol. II: Translations, Oxford 1922.

MGH = *Monumenta Germaniae Historica*. Epistolarum Vol.. III, Berlin 1892.

SBL = Stokes, Whitley (ed.): Lives of the Saints from the Book of Lismore. Irische Transkription mit englischen Übersetzungen (Anecdota Oxoniensia), Oxford 1890.

VSH = Plummer, Charles (ed.): Vitae Sanctorum Hiberniae. 2 Vols., Oxford 1910.

Übersetzungen

Adomán's Life of Columba, ed. by Allan Orr Anderson/Marjorie Ogilvic Anderson, Oxford 1991.

Antonius, hrsg. von *Nikolaus Hovorka*, Wien 1925.

Athanasius, Johannes. Weisheit der Wüste, hrsg. von *Alfons Kemmer*, Einsiedeln/Köln 1948.

Athanasius: Vita S. Antonii. Deutsche Übersetzung, hrsg. von *Adolf Gottfried*, Leipzig 1986.

Auf der Mauer, Ivo (Hrsg.): Columban von Luxeuil, Mönchsregeln, St. Ottilien 2007.

Augustinus: Confessiones (387). Lateinisch-deutsche Ausgabe von Joseph Berrhart, Frankfurt/M 1987.

Beda Venerabilis: Historia ecclesiastica gentis Anglorum. Kirchengeschichte des englischen Volkes. Übersetzt von Günter Spitzbart, Darmstadt 1982.

Benedikt: Regel des heiligen Benedikt, hrsg. im Auftrag der Salzburger Äbtekonferenz, Beuron 2008.

Bialas, Volker: Patrick in Irland. Leben und Schriften, St. Ottilien 2015.

Blume, Clemens (ed.): Hymnodia Hiberno-Celtica, in: *Analecta Hymnica Medii Aevi*, Vol. 51, Leipzig 1908.

Bodleian Amra Choluimb Chille (irisch-englische Ausgabe), ed. Whitley Stokes, in: Revue Celtic Tome XX, Paris 1899, pp. 30–55; 132–183; 248–289; 400–437.

Bouquet, Martin (ed.): Rerum Gallicarum et Francicarum Scriptores tomus primus. Recueil des Histoirens des Gaules et de la France. Tome premier, Paris 1738.

Ceming, Katharina/Werlitz, Jürgen (Hrsg.): Das Protoevangelium des Jakobus. In: Die verbotenen Evangelien. Apokryphe Schriften, Augsburg 1999, S. 67–92.

Ceming, Katharina/Werlitz, Jürgen (Hrsg.): Die verbotenen Evangelien. Apokryphe Schriften, Augsburg 1999.

Cogitosus: *Vita S. Brigitae*. Engl. Übersetzung von Sean Connolly u. Jean-Michel Picard: Cogitosus's Life of Saint Brigit. In: *Journal of the Royal Society of Antiquaries of Ireland*, Vol. 117, Dublin 1987, pp. 11–27.

Columban von Luxeuil: Mönchsregeln, hrsg. von Ivo Auf der Maur, St. Ottilien 2007.

Frank, Karl Suso (Hrsg): Wetti, Leben des Gallus, St. Ottilien 2011.

Freeman, Philip: A transcription of the Latin writings of St. Patrick from seven Medieval Manuscripts, New York 2008.

Gerold, Marianne/Windels, Kurd (Hrsg.): Gedichte des Gälischen Irland aus 12 Jahrhunderten, Trier 1996.

Haddan, Arthur West/Stubbs William (ed.): Councils and ecclesiastical documents relating to Great Britain and Ireland, Vol. II.2, Oxford 1878.

Hanson, Richard O.C. (ed.), The life und writings of the historical Patrick, New York 1983.

Haws, Ducan/Hurst, Alex A.: The Maritime history of the world, Vol. I, Brighton 1985.

Horstmann, Carl (ed.): De servo Dei Finano episcopo et confessore, in: Nova Legenda Anglie Vol. I, Oxford 1901, S. 444–447.

Hull, Vernam: Amra Choluimb Chille. In: *Zeitschrift für celtische Philologie* 28 (1961), S. 242–251.

Index Chronologicus seu Annales Gallici et Francici circa ab urbe condita ad aeram Christi 591, in: Bouquet 1738.

Irish Liber Hymnorum, 2 Vols., ed. by J.H. Bernard/R. Atkinson, London 1898.

Jonas von Bobbio: Leben des Kolumban, in: Karl Suso Frank (Hrg.): Mönchsleben III. St. Ottilien 2011.

Kenney, James F.: The sources for the early history of Ireland. An introduction and guide. Vol I.: Eclessiastical, New York 1929.

Krusch, Bruno: Studien zur christlich-mittelalterlichen Chronologie. Die Entstehung unserer heutigen Zeitrechnung. *Aus den*

Abhandlungen der Preussischen Akademie der Wissenschaften, Jg. 1937, Phil-hist. Klasse, Nr. 8, Berlin 1938.

Pachomius: Klosterregeln, hrsg. von *Heinrich Bacht,* St. Ottilien 2010.

Pelagius: Epistula ad sacram Christi virginem Demetriadem (413). Englische Ausgabe: The letters of Pelagius and his followers, Woodbridge 1991.

Plummer, Charles (ed.): Bethada náem nÉrenn. Lives of Irish Saints, Vol. II, Oxford 1922.

Plummer, Charles (ed.): Irish Litanies. Text and Translation, in: Henry Bradshaw Society Vol. LXII, London 1925.

Poeplau, Wolfgang: Der Gott der Iren und der Kelten, Augsburg 1995.

Scheele, Paul-Werner: Du bist unser alles. Altirische Gebete, Würzburg 1989.

Stevenson, Jane: Altus Prosator, in: *Celtica* 23 (1999), pp. 326–68.

Stokes, Whitley: Cuimmini´s Poem of the Saints of Ireland.In: *Zeitschrift für celtische Philologie,* Vol. 1 (1897), S. 59–73.

The Sources for the early History of Ireland,. Vol. II. Ecclesiastical, ed. by James F. Kenney, New York 1929.

Tibi, Daniel (Hrsg.): Kleine ägyptische Mönchsregeln. Regel des Antonius, Regel des Isaias, St. Ottilien 2011.

Trausil, Hans: Irische Harfe. Gedichte vom achten Jahrhundert bis zur Gegenwart aus dem Gälischen und Englischen übertragen (1927), Ebenhausen bei München 1996.

Wotke, Fridrich: Confessio. Das Bekenntnis des Heiligen Patrick, Freiburg 1940.

Zimmer, H.: Keltische Beiträge II. Brendans Meerfahrt, in: *Zeitschrift für Deutsches Altertum und Deutsche Literatur* 33(1889), S. 129–220 u. 257–338.

Weiterführende Literatur

Artmann, H.C.: Der Schlüssel zum Paradies. Religiöse Dichtung der Kelten, Salzburg/Wien 1993.

Bach, Joseph: Die Osterfest-Berechnung in alter und neuer Zeit. *Jahresbericht des Bischöflichen Gymnasiums zu Straßburg 1907*.

Bellesheim, Alphons: Geschichte der Katholischen Kirche in Irland. 1. Bd.: Von 432 bis 1509, Mainz 1890.

Bialas, Volker: Astronomie und Glaubensvorstellungen der Megalithkultur. Zur Kritik der Archäoastronomie, München 1988.

Bihlmeyer, Karl: Kirchengeschichte. 1. Das christliche Altertum, Zürich 1951.

Botheroyd, Sylvia und Paul F.: Lexikon der keltischen Mythologie, München 1996.

Brandt-Förster, Bettina: Das irische Hochkreuz. Ursprung, Entwicklung, Gestalt, Stuttgart 1978.

Chauviré, Roger: History of Ireland, Dublin 1960.

Davies, Oliver/Bowie, Fiona: Celtic Christian Spirituality (1995). Wieder abgedruckt bei: Adam (ed.) 1996.

Delius, Walter: Geschichte der irischen Kirche von ihren Anfängen bis zum 12. Jahrhundert, München/Basel 1954.

Dell'Omo, Mariano: Geschichte des abendländischen Mönchtums vom Mittelalter bis zur Gegenwart, St. Ottilien 2017.

Dillon, Myles/Chadwick, Nora K.: Die Kelten. Von der Vorgeschichte bis zum Normannenfall, Köln 2004.

Esposito, Mario: The sources of Conchubranus' life of St. Monenna, in: *The English Historical Review*, Vol. XXXV (1920), pp. 71–78.

Grüning, Gertrud: Adamnans *Vita Columbae* und ihre Ableitungen. In: *Zeitschrift für celtische Philologie*, hrsg. von Kuno Meyer, Bd. 11, Halle a. S. 1917.

Gwynn, Aubrey: The cult of St. Martin in Ireland, in: *The Irish Ecclestical Record*, Vol. 105, Dublin 1966, pp. 353–64.

Herity, Michael: Gleanncholmcille. A guide of 5000 years of history in Stone, Dublin 2005.

Holze, Heinrich: Erfahrung und Theologie im frühen Mönchtum. Untersuchungen zu einer Theologie des monastischen Lebens bei den ägyptischen Mönchsvätern, Johannes Cassian und Benedikt von Nursia, Göttingen 1992.

Jestice, Phyllis G: Holy people of the world. A cross-cultural Encyclopedia, 2004.

Jones, Duncon: A Wee Guide to the Picts, Edinburgh 1998.

Le Roux, Francoise/Guyonvarc'h, Christian J.: Die Druiden. Aus dem Französischen, Engerda 1996.

Le Roux, Francoise/Guyonvarc'h, Christian J.: Die Hohen Feste der Kelten, Engerda 1997.

Lehmacher, Gustav: Die Göttin Brigit, in: Kurt Derungs (Hg.), Keltische Frauen und Göttinen. Matriarchale Spuren bei Kelten, Pikten und Schotten, Bern (Schweiz) 1995, S. 236–244.

Loos, A.C. J.: Keltentum, Untergang und Auferstehung. Die Altirische Kirche, Stuttgart (o.J.).

MacGowan, Kenneth: Clonmacnois, Dublin 2006.

McCreary, Alf: Auf den Spuren von St. Patrick (Übersetzung der engl. Ausgabe Belfast 2006), Berlin 2007.

Meyer-Sickendiek, Ingeborg: Gottes gelehrte Vaganten. Die Iren im frühen Europa, Wiesbaden 2000.

Murray, Liz/Murray, Colin: Das keltische Baum-Orakel (London 1988), München 1989.

O'Connell, J.: Easter cycles in the early Irish church, in: *The Journal of the Royal Society of Antiquaries od Ireland*, Vol. 66(1936), pp. 67–106.

O'Donohue, John: Anam Ċara. Das Buch der keltischen Weisheit, München 1998.

Pemsel, Helmut: Weltgeschichte der Seefahrt, Bd. 1, Wien 2000.

Pilgram, A.: Patrick and his mountain, Shankill (Co. Dublin), 1998.

Poeplau, Wolfgang: Der Gott der Iren und der Kelten, Augsburg 1995.

Richter, Michael: Irland im Mittelalter – Kultur und Geschichte, München 1996.

Ritari, Katja: Saints and sinners in early Christian Ireland. Moral theology in the lives of Saints Brigit and Columban, Tournhout/Belgien 2009.

Ryan, John: Irish monasticism. Origins and early development, Dublin ²1986.

Scheele, Paul-Werner: Du bist unser alles. Altirische Gebete. Miniaturen aus dem Book of Kells, Würzburg 1989.

Streit, Jakob: Sonne und Kreuz. Irland zwischen Megalithkultur und frühem Christentum, Stuttgart 1993.

Strobel, August: Ursprung und Geschichte des frühchristlichen Osterkalenders, Berlin 1977.

Toulson, Shirley: Celtic year. A celebration of Celtic Christian Saints, sites and festivals, London 2002.

Toulson, Shirley: The Celtic Alternative. The Christianity we lost, London 1987.

Ziegler, Wolfgang: Irland, Kunst, Kultur und Landschaft. Entdeckungsfahrten zu den Kunststätten der ‚Grünen Insel', Köln 1984.

Register

Aaron 196
Abgeschiedenheit 27, 105, 190, 207, 208, 257, 265
Äbtissin 99, 115, 116, 170, 172, 174, 180, 276, 280
Adomnán (Adamnán) 109, 126, 127, 133, 135, 136, 137, 140, 148, 151
Aéd Alain, König v. Irland 102
Aed mac Ammerich, König v. Irland 102, 158, 164, 165
Aéd Slain, König v. Irland 103
Aed v. Slébte 28, 109
Aéd, König v. Irland 143, 144, 145, 150
Aedan, Bischof 103
Aédan, König v. Dál Riata 138, 143
Aedeus 102
Aengus, Provinzialkönig 186, 188
Agilulf, König der Langobarden 260
Ägypten 9, 76, 77, 79, 79, 82, 85, 88, 95, 189, 198, 266, 283
Aidan 280, 281
Ailby v. Emly 106
Ailill Molt, König v. Irland 101
Aelred v. Rievaulx 93
Aimire (Ainmuire), König von Irland 105
Ainmuírech 102
Alexandria 71, 76, 91, 268, 270, 271
Alither 148
Altus prosator 153, 154, 160
Amator 55
Amiens 90
Amra 129, 136, 144, 146, 148, 152, 157, 158, 245
Anachoret (Einsiedler) 27, 76, 77, 78, 79, 82, 85, 87, 88, 91, 92, 95, 105, 183, 206, 207, 224, 236, 242, 256, 266
Anastasius 57
Anatolius 284
Anderson, A. O. 135
Anderswelt 17, 19
Anianus 269, 271
Annalen 29, 39, 100, 113, 209
Annegray 257
Antiphonar von Bangor 235, 240
Antonius v. Ägypten 76–82, 85, 88, 195
Antrim 23, 39, 93, 138
Aquileja 57
Aquitanien 23, 52, 262
Aran-Inseln 94, 106, 130, 183, 184, 185, 187, 188, 229, 230, 247, 290
Ardbreccan (Ard-mBrecáin) 110
Argyll 23, 138, 140, 279
Arianismus 49, 50, 53, 91, 201
Arius 49, 91
Armagh 23, 28, 29, 30, 40, 57, 66, 68, 70, 90, 114, 126, 175
Arras 30
Askese 10, 76, 80, 183, 184, 198, 232, 233, 239, 253, 256

astronomische Zyklen 269
Athanasius 76, 77, 80, 81, 83, 87, 88, 89, 91
Augustin v. Canterbury 279
Augustinus 24, 29, 58, 59, 60
Auxerre 32, 54, 55, 56, 59, 66, 259
Auxilius 66

Baithéne (oder Conin) 135
Bangor 106, 107, 125, 130, 201, 232, 233, 234, 235, 236, 238, 239, 240, 243, 247, 256, 260, 264
Barden 15, 22, 26, 129, 144, 145, 146, 150, 152, 153, 166, 210, 228, 243
Barrindeus 102
Beda Venerabilis 138, 251, 272, 282
Belfast 72, 120, 125, 212, 234
Bels 16
Benedikt 87, 281
Benignus (Benén) 66
Bertulf 253
Bieler, L. 32
Blume, Cl. 243
Bobbio 235, 253, 260, 262
Bodensee 259
Boyne 129, 172
Bregenz 259, 260
Brendan v. Birr 102, 106, 133, 135, 210, 226–232
Brendan v. Clonfert (der Seefahrer) 20, 102, 106, 107, 130, 180, 188, 201, 210, 237, 247, 289
Brigid v. Cildare 8, 16, 21, 28, 64, 99, 104, 106, 107, 108–123, 124, 125, 169, 170, 171–173, 174, 179, 180, 189, 197, 208, 211, 212, 246, 247, 276, 289
Brigid-Kreuz 111, 122
Brigit (Brigida), kelt. Göttin 16, 111, 112
Britannien 9, 11, 13, 23, 24, 28, 34, 37, 38, 43, 44, 46, 47, 48, 50, 52, 53, 54, 56, 57, 59, 60, 61, 66, 93, 112, 124, 174, 201, 230, 232, 234, 238, 248, 251, 273, 279
Brocca 112
Brochain 140
Brude, König der Pikten 140
Brunhilde 259
Bücherstreit 133, 136
Buíte v. Monasterboice 106, 107, 183, 189–196, 246, 247, 249
Burton 178
Buße 60, 134, 233, 244, 245, 252, 256, 258, 289
Byrchin 102

Cadoc 102, 104, 183
Caelestius 57
Caimin v. Holy Island 106
Cainec 102
Calpornius 34, 289
Candida casa 23, 92, 93, 94, 96, 99, 129, 183, 185, 186, 212
Canice v. Aghaboe 210
Cashel 13, 74
Cassanus 208
Cassian, Johannes 85–88, 96, 161, 198
Cassidor 272
Cennfoelad 179
Ceran 102
Chlodwig, König 94
Chlothar II., König 259, 260
Ciaran v. Clonmacnoise 102, 106, 129, 148, 201, 210, 216–221, 244, 247, 289
Ciaran v. Saighir 210
Clonard 106, 107, 129, 130, 136, 148, 188, 201, 206, 209, 210, 211, 219, 230, 244, 247, 255

Clonenagh 236
Clonfert 106, 107, 130, 201, 210, 226, 227, 230, 237, 247, 289
Clonmacnoise 106, 107, 129, 136, 148, 149, 168, 188, 199, 201, 216–221, 226, 236, 244, 247
Cobthach 135
Coelestin I., Papst 23, 24
Coemann 102
Coémgen (Kevin) v. Glendalough 102, 106, 221–226, 246, 247, 249
Cogitosus 109, 110, 114, 115, 117
Coligny 17, 18
Colmán v. Lindisfarne 281–288
Colmán v. Terryglass 210
Columba (Columcille) 8, 11, 21, 22, 28, 87, 99, 102, 106, 107, 108, 109, 117, 124–167, 169, 192, 201, 202, 210, 211, 212, 213, 214, 215, 230, 232, 234, 243–246, 247, 249, 251, 253, 275, 276, 284, 285, 288
Columban v. Luxeuil 11, 232, 234, 235, 236, 237, 253–263, 266, 273
Coman 102, 103
Comgall v. Bangor 102, 106, 107, 125, 126, 130, 135, 201, 232, 233, 234–243, 245, 247, 256, 289
Conall, König v. Dál Riata 135, 138, 143, 165, 178
Conchubranus (Conchobar) 174, 175
Conleth (Conlead) 115, 116, 120
Connacht 15, 25, 62, 106, 108, 179
Connal 165
Connaugh s. Connacht
Cormac 102, 145, 150
Coroticus 30, 33, 60
Corthach (Mo-Chuta) 276
Croagh Patrick 69, 131, 293
Cronan v. Bangor 103, 235
Cúchulain, epischer Held 14
Cuimmin 288, 289, 290
Cummian 275, 276, 277
Curry, Mona 48

Dagda, kelt. Gott 112
Dál Fiatach 212
Dál Riata 135, 138, 139, 143, 150
Dalfinus 281
Dallán, Barde 106, 146, 148, 152, 159, 165
Dämonen 69, 79, 131, 132, 146, 147, 161, 172, 219
David, König 194, 203
David, Bischof 102, 104
Dermot (Diarmait), König v. Irland 133, 212
Derry 125, 131, 135, 136, 143, 249
Dima 224
Dingle 229
Dionysius Exiguus 270, 272
Diözesansystem 96, 248
Domnall, König v. Irland 103, 150
Donegal 127, 130, 136, 236
Doppelkloster 115, 116, 170, 172, 183, 189
Down 106, 129, 234
Downpatrick 72, 73, 120, 164, 173, 212
Dreifaltigkeit 11, 49, 62, 109, 154, 182, 201, 213, 240
Drogheda 172, 183, 189
Druide 16, 17, 18, 19, 20, 21, 22, 61, 67, 68, 115, 129, 171, 198, 229
Druidenhecke 116
Druim Cetta 136, 143, 144, 145, 150, 161
Drumcliff 133, 212
Dublin 28, 29, 30, 61, 68, 72, 100, 130, 131, 136, 244

Dubtach 112
Dun Aengus 188
Durrow 125, 130, 270, 274, 275, 276, 277

Eanflæd 280
Enda v. Aran 94, 106, 107, 130, 148, 183, 184–188, 219, 220, 229, 230, 247, 290
Eogen 102
Ephesos 119
Erc (Eirc) 229, 230
Ernán 103, 135
Eustachia 55
Eusthatius, König der Longobarden 260

Failbe Flann, König v. Munster 279
Fanchea 185
Feidhlimidh (Fedilmid) 236
Feuer 15, 16, 17, 67, 68, 71, 100, 103, 111, 116, 122, 131, 147, 171, 202, 206
Fiace v. Slébte 66
Fiachra 239, 240
filid 22, 26, 129, 145
Finan v. Lindisfarne 214, 280, 281
Findlung 229
Finnian (Finian) v. Clonard 94, 106, 107, 188, 201, 206–211, 219, 230, 244, 247, 255
Finnian v. Moville 87, 106, 107, 129, 133, 136, 188, 201, 212–216, 237, 244, 247
Fintan v. Cloneagh 236
Fontaine 258
Fortchern 206

Gallagher, P. 48
Gallien 9, 13, 17, 23, 24, 32, 43, 46, 51, 52, 53, 54, 55, 56, 59, 71, 75, 85, 87, 89–97, 104, 112, 127, 165, 232, 256, 257, 258, 260, 266, 270, 273, 282
Galloway 23, 92, 93, 96, 185
Gallus v. Sankt Gallen 232, 260, 261
Galway 184, 185, 196
Gemman (Gemma) 210
Germanus (Freund v. Cassian) 85
Germanus v. Auxerre (St. Germain) 54, 55, 56, 59, 60
Gildas 104, 105, 206, 230
Glaubensbekenntnis 49, 77
Gleancholmcill 131
Glencolumbcille 127, 293
Glendalough 106, 107, 199, 200, 201, 221–226, 247, 249, 290, 294
Gottfried, A. 81
Gregor d. Gr., Papst 160, 262, 279

hagiographische Schriften 10, 81, 99, 109, 126, 185, 206, 224, 235, 253, 254, 260, 264
Heinrich VIII. 116
Herodes (Agrippa I.), König 271
Heth 238
Hieronymus 48, 57, 83, 87, 88, 89, 212
Hilarius 91, 96, 271
Hipparchos 268
Hochkreuz 137, 192–196, 216, 249, 304
Honorat v. Lérins 95, 96, 97
Honorius I., Papst 273
Hunaldus 262, 263

Ibar 174
Inishmore 106, 107, 183, 184, 186, 187, 188, 219, 220
Inverness 140
Iona (Hy) 8, 106, 107, 109, 124, 126, 127, 128, 135, 136, 137,

138, 139, 140, 141, 143, 148, 151, 154, 164, 165, 201, 210, 212, 214, 232, 234, 243, 245, 246, 247, 249, 275, 279, 280, 281, 287, 288
Isernius 66
Ita v. Killeedy 104, 106, 107, 179–182, 229, 247, 290

Jailaithea 102
Jerusalem 58, 155
Johannes Chrysostomus 85
Johannes, Evangelist 117, 137, 197, 264, 267, 282, 283
Johannes I., Papst 272
Johannes XV., Papst 11
Johannes Paul II., Papst 217
Johannes v. Jerusalem 58
John of Tynemouth 214
Jonas v. Bobbio 253, 254, 255, 259, 260, 261

Karthago 57, 59
Kells 130, 131, 246
Kenneth v. Agnaboe 106
Kenney, J. F. 75, 275
Kent 279, 280
Kerry 276
Kevin s. Coemgen
Kildare 8, 104, 106, 107, 109, 114, 115, 116, 120, 121, 171, 172, 174, 180, 208, 247
Killala 39, 40, 41
Killeany 107, 107, 183, 184, 185, 186, 187
Killeedy 104, 106, 107, 179, 180, 181, 229, 247
Killevy 174, 175
Killiney 131
Kirche
altirische 8, 12, 26, 137, 146, 170, 251–252, 253, 272, 273, 276, 277, 279, 287, 288
keltisch-irische s. altirische
monastische 26, 105, 179, 198, 210, 245, 264, 280, 288
römische 104, 105, 268, 270, 281, 286
Klosterregel 88, 92, 185, 186, 215, 220, 233, 236, 239, 253, 256, 258, 281
Knock 7, 8, 9, 293
Konstantin d. Gr., Kaiser 77
Konstantin II., Kaiser 91
Konstantinopel 49, 77, 85, 119
Kosmas (Indikopleustes) 71

Laisrén (Laisrean) 102, 210
Langobarden 260
Laurentius 273
Lear (Loegaire), König v. Irland 76
Lebor na hUidre 15, 216
Leinster 25, 106, 109, 112, 115, 125, 127, 130, 143, 172, 173, 174, 179, 220, 223, 228, 239, 240, 243, 274
Leo I., Papst 270
Lérins 53, 85, 95, 96
Ligugé 92, 96
Lindisfarne 279, 280, 281, 287
Lismore 171, 172, 196, 232, 233, 279
Llancarfan 130, 206
Loch Ness 140, 141
Loman 103
London 30, 127, 157
Lorica 21, 154, 156
Lough Akibbon 127
Lough Foyle 131
Louth 112, 120, 127, 172, 189
Ludeus 102
Lug, kelt. Gott 16, 17
Lugaid, König v. Irland 101
Lugeus 102
Lupus 59
Luxeuil 232, 236, 253, 255, 258, 260
Lyon 52, 53, 281

Mac Caille 114
Mac Laísreus 102
Máel Coba, König v. Irland 103
Máel Dúin 228
Marmoutier 53, 92, 96
Marseille 53, 85, 88, 96
Martin v. Tours 23, 53, 89–96, 129, 185, 259
Martyrium 72, 232, 233–234
Martyrium, weißes 134, 135, 233, 251
Mauchte (Mochta) 127
Mayo 7, 8, 12, 39, 40, 41, 48, 64, 65, 69, 131, 288
Meath 13, 15, 25, 28, 62, 66, 106, 109, 110, 126, 129, 130, 133, 189, 206, 236, 277
Mellifont Abbey 196
Meltown 133, 245
Missionierung 24, 30, 62, 93, 94, 135, 251, 252, 280
Mobhi s. Brendan d. Seefahrer
Mobhi v. Glasvenin 130, 210
Moditeus 102
Molaise 133, 245
Molua v. Killaloe 106
Moluag 232, 233
Monasterboice 106, 107, 183, 189–196, 247, 249, 304
Monenna v. Killeevey 104, 106, 107, 170, 173–178, 243, 247
Mount Slemish 39
Mount St. Joseph Abbey 12, 249
Moville 87, 106, 107, 129, 133, 136, 188, 201, 212, 213, 214, 237, 244, 247
Mugrón 202
Muirchú 28, 43, 67, 109, 124
Munster 13, 25, 106, 126, 179, 180, 186, 229, 276, 279
Muredaíg (Muiredach) 102
Murgeus 103
Myshall 206

Nacalon (Naqlun) 80, 81
Nannid v. Lough Erne 210
Navigatio Sancti Brendani 227–229
Necta 179
Nesan 102
Nestorianismus 119
Nestorius 119
Neuenburger See 13
Neustrien 259
New Ross 206
Newtownards 212
Niall, König v. Irland 127, 159
Nicäa 49, 268, 270
Ninian v. Galloway 23, 92, 93, 96, 96, 129
Northumbrien 279, 280, 281, 282

O'Neill (Uí Neill) 15, 26, 133, 139, 158, 159, 206, 243, 276
Offaly 130, 216
Ogam-Schrift 14
Ogma, kelt. Gott 14
Opfertod 70, 137
Orléans 259, 261, 270
Ossory 143, 144
Ostern 137, 229, 267, 270, 272, 273, 274, 280, 284, 289
Osterstreit 266–290
Oswald, König v. Northumbia 279
Oswiu, König v. Northumbria 280, 281, 282

Pachomius 76, 82, 83, 85, 88, 89, 95
Palamon 83
Palästina 58, 82, 95
Palladius 23, 24, 59, 61, 296
Paris 30, 40, 55, 157
paruchia 26, 120, 248
Passah 266, 267, 270
Patrick 8, 9, 16, 21, 23, 24, 26, 28–74, 75, 77, 81, 87, 89, 90,

93, 95, 99, 100, 101, 103, 104, 105, 107, 108, 109, 110, 113, 114, 120, 124, 125, 127, 131, 132, 137, 170, 173, 174, 176, 183, 190, 193, 201, 206, 211, 234, 244, 276, 286, 289, 293
Paulinus 279
Pelagianismus 57–59, 60
Pelagius 24, 56, 57, 58, 59, 60, 87
peregrinatio 11, 134, 136, 232, 233, 245, 251, 252, 253, 255, 256, 260
Pest 100, 103, 105, 199, 201, 216, 220, 287
Petran 103
Pikten 37, 56, 59, 92, 93, 96, 135, 138, 139, 140, 141, 153, 190, 232, 234, 235, 238, 239, 245, 251, 283
Pilgerweg 120, 225
Potitus 34
Prosper 23
Protoevangelium 197
Rahan s. Rathan
Rathan (Raithin) 276, 277, 279
Rhein 37, 52, 89
Rom 9, 10, 23, 24, 25, 37, 38, 55, 57, 59, 76, 85, 89, 92, 94, 97, 201, 212, 245, 268, 269, 270, 271, 272, 273, 274, 275, 276, 279, 281, 282, 283, 287
Roscrea 12, 249, 275
Rouen 30, 53
Rúadan v. Lorrha 106, 210
Rufinus 57
Rundturm 121, 149, 199, 216, 222, 249, 250, 294

Saball 72
Salisbury 30
Scandlán Mór 143
Schottland 9, 11, 23, 30, 92, 93, 96, 124, 129, 134, 135, 136, 138, 139, 141, 164, 178, 183, 185, 190, 232, 234, 238, 243, 248, 251, 273, 275, 276, 279
Schweiz 13, 127, 232
Secundinus (Sechnall) 66
Segene 275, 276
Senach 103
Senán v. Iniscathy 106, 210
Senell v. Cleenish 210
Sethna 235
Shannon 106, 136, 196, 216, 217, 219, 220, 226
Sinilis (Sinell) 255
Sippe 26, 112, 127
Skellig Michael 207
Skerries 68
Skye 141
Slébte (Sletty) 28, 66, 109
Sligo 133
Sonnen-Christologie 45–46
Sonnensymbol 111, 192
soziale Schichtung 15
Stokes, W. 157, 158
Strathclyd 30, 139
Sulpicius Severus 89, 96
Sygne, J. M. 184
Synode zu Whitby 12, 97, 104, 105, 252, 270, 280, 282–287
Syrien 82, 95

Tabenessi 83, 189
Tailtiu, kelt. Göttin 17
Tara 13, 15, 17, 25, 67, 68, 100, 120, 277
Taufe 10, 18, 26, 58, 59, 60, 62, 63, 64, 65, 82, 91, 113, 114, 171, 185, 190, 236, 291
Tera, kelt. Gott 15
Theben 82
Theuderich II., König 259, 260
Tiere
Amsel 224
Fuchs 128, 220
Hirsch 68

Kranich 21, 150
Kuh 15, 112, 117–118, 133, 165, 170, 216, 219, 224
Pferd 15, 70, 148, 151, 152
Seepferd 20
Taube 127, 128, 135, 153, 243
Wolf 176, 190, 191, 192
Tigernach v. Clones 106
Tod 19–21, 29, 46, 60, 64, 72, 80, 125, 134, 137, 148, 151, 152, 157, 175, 185, 198, 214, 218, 221, 230, 234, 257, 267
Tonsur 18, 101, 102, 252, 266, 281, 286
Tothmael 70
Tours 23, 53, 89, 92, 96, 129, 259
Tuam 102
Túan mac Cairill 215
túath 14, 15
Túathal, König v. Irland 101, 102
Tullamore 276

Ulaidh 138
Ulster 15, 25, 62, 106, 125, 126, 131, 185, 206, 212, 234, 236, 240, 289
Últan 28, 103, 109, 110, 118, 122
Ursünde 58, 59

Vernam Hull 158
Victorius 47
Victorius (Computist) 261, 270, 271, 272
Vision 8, 40, 47, 50, 81, 83, 103, 114, 126, 127, 171, 176, 197, 219, 228
Vogesen 256

Wales 9, 23, 104, 130, 190, 228, 256
Waterford 179, 279
Wetti 261
Whitby 12, 97, 104, 105, 252, 270, 280, 281, 282, 285, 286, 287
Wicklow 43, 61, 72, 223, 224, 293
Wikinger 26, 99, 100, 208, 216, 222, 234, 246, 250
Wilfrid 281–286
Wunder 20, 67, 81, 108, 109, 115, 117, 126, 127, 131, 140, 170, 176, 178, 190, 210, 214, 260, 284, 289, 293
Wunschbaum 231
Wüstenväter 69, 75, 76–89, 99, 195, 198

Yorkshire 105
Yonne 55
Yvonne 56

zönobitische Lebensform 75, 76, 82, 85, 96, 182, 183, 198, 265
Zwölf Apostel 130, 209, 210, 218, 230, 244

Bildnachweise

Volker Bialas S. 39, 48, 65, 172, 217, 218, 225, 227, 231, 281
www.knockshrine.ie S. 9
Ziegler 1948 S. 14
© Campomalo, Pixelio S. 74
© Marge Simpson, Pixelio S. 149
© Tim K., Pixelio S. 167
© Maria Pflug-Hofmayr, Pixelio S. 168
© Dieter Schütz, Pixelio S. 193, 312
© Neufichte, Pixelio S. 292
© Detlev Müller, Pixelio S. 294
© Barbara42, Pixelio S. 304
© Bildpixel, Pixelio S. 245
wikipedia.org/wiki/La_Voivre_(Haute-Saône) S. 257
freeimageslive.co.uk S. 285